PIERRE BERRUER



# *JACQUES BREL*
## *va bien*
## *Il dort aux Marquises*

PRESSES DE LA CITÉ
PARIS

*Les extraits des œuvres :*

LE CAPORAL CASSE-POMPON
LES BICHES
LE PLAT PAYS
ZANGRA
LA STATUE

sont publiés avec l'autorisation de la Société d'Éditions Musicales Internationales (S.E.M.I.) et les Éditions Musicales Patricia — Paris — France.

Les extraits des œuvres seul © 1959,

LA VALSE À MILLE TEMPS © 1959.
LA TENDRESSE © 1959.
LE MORIBOND © 1961.

sont publiés avec l'autorisation des Éditions Musicales Intersong-Paris.



ISBN 2-258-01257-0

*Un mot par-ci et un mot par-là*
*Un mot pour ceci et un mot pour cela*
*S'il n'entend plus rien, je crois que c'est*
*[aussi bien*
*Il serait capable d'en rire !*
*Ou de m'accuser de mentir !*

(Sancho, dans
« L'Homme de la Mancha »)

# *Hiva Oa*

— Jacques Brel ? Il dort là-haut...

La jeune Marquisienne a tendu le doigt vers la petite route qui part de la gendarmerie et monte en s'engouffrant dans la verdure parsemée de fleurs d'hibiscus.

Là-haut, c'est le cimetière. Les herbes folles mêlent quelques dormeurs inconnus en une même sépulture. Seules des croix émergent de ce champ comme des fleurs inquiétantes. Pourtant, ce n'est pas triste. Il suffit de tourner le dos à ce quartier de silence pour découvrir un spectacle grandiose. C'est sans doute parce que le Marquisien ne prend pas la mort au sérieux qu'il a offert cette vue aux dormeurs, dans l'éventualité où ils ouvriraient les yeux. La baie de Viahi — si mal nommée « la baie des Traîtres » — s'étale en un somptueux décor coupé par un îlot en forme de maison rustique. Des cocotiers glissent jusqu'à la mer qui se déchire « infiniment brisée » et roule jusqu'à mourir sur une plage de sable noir.

Ce n'est pourtant pas l'image paradisiaque que nos esprits complaisants pourraient imaginer. La mer ne possède pas ces nuances de bleus que créent les fonds coralliens de Tahiti. Le ciel charrie des nuages lourds qui cernent le pic Feani, pain de sucre dominant la chaîne volcanique. Et puis, il y a cette indéfinissable sensation de « lointain », cette absence de repère géographique propre à inquiéter le touriste encore muni de ses bagages de civilisé, tout comme à attirer le voyageur en quête de paix. Où sommes-nous donc ? Ah oui ! A Atuona, chef-lieu d'Hiva Oa, île des Marquises...

« Brel is alive and well and living in Paris... », chantaient les Américains, Brel va bien et vit à Paris. Aujourd'hui, Brel dort aux Marquises, selon l'aimable euphémisme des Marquisiens pour qui la mort est une péripétie. Sans même être vieux, il suffit de s'endormir un jour et de dormir trop longtemps.

Hélas, n'est pas marquisien qui veut. A l'entrée du cimetière, une tombe sans croix et sans herbes sauvages est fleurie de frangipaniers et d'hibiscus. Le nom de l'occupant est sur une plaque, comme à l'entrée d'une maison, avec deux dates : « Jacques Brel 1929-1978 ». A quelques pas au-dessus, Paul Gauguin l'a précédé de soixante-quinze années, le temps d'une vie terrestre quand la maladie ne vient pas vous engourdir dans ce sommeil profond que, nous autres, platement, appelons la mort.

Oui, je connais la phrase rituelle des oraisons journalistiques : « Un poète ne meurt jamais... » Si le souvenir est profondément vivant, c'est pourtant bien le corps de Jacques Brel qui repose ici, dans ce lieu choisi par lui. Et depuis le 12 octobre 1978.

Jacques Brel, ce jour-là, est le passager inerte du petit avion qui se pose sur la modeste piste. Voilà six ans que ce lieu venté est appelé aérodrome. A quelques centaines de mètres, sous un hangar, le Tween Bonanza baptisé « Jojo » est immobilisé devant un avenir incertain.

Sous le soleil brûlant, toutes les voitures d'Atuona attendent de redescendre vers le village. En quelques années, la cité marquisienne s'est motorisée. Des « quatre-roues motrices » uniquement. Quand les pluies déversent leurs grains, les routes deviennent autant d'ornières et le moindre déplacement, une épreuve de rallye.

Ce 12 octobre 1978, c'est contre la poussière qu'il faut lutter quand le cortège entreprend les treize kilomètres sinueux qui séparent le terrain d'aviation d'Atuona. La plupart des conducteurs ont le cœur serré. En peu de temps — depuis ce jour de novembre 75 où le ketch *Askoy* avait jeté l'ancre dans la baie de Tahauku — des amitiés s'étaient nouées. Oh ! ce n'était pas la vie communautaire, mais on oubliait de part et d'autre que Jacques Brel était un artiste, et les liens se tissaient dans le quotidien des jours. Quelques-uns se retrouvaient parfois dans la maison à flanc de colline, juste au-dessous du cimetière, pour partager une bouteille de champagne ou pour plonger dans la petite piscine. Ou encore pour goûter un plat confectionné par le maître des lieux. Et, surtout, chacun se souvenait de ce qu'il avait apporté. Comme un air de fête : ce cinéma en plein air où, deux fois par semaine, on pouvait voir des films récents. Parfois même avant Tahiti. Bien des habitants avaient aussi profité, un jour ou l'autre, de l'avion de Jacques, le fameux « Jojo », pour se rendre dans une île voisine ou à Papeete. Ou simplement pour faire venir une commande urgente.

Ce jour-là, le cortège empoussiéré ressemble à une dérisoire séquence de film. Les Toyota et les Range Rover sont autant d'images floues, dans cette terre sèche qui vole et pénètre jusque dans les narines. Tout doucement, virage après virage, la procession roulante atteint la hauteur du port puis pénètre dans le village en torpeur où seuls des chiens ont la force de courir. Près du monument aux deux morts des deux guerres (un pour chacune), elle vire à droite et entame l'ultime grimpette. Un court arrêt devant une maison que l'on devine, enfoncée dans la végétation. Dans leur grande volière blanche, des perruches chantent de ne pas savoir. Le nid, la cache où il vécut, semble-t-il, heureux. Quelques centaines de mètres encore et voici le cimetière. La population, les enfants, les bonnes sœurs attendent en silence. Quelques marins aussi. Un bâtiment militaire est ancré dans la baie. Des portières claquent, les derniers mètres s'effectuent à pied, quatre paires de bras solides soutenant le cercueil. Et le voilà qui descend lentement au fond de ce trou indécent. Maddly, la compagne des dernières années, jette une pincée de terre. D'autres envoient une fleur. On entend quelques « clic-clac » d'appareils photographiques. Ils ne proviennent pas de journalistes importuns puisqu'une savante cabale a écarté toute tentative depuis Papeete. Même en effectuant les 1 500 kilomètres à la nage, les plus téméraires n'auraient pas été là à temps. Les opérateurs des derniers instants sont des militaires ou encore un habitant de l'île tellement effrayé à l'idée d'être pris en faute qu'il va trembler au moment de déclencher. Et aussi Charley Marouani, l'imprésario et ami de toujours qui tient sans doute à garder un souvenir de cette boîte rectangulaire sur laquelle la terre sèche va bientôt se refermer.

Quelques images, d'un flou sans recherche artistique, paraîtront dans un grand hebdomadaire avec lequel, pourtant, Jacques Brel n'avait pas entretenu d'excellentes relations dans les derniers mois de sa vie. Ironie du sort. En écartant les journalistes, les proches n'ont pas empêché ce qu'ils considéraient comme une exploitation morbide.

Il y a cinq ans de cela. J'y songe tout en cherchant à me soustraire à ce soleil redouté. Une heure plus tôt, la pluie violente traversait les arbres, les vêtements. Et, brusquement, un morceau de ciel bleu est apparu, ouvrant la fenêtre au soleil.

« S'il n'y a pas d'hiver, cela n'est pas l'été. » Dans cet univers d'une saison figée, « Les Marquises » chantent dans ma tête. Brel dort, Brel est mort. Mais l'œuvre Brel va bien. Là-bas, très loin, en Europe, en cinq ans de silence l'artiste n'arrête pas de chanter. Des générations le découvrent et le vénèrent comme elles ne l'auraient peut-être pas fait de son vivant. Son nom s'étale sur les couvertures de livres, sur les frontons des écoles et même dans le métro bruxellois. Les Marquisiens eux-mêmes ont découvert, avec surprise, que cet homme qui les amusait était un grand artiste. Il paraît qu'il chantait, ou quelque chose comme ça...

J'ai refait le chemin à l'envers, le soleil rôtissant mon front. Je suis passé tout près de la maison où Maddly, six mois sur douze, s'enferme avec son souvenir. Les perruches chantent toujours. Au-dessous demeurent les religieuses, ces sœurs qui « ignorent d'ignorer ». Dans le village, des chiens errent sans but apparent et, près de la plage noire, à deux pas d'un terrain marécageux où vécut Gauguin, deux chevaux noirs (désolé, ceux-là ne sont pas blancs) mâchent machinalement des herbes engraissées par les pluies.

Au loin, tout près, partout, des coqs poussent leur cri imbécile. On entend, presque imperceptiblement, des chants — pas forcément de repentance — venant de l'école des sœurs. Les cocotiers sont comme figés, en peine d'alizés. Quel jour sommes-nous ? De quel mois ? Tout ce que je sais, c'est que Jacques Brel dort ici, à six pieds sous terre. Il avait brisé le miroir déformant des plaisirs factices pour s'offrir, avec sa compagne, sept années de bonheur.

Et le miroir s'est reformé, nous renvoyant quelques souvenirs vains, quelques images d'une vie que nous ne connaîtrons jamais vraiment, quelques riches accents portés par des mélodies. Et aussi un peu de notre propre visage.

# 1

# *J'arrive !*

*Une double naissance – Une éducation religieuse – Premiers pas sur les planches – Le cancre encartonné.*

L'année 1929 débute à Bruxelles par une naissance d'envergure. Et comme toujours on ne s'en apercevra que beaucoup plus tard. Ce petit garçon belge francophone, au visage tout rond, avec une drôle de houppe, est arrivé sur cette terre avec des rêves de voyages plein la tête. Comme bon nombre de Bruxellois, il s'appuie sur une famille bien-pensante, catholique et antibolchevique. Son père, homme sérieux, foncièrement honnête, a milité chez les scouts. C'est tout dire. Il sait faire un nœud à une ficelle, manier un couteau, monter une toile de tente et, aussi, tenir un crayon. Malhabilement, encore, mais le trait se précisera avec l'expérience. Ce monsieur, pour qui les « rouges » représentent le danger majeur de notre vieille société, a déjà eu un enfant, surnommé familièrement Totor, chef des Hannetons. Mais c'est le cadet qui fera le tour du monde et passera — au moins un temps — à la postérité. Il se prénomme Tintin et pour qu'il se sente moins seul, son créateur l'a affublé d'un petit chien bizarre, un fox à poil dur, doué de parole. Ce qui est quand même assez étrange pour un fox à poil dur. Le 10 janvier 1929, Georges Remy — dit Hergé — vient en effet de commencer la publication de « Tintin au pays des Soviets » dans *Le Petit Vingtième,* journal de l'enfance catholique. Un Tintin qui n'en finira pas d'effectuer des reportages dont nous ne lirons jamais une ligne.

L'événement, car c'en est un, n'a pas — je vous l'ai dit — un retentissement immédiat. Bien que les jeunes lecteurs soient tenus en haleine chaque semaine par les exploits de ce superscout qui réussit toujours à se sortir de situations extrêmement périlleuses. Il pilote un avion, échappe à des explosions et fait la nique à ces sauvages de Soviets. Comme, plus tard, il affrontera les bêtes féroces du Congo, ce qui fera s'exclamer les Congolais : « Le missié blanc, malin ! »

Plus tard, bien plus tard, on pourra toujours se gausser de ce qu'on considérera comme du racisme ou de l'anticommunisme primaire.

La Belgique, en 1929, est, en grande partie, pieuse et, en totalité, colonialiste. Le mot n'est pas encore entaché de péjoratisme. C'est le Congo qui apporte, sans arrière-pensée, ses richesses minières. Il est d'autant plus précieux que la Belgique, comme toute l'Europe capitaliste, traverse des moments difficiles. Le franc belge s'est effondré après 1925 où les élections avaient été favorables à la gauche (modérée), et à l'horizon apparaît le spectre d'un immense krach international.

C'est au Congo que Romain-Jérôme Brel et son épouse Elisabeth ont séjourné plusieurs années avant de rentrer à Bruxelles. Romain Brel y monte une cartonnerie en association avec son beau-frère Vanneste, mari de sa sœur Léontine. L'usine est sise à Anderlecht, banlieue ouest de la capitale, tout près de la ligne de chemin de fer. En Afrique, les Brel ont laissé une grande déception : leurs jumeaux, Pierre et Nelly, y sont nés et décédés aussitôt en 1922. Heureusement, Dieu a écouté leurs prières et Pierre est né le 19 octobre 1923. Il a aujourd'hui cinq ans quand s'annonce — trois mois après le Tintin dont je vous parlais tout à l'heure — un second enfant. Une fille, sans doute, pour prendre la place de Nelly ? Eh non ! Ce 8 avril 1929, c'est un autre garçon qui emplit la maison de ses premiers cris. Romain-Jérôme Brel ne peut que s'en féliciter. Dans les affaires, un garçon est toujours plus utile qu'une fille.

Romain-Jérôme Brel n'est pas ce qu'on peut appeler un jeune père puisqu'il atteint 46 ans. Né à Zandvoort, près d'Ypres, il est un pur Flamand de langue française. Voilà huit ans qu'il a épousé Elisabeth — dite Lisette — Van Adorp, née vingt-cinq ans plus tôt à Schaerbeek, quartier nord de Bruxelles. C'est d'ailleurs à Schaerbeek qu'ils demeurent au 138, avenue du Diamant. Et c'est là que naît cet enfant que rien — *a priori* — ne saurait distinguer des autres. La rue du Diamant est une artère bien calme, loin des bruits de la ville. Les maisons y sont cossues, sans ostentation, comme il sied à des familles où l'aisance financière, fruit du labeur, ne s'affiche pas. L'immeuble familial est même un peu austère, avec son grand porche et sa façade sur laquelle les fenêtres du premier étage forment une légère proéminence. Comme un ventre d'homme repu mais néanmoins tranquille.

Ainsi donc, trois mois après Tintin, naît ce Brel que l'on prénomme Jacques ou Jacky. La Belgique s'est dotée presque en même temps de deux célébrités.

Les premières années de Jacques Brel sont autrement moins passionnantes que celles de Tintin. M. Brel père se donne tout entier à l'usine où travaillent plus de cent personnes. C'est un homme d'équilibre qui sait consacrer le temps qu'il faut à la famille. Repas à heures fixes autant que possible, messe le dimanche et, parfois, promenades hygiéniques au parc de Laecken ou autres hauts lieux de la bourgeoisie bruxelloise. Toute autre distraction serait superflue. D'ailleurs, laquelle ? C'est au temps où le cinéma n'est plus muet, mais si M. Brel doit sortir son épouse, c'est plutôt vers le théâtre ou le concert qu'il s'orientera. Oh ! de temps en temps, seulement !

Bref, Jacky grandit comme une plante verte dans des murs clos. Ne dit-on pas des plantes vertes qu'elles sont « d'appartement » sans avoir demandé leur avis ? D'ailleurs, ni Pierre ni Jacques ne souffrent de cet univers réduit.

Quand Jacques en a l'âge, il suit les traces de son aîné et entre dans l'établissement primaire catholique des frères Saint-Viateur. Rien à signaler. Comment le reconnaîtrait-on au milieu des autres porteurs de culottes courtes, tous petits garçons bien vêtus, bien coiffés et bien élevés ? Jacques, tout naturellement, apprend à lire et à écrire, en langue française, bien sûr. Il est encore loin des déchirures entre Flamands et Wallons, entre néerlandophones et francophones. Ce qu'il sait, c'est ce qu'il apprend : que son pays est indépendant depuis un peu plus de cent ans, après avoir chassé les troupes hollandaises, et qu'après Dieu il faut respecter, dans l'ordre, le roi Albert Ier et ses parents.

Sans doute, si l'on en croit les souvenirs parvenus jusqu'à nous, se sent-il plus proche de sa mère que de son père. Quoi de plus naturel pour un garçon ? D'autant que Lisette est femme au foyer (comment en serait-il autrement ?). Il lui revient de ce fait le rôle d'éducation, auquel elle ajoute sa tendresse. C'est une femme vivante, encore que de santé délicate, très coquette, qui aime rire et raconter des histoires. Elle se plaît aussi à écrire longuement, s'attachant aux détails, les enjolivant à l'occasion. Ce qui contraste avec la sévérité d'un mari dénué de toute fantaisie. Tous les enfants du monde picorent dans les caractères de ceux qui leur ont donné la vie. Pourquoi Jacques n'hériterait-il pas de l'imagination de sa mère et de la rigueur de son père ?

Au bout de quelques années, le cadet des Brel change de fabrique. Des frères Saint-Viateur, il passe à l'institut Saint-Louis, près du Jardin botanique. Ce n'est pas très éloigné de la porte de Schaerbeek mais, pour des raisons de commodité, Jacques est inscrit en demi-pension, ce qui ne l'enchante guère. Mais il ne saurait être question de mettre en discussion les décisions paternelles.

L'institut Saint-Louis est un de ces établissements catholiques renommés dont la fréquentation classe une famille. Un des illustres anciens élèves n'est autre qu'Émile Verhaeren, le grand poète, né près d'Anvers et décédé à Rouen, accidentellement, en 1916. Il est le chantre du plat pays et a écrit, entre autres, *les Flamandes* et *Toute la Flandre.* Cependant le malheureux s'étant converti au socialisme, c'est plus tard que Jacques Brel pourra lire certaines œuvres comme *Les Villes tentaculaires.*

> « La vie, avec des flots d'alcool, est fermentée
> Les bars ouvrent sur les trottoirs
> Leurs tabernacles de miroirs
> Où se mirent l'ivresse et la bataille... »

La bataille! Depuis quelque temps, M. Romain Brel est encore plus soucieux qu'à l'habitude. Comme tous ses compatriotes, il peut lire chaque jour dans la presse la fragilité d'une Belgique neutre. La France et l'Angleterre ont déclaré la guerre à l'Allemagne. Soit, mais comment croire un instant au respect de nos frontières, affirmé par Léopold III, successeur d'Albert Ier ? Le 10 mai 1940, le royaume résonne du bruit des bottes allemandes. Dix-huit jours plus tard, c'est la capitulation. Jacques, comme tout le monde, s'habitue à l'image de ces soldats vert-de-gris défilant dans Bruxelles. Heureusement, l'enfance, c'est encore le droit de rêver. Jacques n'est pas ce qu'on appelle un brillant élève. Les carnets de notes indiquent souvent une distraction regrettable. Avec, à chaque fois, le sermon paternel sur la nécessité de travailler en classe, de s'appliquer pour s'instruire et affronter la vie avec le maximum de chances. Une matière, pourtant, échappe aux critiques : le français. Il possède déjà l'art de manier les phrases et les mots suggestifs, plus que narratifs et, à la grande joie de sa mère, il obtient un prix en fin d'année. Un livre relié qui a pour titre : *Don Quichotte de la Manche.* Tout de suite il se passionne pour ce personnage pourfendeur de moulins, justicier des causes perdues, géant dérisoire et touchant.

D'autres lectures éveillent son intérêt. Apparemment par hasard. Pourtant Jules Verne, Jack London, Stevenson évoquent tous l'évasion, les voyages, les découvertes, l'aventure. Alors Jacques s'envole par la fenêtre, échappe à ce monde clos dont il discerne encore mal la pesanteur.

Présentement, il ne songe pas à se révolter. La vie s'enchaîne, naturellement, avec la communion solennelle. Nous sommes en 1941, Jacques a douze ans. Il est haut sur ses jambes et dépasse ses copains d'une demi-tête avec ses cheveux un peu rebelles qu'il remonte d'un revers de main. Naturel aussi : comme son frère Pierre, il devient louveteau. Le voici en uniforme, plus gai que le vert-de-gris quand même. Plus tard, il deviendra éclaireur, sous le pseudonyme du « Morse », Pierre étant « le Phoque ». Les longues marches ne l'effraient pas. Il adore le sport, du moins certains, comme le football ou encore le cyclisme. Il rêve d'exploits à la Sylvère Maes et effectue des circuits autour du pâté de maisons jusqu'à l'épuisement. Il y a en lui ce besoin d'aller jusqu'au bout de ses possibilités, comme pour se lancer un défi. A condition, toutefois, qu'il se sente concerné par le sujet. Ce n'est pas le cas pour le latin ou les mathématiques. M. Romain Brel ne mâche pas ses mots quand le livret scolaire parvient jusqu'à lui, en dépit de la protection maternelle. Curieusement, il n'est guère porté non plus vers la géographie. Sans doute préfère-t-il se construire un monde en rêve plutôt que le découvrir banal et plat sur des cartes sans fantaisie. Par contre, l'élève Jacques Brel se rachète en musique et, comme on l'a vu, en français. C'est souvent qu'une de ses rédactions est lue en classe par le professeur, à titre d'exemple.

A Sète, en France du Sud, loin d'ici, un aîné qu'il ne connaît pas (et que tout le monde ignore), un certain Georges Brassens, élève médiocre, a eu un éclair de passion pour la littérature grâce à un professeur nommé Bonnafé. La rencontre d'un maître sachant captiver l'intérêt, comprendre simplement l'élève, revêt toujours de l'importance, même si les intéressés n'en ont pas conscience. Jacques Brel trouve sur sa route laborieuse son Bonnafé : l'abbé Deschamps. Il est professeur de mathématiques. Ce qui ne l'empêche pas de déceler chez cet enfant un besoin d'ouverture sur le monde de l'imagination. Et, comme à d'autres élèves, il essaie de lui transmettre sa propre passion pour certains auteurs français comme Victor Hugo,

Verlaine, Théophile Gautier, Chateaubriand. Sans oublier l'ex-pensionnaire de l'institut, le Belge Emile Verhaeren.

Ce pourrait être une simple anecdote. Mais tout être humain reçoit, dans la première partie de sa vie, la sève des aînés. Tout tient à l'usage que l'on en fait. Cet apport est parfois insidieux. Le Brassens dont il était question précédemment a rencontré ainsi, sans trop en être conscient, Charles Baudelaire mis en musique par Duparc. Puis Verlaine, Rimbaud, Apollinaire... Jacques Brel, treize ans, trouve sur son chemin des poètes dont la technique diffère, mais dont le point commun est encore celui de l'évasion, des voyages, avec une écriture faite de sonorités musicales. Théophile Gautier avec *Emaux et Camées,* transpose ses sensations visuelles en impressions musicales. Verlaine donne de la musique aux vers, Chateaubriand évoque son voyage en Amérique et chante son amour pour la mer devant laquelle il voulut être enterré. Hugo, lui aussi, invite aux départs, en injectant des notes dans ses mots. Ainsi, par exemple, la chanson d'Eviradnus extraite du cycle des « Chevaliers errants » :

« Allons-nous-en par la terre
Sur nos deux chevaux charmants
Dans l'azur, dans le mystère
Dans les éblouissements ! »

Simple hasard ? Il n'y a jamais de hasard dans la rencontre des esprits qui volent en défiant le temps. C'est cette masse de pensées qui forme la pérennité et unit les générations. Certains appellent cela la culture, je crois.

Kultur ? L'occupant nazi est toujours là. Il apporte sa propre conception en interdisant l'accès aux pensées qui le desservent. Pensez ! Tintin lui-même est interdit. Ses aventures en Amérique n'ont pas l'heur de plaire à l'ordre nouveau. L'ouverture sur certains auteurs importants sera pour plus tard, après la guerre.

La guerre, Jacques Brel, comme ses camarades, ne la subit qu'indirectement, avec ses privations, celles qui auront des conséquences plus tard, en fabriquant des caries dentaires, des scolioses ou du rachitisme. Et puis, parfois, cet affrontement imbécile des hommes pénètre avec fulgurance dans les maisons ou même dans les écoles. Ainsi l'aumônier des éclaireurs est-il emprisonné un vilain jour, puis déporté vers l'Allemagne. Alors, les enfants, eux-mêmes, perdent le goût de rire.

Dans la famille Brel, c'est Pierre qui, à vingt ans, est requis pour le S.T.O., le fameux travail obligatoire en Allemagne.

Pour s'y soustraire, il s'installe dans l'usine... Les troupes allemandes, pourtant, connaissent quelques soucis. Les bombardements alliés s'accentuent et l'on parle, presque ouvertement, d'une offensive quelque part sur les côtes françaises.

Cette situation va avoir une conséquence directe pour Jacques. Au début de 1944, les élèves de l'institut sont invités à rester chez eux. Les cours reprendront plus tard, quand les risques auront diminué. Ces loisirs forcés sont mis à profit par Jacques et quelques copains pour proposer à l'abbé Deschamps de former une troupe théâtrale. Ainsi naît la Dramatique Saint-Louis qui va se trouver un public parmi les « grands » de l'institut et d'autres écoles catholiques du grand Bruxelles.

Jacques, d'un naturel timide, un peu complexé, cherche les occasions pour se dépasser, pour s'obliger à réaliser des actes qui lui coûtent. Sans doute est-il mort de trac quand il pénétre sur la scène pour la première fois. Mais, aussitôt, la peur s'efface et il se révèle un des meilleurs éléments — sinon le meilleur — de cette troupe d'une douzaine d'amateurs. Il est ainsi le « Siks » d'*Un cri dans le brouillard*, pièce en trois actes et cinq tableaux de Marcel Dubois, dont l'action se déroule à Londres, ainsi que le précise le programme, sans que les responsables de cette réalisation songent un instant au côté provocateur de cette ambiance anglaise ! Il est aussi le commandant Crochard de *Têtes folles* ou encore le Monsieur Poitrinas de Labiche dans *La Grammaire*. Et les rires du public lui vont droit au cœur. C'est également pour amuser la galerie qu'il se déguise parfois, dans les sorties de groupe, en Charlot ou... Adolf Hitler, à moins que ce ne soit tout simplement en « Dictateur », comme le film chaplinesque du même nom, interdit par la censure allemande.

De toute façon, c'est fini ! Le 3 septembre 1944, les cloches de Sainte-Gudule et de toutes les églises annoncent la Libération. Le cauchemar s'achève mais d'autres problèmes surgissent pour la Belgique. Quelle attitude adopter face au roi Léopold III ? Droite et gauche politiques s'affrontent vivement au Parlement, les socialistes s'élevant contre le retour du monarque. Finalement, il reviendra, pour quelque temps [1]. Sur le plan social, le pays peut espérer s'en sortir grâce aux dollars (les Américains utilisent, entre autres, le port d'Anvers), grâce également au Congo et à ses richesses naturelles. Mais, en toile de fond, on sent poindre les divergences entre les deux grandes ethnies : les Flamands, majoritaires, et les Wallons que tout

1. Avant d'abdiquer, en 1950, au profit de son fils Baudouin Ier.

semble séparer, la langue, les options politiques comme les données économiques...

Jacky, s'il entend parler de tout cela à la maison, ne se sent guère concerné. La vie a repris au collège avec ses malentendus, ses contraintes, ce latin incroyablement hostile, ces mathématiques désespérément étrangères. A quoi cela servira-t-il ? A vendre du carton ? Car il le sait déjà : sa place l'attend à l'usine paternelle, aux côtés de Pierre. S'il avait réussi de brillantes études, peut-être aurait-il échappé à cette ligne tracée à l'avance, en devenant médecin, ou avocat, ou professeur. Son père n'aurait pu y mettre d'opposition. Mais c'est bien mal parti ! Ses passions se tournent vers des nouveautés qui ne doivent rien au vénérable institut, mais tout à la Libération. Le jazz, par exemple. Une musique venue d'ailleurs qui fait battre la semelle et trembler les jambes. Ou encore Charles Trenet et ses chansons qui volent. Une autre littérature apparaît aussi. Saint-Exupéry, mort quelque part dans le ciel de Provence, au cours de l'une de ses ultimes missions de routine, a laissé *Vol de nuit, Terre des hommes* et surtout ce merveilleux *Petit Prince* venu d'une autre planète. Et puis Graham Greene, André Malraux ou ce poète mort de la guerre, Robert Desnos, qui se sert de mots si simples pour toucher le cœur. Des mots qu'il répète parfois comme dans « le Dernier Poème » :

> « Il me reste d'être l'ombre parmi les ombres
> D'être cent fois plus ombre que l'ombre... »

Quelle efficacité dans la simplicité !

Un événement notable est également arrivé. Jacky — sans doute avec la complicité de sa mère — a obtenu une guitare. Dans sa chambre, il essaie, sans relâche, de la domestiquer, d'obtenir d'elle quelques accords pour souligner de pauvres textes qu'il couche sur un cahier quadrillé. Cette guitare n'est sûrement pas une récompense de son travail scolaire. En 1947, à dix-huit ans, il redouble sa troisième latine. Ce n'est assurément pas la voie triomphale... Il pourrait rester entre ces grands murs tristes jusqu'à trente ans, cela n'y changerait rien. Il ne supporte plus les « rosa, rosa, rosam... » Assez de la cour de récréation, gaie comme un promenoir de prison, avec ses arbres sans oiseaux et ses pissotières aux ardoises jaunâtres. Assez des professeurs. Assez du père qui ne sait que lui prédire une vie horrible, sans le moindre espoir de réussite. Quelle réussite ? Il s'en fout ! Bien sûr, il n'a jamais connu les problèmes de fin de mois qui déchirent les parents nécessiteux.

Bien sûr, il ne crèvera pas lui-même la faim. Mais, enfin, la vie n'est pas liée aux diplômes. Et puis quoi, n'y a-t-il pas d'autre existence que celle qui l'entoure, l'oppresse jusqu'à l'étouffer ? Sûrement qu'il existe autre chose, mais quoi ?

— En tout cas, l'école, c'est fini !

Sa décision, mûrie depuis longtemps, et enfin exprimée à haute voix, fait passer un frisson dans le dos de Lisette Brel. Ce n'est pas elle qui obligerait son fils à poursuivre une bataille perdue d'avance. Mais son père, comment prendra-t-il cela ?

Très mal, bien sûr ! La grande scène du deuxième acte, celle qui fait rebondir l'action. Alors qu'on croyait les personnages bien en place, leurs rôles définis à jamais, l'auteur, subtilement (et lâchement), fait annoncer par la bouche du personnage principal que la bonne attend un enfant. L'annonce d'amours ancillaires n'aurait pas eu plus d'effet que cette démission du fils cadet. Ce n'est pas Pierre qui aurait fait cela ! Certes, non. Il est pratiquement directeur de fabrication à l'usine. Parce qu'il a réussi ses études, lui ! Quelle honte, quel déshonneur s'abat sur la famille Brel, venant entacher une réputation si bien établie ! Un cancre dans la famille !

Mais toutes les tempêtes de tous les océans n'y changeraient rien. Le naufrage est déjà consommé. Inutile d'égarer l'épave.

M. Brel réservera sa réponse. Une attitude feinte. Il n'y a qu'une issue, une seule pour ce grand dadais de dix-huit ans, muni de son seul certificat d'études : M. Jacques Brel ira à l'usine !

# 2

# *Demain, l'on se marie...*

*Carton sournois et Franche Cordée – Une femme et deux filles – Les carreaux de l'usine –Un certain Canetti.*

« Dans mon usine de Puteaux
On peut dire que j'ai le fin boulot... »

chante Yves Montand, ce fils d'émigrés italiens qui est une des révélations de l'après-guerre tout récent.

Presque aussi dégingandé que lui, le jeune Jacques Brel ne connaît pas le même style d'usine. Dans celle du papa, on ne visse pas de boulons, on fabrique du carton, on massicote, on empaquette et, de préférence, on vend. C'est le rôle qui est dévolu à l'étudiant manqué. M. Romain Brel a accepté de le prendre dans son entreprise, moyennant quelques cours de droit commercial. Au moins, ce qu'il apprendra dans ce domaine servira directement la maison familiale.

Depuis quelque temps, les Brel ont délaissé Schaerbeck pour la banlieue, à Anderlecht, tout près de la cartonnerie. Aussi, chaque matin, Jacques quitte la rue Jacques-Manne — près du terminus du tram 33 — pour la chaussée de Ninove où il retrouve son père, peu accessible, et son frère Pierre qui dirige la production. Le rôle de Jacques est encore modeste mais le but est simple. Ce qui l'attend — au plus vite — c'est la direction des ventes. D'ici là, qu'il s'aguerrisse un peu avec la représentation ! Et le voilà parti, avec ses échantillons sous le bras. Sans grand enthousiasme, on s'en doute. Enfin, il peut circuler et rencontrer du monde, même si c'est pour parler carton... Et puis, c'est quand même mieux que les machines bruyantes sur lesquelles s'affairent des hommes en bleu de chauffe.

Au fond, son attitude n'est pas franchement hostile. Il tente même d'apporter de la bonne volonté. Puisque l'avenir est ici, autant s'habituer.

Il s'est inscrit dans l'équipe de foot corporative, le Football Club la Gondole, où ses grandes jambes le destinent au rôle d'ailier gauche.

Et puis, il n'a pas abandonné le théâtre amateur. Bien que n'étant plus élève de l'institut, il a encore joué dans quelques pièces. Et c'est avec joie qu'il découvre, grâce à des camarades, l'existence d'une association de jeunesse catholique, la Franche Cordée. Si les jeunes s'amusent, ils distraient aussi les autres, les malades, les personnes âgées. C'est plein de bons sentiments, tout cela. Et c'est fort sympathique. Avec les copains, on gratte la guitare, en chantant quelques succès pour feux de camp dont le refrain est repris en chœur par l'assistance. Jacques aime cela, chanter. Il possède une voix bien timbrée, assez grave pour son âge. Il fait d'ailleurs impression sur les copains. En parvenant à cacher sa timidité naturelle, il prend des allures de chef de file. Un tantinet anticonformiste, aussi. Il se laisse parfois aller à interpréter des couplets qui ne doivent rien à l'inspiration chrétienne. Lui-même s'essaie dans la rime et certains de ses acolytes du moment ont le privilège — sans le goûter vraiment — d'entendre ses premières œuvrettes. Anticonformiste, il l'est aussi en « oubliant » volontairement la messe. Un acte qui peut faire sourire mais ne manque pas, alors, d'impressionner l'entourage de la Franche Cordée où l'ordre rime avec les ordres.

C'est à cette Franche Cordée qu'il remarque rapidement une blondinette souriante, Thérèse Michielsen, appelée plus communément « Miche ». Elle est sage, peu loquace à côté de lui toujours assez excité, qui ne sait trop que faire de ses grands bras et voudrait bien les placer autour du cou de Miche. Mais il l'agace, ce garçon. Il ne cesse de plaisanter, de raconter des histoires, de marcher, de se dandiner. Elle aime les gens calmes. Bon ! Que sait-il alors, le grand Jacques, des femmes ? Voilà « des yeux bleus, des cheveux fous [1] » mais il n'y connaît rien du tout. Il a vécu dans le milieu amidonné d'une famille où la bagatelle n'alimente pas les conversations. Et ce n'est pas du côté des prêtres qu'il a appris grand-chose de l'amour. Celui du prochain, sans doute, mais celui de la prochaine ? Sage, il a

1. « Grand Jacques », Éditions musicales Caravelle.

toujours été sage. Et il se sent si laid, avec son corps maigre et ses dents chevalines. Pourquoi certains hommes naissent-ils beaux, séduisants et d'autres si moches ? Rien pourtant ne l'empêche d'être amoureux, amoureux fou. C'est terrible, mais « ça fait du bien d'être amoureux », ça donne envie d'écrire une chanson :

« Une chanson ni trop triste, ni trop noire
Une chanson d'amour[1]... »

Et puis, et puis, à force d'insister, le chevalier à la drôle de figure gagne le cœur de sa mie. Ils s'épouseront, c'est sûr. Ils auront des enfants. Ils seront heureux, elle au foyer, lui dans la cartonnerie.

Un seul obstacle le sépare encore de la félicité : l'armée. Diable, on l'avait oubliée, celle-là. Jacques la sentait bien venir, avec l'âge. C'est comme les maladies infantiles, il faut y passer. Mais c'est quand même douloureux quand ça survient comme un couac dans un duo d'amour.

Qu'il ne se plaigne pas trop. Le voilà affecté (quel vocabulaire adapté : affecté, affection !) à la base aérienne de Zellik, tout près de Bruxelles. La vie bête. Un an entre parenthèses avec, probablement, un caporal un peu « casse-pompon », des copains de chambrée plutôt stupides — alors que dans le civil, ils ne sont pas plus idiots que d'autres —, des soirs de garde, la sonnerie du clairon « qu'est une trompette en uniforme[2] », sans oublier quelques corvées de patates aussi nécessaires qu'enrichissantes en féculents. Et puis chacun sait aujourd'hui :

« Qu'à la minceur des épluchures
On voit la grandeur des nations[2]... »

Ce n'est quand même pas une épreuve trop terrible que cette année en pension complète puisque, les classes terminées, Jacques peut rentrer au bercail et, surtout, retrouver Miche. C'est simplement un petit voyage dans la médiocrité qui laisse toujours quelques traces dans un coin du cerveau. Chacun se crée les souvenirs de régiment qu'il veut, ou qu'il peut.

La quille est venue. Le temps est arrivé pour un autre engagement. Plus long celui-là, en principe. Et cette année 1950, Thérèse Michielsen devient M^me^ Jacques Brel. C'est l'époque où Édith Piaf, encore mal remise de la mort de

1. Extrait d'*Œuvre intégrale*, Éditions Robert Laffont.
2. « Le Caporal Casse-pompon », Éditions S.E.M.I. et Pouchenel.

Cerdan, chante l'« Hymne à l'amour », où André Claveau susurre « Cerisiers roses et Pommiers blancs », où Robert Lamoureux fait rire la France (et la Belgique) avec « Papa, Maman, la bonne et moi », tandis que Juliette Gréco exprime sa haine pour les dimanches.

Jacques non plus ne les aimait pas beaucoup, les dimanches avec Papa et Maman. Désormais, il a son propre emploi du temps, avec Miche. Le jour du Seigneur est celui des copains, des sorties en boîte, des rires et des chants. Il reçoit cette nouvelle indépendance comme une bouffée d'air pur.

Mais, voilà, il y a l'usine. Est-ce le cadeau de mariage ? Jacques, chef de famille, devient responsable commercial. Un « responsable » chapeauté par le grand patron. Mais il doit, quand même, commander d'autres gens, plus âgés que lui pour la plupart. C'est terriblement difficile. Pourquoi doit-il y avoir sur cette terre une catégorie d'hommes qui commande l'autre ? Et lui, Jacques, n'a rien fait pour cela. Il est simplement né pour être responsable des ventes parce que papa possédait une usine. Quelle injustice !

L'injustice le bouleverse. Autant que la bêtise. Car s'il aime rire avec les copains de la Franche Cordée, il est extrêmement réceptif aux éléments extérieurs. Quand le groupe se produit devant les malades, les grabataires, il souffre pour eux. Et quand il voit Wallons et Flamands s'affronter, il cherche à comprendre sans vraiment y parvenir. Après une période d'euphorie due au retour de la liberté, la Belgique doit faire face à de graves problèmes économiques. En particulier, la minorité wallonne avec un profond malaise charbonnier. Les deux ethnies, séparées par les langues, le sont aussi politiquement — s'il faut schématiser — et si les Wallons penchent plutôt pour le socialisme, les Flamands crient bien fort leur catholicisme qui a des relents de conservatisme lorsque le parti social-chrétien revient au pouvoir. Et lui, fils de Flamand, encore imprégné d'une éducation religieuse mais porté vers plus de justice sociale, cherche à se situer. Il se sent un cœur gros comme ça. Ce serait si beau de voir les gens s'aimer plutôt que se battre.

« Et je voudrais que les petits enfants
Ne soient pas méchants
Et que leurs rires, comme des jets d'eau
Rafraîchissent l'humanité [1]. »

1. « Ballade », extrait d'*Œuvre intégrale*, Éditions Robert Laffont.

Parfois, il se laisse aller à la mélancolie puis passe par la révolte avant de revenir à l'espoir. Il est maintenant fréquent qu'il chante ses propres textes avec la Franche Cordée, en s'accompagnant — sans virtuosité ! — à la guitare :

« Il nous faut regarder
Ce qu'il y a de beau
Le ciel gris ou bleuté
Les filles aux bords de l'eau [1]. »

Il n'est pas vraiment dupe. Il sait bien que les beaux sentiments, à la Tintin, ne changeront pas le monde. Il sait bien aussi que ses petits vers sont bien inconséquents à côté des œuvres des grands. Il lit, dévore Graham Greene, Julien Green, Saint-Exupéry, les poètes et juge avec lucidité ses œuvrettes, toutes plates, lorsqu'elles sont couchées sur le papier, sans le moindre accent de guitare.

« J'ai chanté mes belles idées
Mais lorsque je dus les dire
Ce qui en chant était léger
En parole vous fit rire [2]... »

1951 — L'existence est toute tracée. Voici que naît Chantal et le voilà père. Quel sentiment l'habite lorsqu'il se penche sur le berceau ? Un enfant, c'est comme un vieillard. Comme un handicapé. Il est incapable de coordonner des mouvements, de voir ce qui l'entoure. Pourtant, c'est un peu de son sang, de sa chair. Heureux homme ! Une fille, une femme qu'il aime, une maison, une automobile, une situation stable, des loisirs appréciés, des honneurs même, puisqu'il est élu président de la Franche Cordée. Monsieur le Président ! Il rit de toutes ses dents qui lui bouffent le visage et poussent l'indécence jusqu'à se mettre en rage. De carie en carie, il prend, déjà, un abonnement chez le dentiste. Et se plonge dans le travail insipide de la cartonnerie.

« Oui ? Monsieur de Broukaere ? Bien sûr. Une commande urgente. Nous ferons le maximum. Comme d'habitude... »

Le Salon de l'emballage, sans l'emballer pour autant, lui donne l'occasion d'un court séjour à Paris. Il n'est guère à l'aise dans cette grande cité étouffante, bruyante, puante, emplie d'anonymes aux regards perdus dans le brouillard. Pourtant,

1. « Il nous faut regarder », Nouvelles Éditions Caravelle.
2. « Le Troubadour », extrait d'*Œuvre intégrale,* Éditions Robert Laffont.

ici plus qu'à Bruxelles, existe un bouillonnement de culture. Un Canadien (on ne dit pas encore « Québécois ») chante des refrains qui sont comme une fenêtre ouverte sur le grand large, comme un grand coup de peinture verte sur les murs gris. Il s'appelle Félix Leclerc et s'accompagne à la guitare. Jacques ne va pas l'entendre, semble-t-il, mais il n'ignore pas sa percée. Et il rentre à Bruxelles où ce travail sans joie lui pèse chaque jour davantage. Heureusement, il y a les fins de semaine. Avec Miche, avec quelques copains, c'est la sortie dans un lieu de distraction. L'Ancienne Belgique de M. Mathonet qui est le haut lieu du caf'-conc' bruxellois avec ses grandes tables et ses 1 200 places. On y boit presque essentiellement de la bière — le whisky est alors interdit dans le royaume — et les meilleurs artistes tentent de s'y faire entendre dans les rires et les éclats de voix. Jacques préfère les salles plus modestes, plus intimes, comme la Rose noire, tenue par Louis Laydu, frère de Claude, la vedette du tout récent film de Robert Bresson, *Le Journal d'un curé de campagne,* d'après Bernanos. Dans cette boîte sympathique, on peut entendre des auteurs-interprètes à texte. Et ce sont d'interminables discussions d'après-spectacle entre les noctambules. Souvent, Laydu donne une chance aux débutants, maladroits, paralysés par le trac et Jacques songe avec une frayeur exaltante qu'il pourrait un jour oser y interpréter ses œuvrettes. L'initiative ne plairait sûrement pas à M. Romain Brel...

Il le sait, le patron de Vanneste et Brel que son fils, chef des ventes, trousse le couplet. Mais il n'y porte guère attention. Un plaisir de jeunesse qui passera à mesure que les charges professionnelles et familiales pèseront sur ses épaules. Il faut bien que jeunesse se passe, n'est-ce pas ?

Jacques se demande sincèrement si cette « jeunesse » passera un jour. Il est de plus en plus mal à l'aise dans cet univers de papier mâché. Il ne l'avoue guère — c'est son côté secret — mais il se sent pris au piège d'un système auquel il est complètement étranger. Sans doute n'est-il pas l'organisateur de ventes efficace que l'on aurait pu attendre d'un fils Brel. Les accrochages avec papa-P.-D.G. sont de plus en plus fréquents. Ils navrent Lisette comme Miche. Ces deux hommes-là ont trop de caractère pour accepter des concessions. « Des Flamands ! » dit maman Brel, en soupirant.

Parce qu'il se cherche, se croit toujours un peu laid et veut se donner de l'assurance, Jacques a laissé pousser une moustache qui lui donne des allures de jeune premier d'opérette. Cravaté, le cheveu bien peigné, il illusionnerait le passant. Et même les bourgeois s'aventurant le soir du côté de la Grand-Place, dans ce qu'on appelle l'Ilot sacré, ne seraient pas effrayés. Ce quartier-là, c'est un peu le Saint-Germain-des-Prés de Bruxelles. On y écoute du jazz, en se trémoussant sur sa chaise et en avalant une bière très moussante. La bande s'y rend de plus en plus souvent, pour se prouver que ces distractions-là appartiennent à la jeunesse et non à tous ces vieux cons obsédés par la réussite et l'argent.

Un soir, Jacques réalise un acte qui va être le tournant de sa vie. Il chante chez Laydu, à la Rose noire. Tous deux en avaient parlé à plusieurs reprises et Jacques lui avait fait entendre quelques extraits de ses compositions.

« Tu devrais passer un de ces jours, ça ne t'engage à rien... »

On dit cela, on tend son billet et puis, comme dans le métro parisien, on se trouve embarqué dans une rame sans connaître la destination.

Le jeune couple Brel n'a pas caché l'événement à l'entourage familial ni, bien sûr, aux copains. Le soir de sa première prestation, la salle est aux trois quarts une salle à claque. Et, en marquant le tempo sur sa guitare, il chante « Il y a » :

> « Mais il y a tant de bleu dans les yeux de ma mie
> Il y a dans ses yeux tant de vie
> Il y a dans ses cheveux un peu d'éternité
> Sur sa lèvre tant de gaieté [1]... »

Puis « La Foire » avec :

> « Ça sent la graisse où dansent les frites
> ça sent les frites dans les papiers
> ça sent les beignets qu'on mange vite
> ça sent les hommes qui les ont mangés [2]... »

Et encore « Sur la place, écrasée de soleil » et aussi « Il pleut ». C'est déjà beaucoup moins gentil. Comme un accent de révolte parfaitement incongru. Avec ce dernier refrain que les biographes, plus que les auditeurs, rendront célèbres plus tard :

> « Il pleut
> Et c'est ma faute à moi
> Il pleut
> Les carreaux de l'usine
> Moi j'irai les casser [3]... »

1. « Il y a », Éd. World Music Bruxelles.
2. « La Foire », idem.
3. « Il pleut », idem.

Évidemment, c'est bien tentant : voilà la rupture définitive avec papa Brel, ses pompes et ses cartons. La réalité est sûrement moins simpliste. Cette chanson ne surprend personne : ni les copains qui l'apprécient mais l'ont déjà entendue à plusieurs reprises, ni la famille qui sait à quoi s'en tenir depuis un bout de temps. D'ailleurs, il semble bien que papa Brel n'ait pas été présent ce fameux soir. Son fils chante ? Soit, il est au courant. Mais tout ça, n'est-ce pas, manque de sérieux. En réalité, Jacques est immature. On croyait que le mariage, la paternité, les responsabilités, lui mettraient du plomb dans la tête. Mais non ! Qu'il crie sur une (petite) scène qu'il va casser les carreaux de l'usine, ce n'est, certes, pas agréable. Mais le plus grave, c'est encore cet enthousiasme réservé aux futilités, au détriment de son travail. L'incompatibilité est là. Un cadre — qui plus est fils de patron — se discrédite aux yeux du personnel et de la clientèle — mais oui, la clientèle — en jouant les troubadours dans une boîte de jeunes.

« Il faut choisir mon garçon ! »

Jacques avait songé aux éventuelles retombées. Il avait même envisagé de prendre un pseudonyme — Jacques Bérel, par exemple — pour ne pas entacher la respectabilité de son sérieux papa. Mais sans penser alors embrasser une carrière incertaine, dans ce monde inconnu de la chanson. Certes, il en crève de cette usine, puisque cela ne le concerne pas. Il rêve à en éclater de voyages, d'aventures mais c'est un rêve, uniquement.

D'autant qu'en cette année 1953 une seconde fille est née. Elle est prénommée France. Et lui, Jacques Brel se trouve investi d'une lourde responsabilité : une femme et deux enfants. C'est beaucoup pour un jeune homme qui voudrait s'envoler avec la légèreté de l'inconséquence.

Les choses en resteraient peut-être là — pourquoi pas ? — si Jacques n'était invité à une émission de la radio bruxelloise. La capitale belge est un grand village. Qu'un nouveau pointe le nez et les auteurs de chansonnettes tendent l'index vers lui. Il chante. Une douzaine de compositions. La plupart resteront longtemps inconnues. Il ne sait pas qu'il a mis le doigt dans l'engrenage.

— Allô ? Monsieur Brel ? Je suis le représentant des disques Philips à Bruxelles. Philips, vous connaissez ? Voulez-vous passer me voir ?

Il passe... C'est sans engagement, bien sûr.

— Nous pourrions enregistrer une maquette, c'est-à-dire un disque destiné à notre maison uniquement et non au commerce. Nous verrons ce que nous pourrons en faire...

Tout auteur de chansons souhaite, et c'est normal, être entendu. Ne serait-ce que pour savoir ce que les autres en pensent. Pour faire le point, se remettre en question ou se sentir encouragé. Les copains, l'épouse, c'est bien, mais ils ne sont pas exactement objectifs. Leurs commentaires s'enrobent de complaisance.

Alors il enregistre quatre chansons, celles qu'il considère comme les mieux achevées : « Il y a », « La Foire », « Sur la place » et « Il pleut ».

Le représentant de la maison de disques apprécie suffisamment ce ton jeune, mordant ou tendre, pour essayer de concrétiser sa découverte. Le mieux à faire est encore d'envoyer la maquette à Paris puisque la chanson passe par Paris. Là-bas, le directeur artistique de Philips s'appelle Jacques Canetti. Un lanceur de vedettes, on pourrait même dire « le pape de la chanson à texte ». C'est lui qui a sorti Félix Leclerc de son Québec et a pensé tout de suite que le moment était venu d'évoquer la nature, les grands bois, en jouant sur l'accent folklorique du Québécois. Félix est arrivé en France avec, déjà, un Grand Prix du disque. Et ça marche aussitôt. Jacques Canetti possède, il est vrai, quelques atouts. En dehors de son rôle chez Philips, il est le patron d'un célèbre cabaret de la rive droite, les Trois Baudets et a produit de nombreuses émissions à la radio. Fine mouche, il sait aussi que l'industrie du disque — donc de la chanson — est à un tournant. Le microsillon va détrôner le vieux 78-tours et provoquer un « boum ». Or, la rive gauche s'est essoufflée après la Libération. Après une vague de refrains à l'eau de rose, le moment est revenu pour la chanson à texte. Canetti a réussi à pousser Boris Vian sur une scène pour y interpréter ses propres œuvres et il vient de mettre la main, en 52, sur un drôle de type aux chansons aussi drues que ses moustaches, un type qui a dérangé le ronron du music-hall à coups de guitare. Un type nommé Georges Brassens.

Jacques Canetti, donc, un soir de mai 1953, aux Trois Baudets, farfouille dans le courrier du jour, prend un disque venu de Bruxelles, le tourne, le retourne, lit la lettre qui l'accompagne et se décide enfin à écouter une chanson. En fait, il écoute les quatre, les repasse une seconde fois, réfléchit un instant, cherche dans son répertoire téléphonique et appelle son correspondant à Bruxelles. Il a simplement oublié qu'il est minuit.

Le correspondant belge, tiré de son sommeil, est tout surpris d'entendre la voix connue de Canetti :

— Brel ? Ah, Brel ! Oui, j'ai son adresse, bien sûr. Qu'il vienne vous voir ? Je vais le lui dire, dès demain. Enfin, dès aujourd'hui. C'est cela... De rien, monsieur Canetti.

Le matin, Jacques Brel est demandé sur la ligne des Ets Vanneste et Brel.

— Quel M. Canetti ?

Les explications suffisent à prouver l'importance du bonhomme :

— Quand veut-il me voir ? Au plus tôt ? Dites-lui... dites-lui que j'arrive !

# 3

# *Au Printemps...*

***Les Trois Baudets et l'abbé Brel – De cabaret en cabaret – Mal de dents, mal d'amour – Deux prix du disque.***

« Sur les quais des gares
Tous les " au revoir "
Et tous les adieux
Nous rendent l'espoir
Nous rendent plus vieux [1]. »

Gare du Nord. Voici la France. En septembre 1953, ce jeune Belge emprunté, sa valise à la main, cherche désespérément une issue autour de lui.

La France va bientôt changer de président de la République puisque Vincent Auriol achève son septennat. En Indochine, la situation se détériore. En Tunisie et au Maroc, l'agitation commence. Et Georges Brassens chante, en transpirant comme une éponge :

« La musique qui marche au pas
Cela ne me regarde pas [2]... »

De tout cela, Jacques Brel se moque. Ce qu'il souhaite de tout cœur, c'est un hôtel. Il échoue au plus proche, boulevard Magenta, dépose sa valise dans un coin de la chambre et s'écroule sur le lit. Qu'a-t-il fait ? Il ne parvient pas encore à réaliser, tant les événements se sont vite enchaînés, depuis cette entrevue avec Jacques Canetti. Il y a quatre mois. C'était

1. « Départs », extrait d'*Œuvre intégrale,* Editions Robert Laffont.
2. Éd. Ray Ventura.

le printemps à Paris. Jacques ne priait sûrement pas Notre-Dame du Bon Temps mais peut-être bien le Bon Dieu, tout simplement (si j'ose dire !). Canetti avait été extrêmement cordial, chaleureux même à propos de ses quatre chansons.

— Vous en avez d'autres ?

— Oui, bien sûr.

— Nous pourrions tenter un essai...

Puis il s'était rembruni quand Jacques avait esquissé la situation : marié, deux enfants, un emploi de cadre dans la cartonnerie familiale. Par le dieu du spectacle, savait-il exactement où il mettait les pieds ? Il était là, assis gentiment, bien cravaté, répondant docilement aux questions et prêt à tout laisser pour entreprendre une aventure hasardeuse. Canetti — peut-être pour tiédir son enthousiasme — avait eu une phrase terrible :

— Avec votre physique, vous ne comptez pas chanter vous-même ?

Non, il serait bon qu'il fasse connaître ses chansons et soit interprété par d'autres ... Enfin, s'il tenait à prendre des risques, lui, Canetti, était d'accord pour lui laisser une petite place aux Trois Baudets.

— Mettons en septembre, hein ?

Et septembre était arrivé après beaucoup de rêves, d'inquiétudes mêlées d'espoirs. Miche l'a tout de suite encouragé à tenter sa chance. L'usine n'est pas pour lui qui aspire à une autre vie. Pourquoi pas la chanson ? Qu'il essaie. S'il échoue, il reviendra et personne n'en parlera plus. M. Romain Brel avait pris la chose moins facilement. Si Jacques quittait l'entreprise, il n'était pas question qu'il revienne. Compris ? Maman Brel, Lisette, s'était inquiétée. Bien sûr, elle s'occuperait de Miche et des enfants. Mais lui, comment y arriverait-il, dans cette ville immense où il ne connaissait personne ? Mais quand son fils avait une idée dans la tête, rien ne pouvait l'en faire sortir. Alors, pourquoi résister ? Puisqu'il n'y aurait plus l'argent de son salaire, elle s'arrangerait pour lui envoyer quelques subsides. Et puis, il reviendrait vite, n'est-ce pas ?

Adieux rapides, sur le quai de la gare. Jacques n'aime pas les longues effusions. Et la séparation n'est quand même pas la mort. Dès que possible, il sauterait dans un train et leur raconterait tout.

Septembre 53. La fin d'un été. L'hôtel est d'une tristesse accablante. Et c'est encore trop loin de Montmartre et du théâtre des Trois-Baudets. Le lendemain, il « emménage » au 3, rue des Trois-Frères, dans une chambre au second étage.

Jacques Canetti est, en fait, impressionné par ce jeune type qui ne manque pas de courage. Comme promis, il va le faire débuter. En complément de programme, évidemment. Son nom sur l'affiche, ce sera pour plus tard. Dans le même spectacle, il y a un garçon qui monte, Jean-Claude Darnal, avec son « Toi qui disais, qui disais... »

Jacques, mort de trac, interprète ses quatre chansons de base. Succès mitigé. On entend même quelques ricanements dans la petite salle. Ils s'adressent plus à sa tenue qu'à ses textes. Sans doute parce qu'il croit le costume adapté à ses thèmes généreux, il s'est affublé d'une sorte de chasuble grise qui le fait ressembler à un moine mendiant sur le chemin de Saint-Jacques-de-Compostelle.

Sa prestation, pendant quinze jours, ne soulève pas l'enthousiasme. A la vérité, personne ne le remarque vraiment. Mais il n'est pas conspué non plus. C'est suffisant pour que, de retour à Bruxelles, il prenne sa décision définitive : sa place est à Paris. Avec de la persévérance — et il n'en manque pas ! —, avec les conseils de M. Canetti, il arrivera bien à se faire connaître ou, du moins, à faire connaître ses œuvres.

Un qui fait une drôle de tête, quelque temps plus tard, c'est Georges Brassens. Le « Gros », comme on l'appelle déjà, ne manque pas une occasion de regarder les numéros qui précèdent ou qui suivent le sien (puisque à l'époque, il n'est pas encore vedette à part entière). Aussi, ce soir-là, s'il apprécie les promesses de ces textes chaleureux, il ne peut s'empêcher de rigoler devant le spectacle de ce moine guitareux. Est-ce de ce soir-là ou d'un autre que vient le surnom qui restera collé quelque temps à Jacques ?

— Salut l'abbé ! dit Georges...

Et sa petite cour qui existe déjà s'esclaffe. Bien qu'il soit, à l'époque, un tantinet moqueur, Georges Brassens n'a sûrement pas voulu blesser son nouveau confrère. Lui-même, bien que possédant huit années de plus, n'a de la scène qu'une saison d'expérience. Et si le succès est venu très vite, il n'oublie pas les humiliations des tout débuts. Mais « l'abbé Brel », c'est tellement irrésistible que le surnom va durer quelques années...

Ainsi Jacques Brel dit « l'abbé » tente de grimper les échelons du programme. Outre Brassens, les Trois Baudets rassemblent ce qu'il y a de mieux dans le domaine du music-hall. Mouloudji, Grand Prix du disque 53, la Canadienne Aglaé, l'immense Philippe Clay, le chansonnier Pierre-Jean Vaillard, Darry Cowl et Christian Duvaleix. Une autre fois, c'est Catherine Sauvage avec les Quatre Barbus. Ou encore Fernand

Raynaud, autre habitué des lieux. Et il « rame », comme on dit, le Jacques Brel moustachu et en chasuble. Si le public reste insensible, certains y croient. Jacques Canetti recevant un jour Paul Tourenne, l'un des Frères Jacques, ouvre un tiroir et en sort le fameux disque d'essai :

— Ce type, on va en entendre parler, mais ce n'est pas le moment !

Georges Brassens, en dépit de ses remarques malicieuses, manifeste un intérêt certain pour le jeune Belge. En cette fin 53, il vient, en scooter, chercher son pote René Fallet :

— Grimpe derrière, on va voir un chanteur belge !

Et Fallet découvre, à la terrasse d'un café, au Luxembourg, ce grand garçon maigre, portant petite moustache, qui ne cache pas son admiration pour Georges[1]. Et c'est Georges, mort de peur lui-même, qui encourage Jacques, chaque soir où les programmes les réunissent aux Trois Baudets.

En fait, il le sait bien : c'est en se produisant le plus souvent possible qu'il pourra acquérir le métier nécessaire, tout en gagnant quelques sous. Car, de ce côté-là, ce n'est pas brillant non plus. Heureusement que Maman Brel n'oublie pas d'envoyer des petits mandats. Mais, même avec cette aide familiale qui ne s'est jamais démentie, quoi qu'aient pu en dire certains (tous les vivres lui auraient été coupés, comme dans les romans à quatre sous !), Jacques se contente souvent d'un sandwich et d'une bière pour tout repas. Et il court les cabarets, de la rive droite à la rive gauche : l'Echelle de Jacob de Suzy Lebrun, chez Geneviève où il donne un coup de main pour rincer les verres, puis chez Patachou où est « né » Brassens. C'est l'éternel circuit des crève-la-faim, l'addition des misérables cachetons délivrés contre trois ou quatre chansons, devant un public plus ou moins concerné. Parfois, il bouffe, ou il discute en se fichant complètement du chanteur. Une bière sur le zinc et en route pour une autre adresse, guitare sous le bras.

Les artistes qui ont eu le bonheur de réussir ne manquent pas d'affirmer que c'est la meilleure et la seule école. A condition d'en sortir. Combien de talents réels se sont ainsi dilués dans ces boîtes où il faut se défoncer pour être seulement entendu et gagner le prix d'un sandwich jambon-beurre ?

Par bonheur, on se soutient dans la corporation. Quand on est au même niveau. Jacques, au hasard des itinéraires, se lie d'amitié avec Sim qui traîne sa gueule pas possible, ou encore

1. Voir *Brassens, la Marguerite et le Chrysanthème*, même auteur, même éditeur.

avec les Pinsons, des duettistes drôles et belges sur les bords : Roger Verbecke et Raymond Devos. Le second partage ses activités de cabaret avec celles de théâtre, dans la Compagnie Fabbri. Et bientôt, il volera de ses propres ailes (une image quand on connaît sa corpulence). Et la soirée, commencée vers 20 heures, s'achève vers 5 ou 6 heures du matin, sur une dernière bière, d'ultimes paroles d'espoir, avant que le corps brisé du chanteur ne s'effondre sur le lit grinçant d'une chambre lugubre, dans un hôtel minable.

L'espoir, oui, il existe. C'est ce qui fait vivre. M. Canetti a promis l'enregistrement d'un disque. Et il tient toujours parole. Il lui faut simplement convaincre l'entourage de Philips que c'est bien le moment. En attendant, début 1954, il fait inscrire son poulain au festival de Knokke-le-Zoute. C'est en Belgique, et Canetti appartient au jury. Ce serait bien le diable si... Mauvais calcul. La Belgique reste insensible devant son représentant. Jacques se classe bon dernier de la finale. Une finale d'où a été exclu un autre débutant, René-Louis Lafforgue, éliminé au premier tour. Brel se souviendra de Knokke-le-Zoute...

Dans cette même période, Jacques (ou plutôt Canetti) décroche un petit contrat pour chanter seul à Angers, devant les Jeunesses ouvrières catholiques. Par hasard, le même soir, Georges Brassens se produit au théâtre de la ville. Et tout naturellement, on se retrouve pour l'après-spectacle, en compagnie de Canetti :

— Tiens, l'abbé Brel ! Veux-tu une bénédictine ? Ou une chartreuse ?

Rires de la bande. Jacques avale sans rien dire ce qu'il considère comme une vexation. Les copains du « Gros » ne font pas de détail et c'est seulement plus tard que Georges se rendra compte — avec un réel remords rétrospectif — de leur involontaire cruauté. Il faut dire que Jacques parvient à cacher son extrême sensibilité. Et son visage ne laisse rien apparaître des écorchures qui lui déchirent le cœur.

Le baume va venir d'où on l'attendait le moins. Juliette Gréco, l'ex-muse de Saint-Germain-des-Prés, a traversé la Seine pour obtenir la consécration. Connue désormais du grand public, elle est restée aussi rigoureuse sur le choix de ses textes, au risque de dérouter le populaire. Aussi Jacques Brel peut-il goûter l'honneur que lui fait Juliette en prenant l'une de ses compositions pour son nouveau tour de chant. Et pour la première fois peut-on entendre en grande salle, à l'Olympia music-hall :

« Une chanson d'un jeune auteur-compositeur belge, Jacques Brel : " Le Diable ". »

Un prologue parlé, assez inhabituel, précède le premier couplet :

> « Un jour, le Diable vint sur la terre,
> Un jour le diable vint sur la terre
> Pour surveiller ses intérêts... »

Et c'est le discours du Diable que Jacques a imaginé :

> « Il y a toujours un peu partout
> Des feux illuminant la terre
> Ça va [1]... »

Comme toujours, Juliette Gréco a eu bon goût. C'est la première œuvre dans laquelle Jacques ne s'adresse pas à nous au premier degré. Il inverse les conventions d'une manière ironique en se félicitant — par la bouche du Diable — de tout ce qui ne tourne pas rond sur terre.

Et la chanson échappe partiellement aux critiques habituelles : ton prédicant, démagogie... qui lui colleront à la peau pendant plusieurs années. Car, en enregistrant son premier disque chez Philips, il découvre cette race née en même temps que la chanson d'après-guerre : la critique. Les jeunes auteurs-interprètes commencent à se multiplier et quelques phrases assassines ont tôt fait de modérer leurs ardeurs...

Le disque — promis par Canetti et arrangé par André Grassi — contient quatre chansons : « Le Diable », bien sûr, « Grand Jacques », « Il nous faut regarder » et « La Haine ».

> « L'amour est mort vive la haine
> Et toi matériel déclassé
> Va-t'en accrocher ta peine
> Au musée des amours ratées [2]. »

Bien que marqué par une certaine naïveté, ce disque contient déjà deux thèmes bréliens (au moins) : la critique de l'Église (et non de Dieu), des conventions sociales, de l'armée, dans le seul « Grand Jacques ». Et celui des amours ratées parce que nécessairement limitées dans le temps, dans « Grand Jacques » encore et dans « La Haine »...

Pourtant, les quelques (rares) articles mentionnant cette sortie ne laissent pas espérer une longue carrière pour ce petit

1. « Le Diable (Ça va) », Nouvelles Éditions musicales-Caravelle.
2. « La Haine », N.E.M.-Caravelle.

Belge boy-scout qui nous invite à regarder « derrière la saleté » et « plus loin que la misère ». Langage de patronage, dit-on. Et c'est bien du côté des catholiques, en effet, que Jacques trouve son seul soutien. Qu'importe le style, au fond, si la pensée est bonne (on s'en apercevra plus tard avec le père Duval et consorts !). Voilà un garçon qui a soif d'une autre vie et apporte un peu de pureté dans le petit monde du music-hall.

L'abbé Brel, quoi ! C'est aussi de ce surnom que l'affuble Bruno Coquatrix, le directeur de l'Olympia, cette grande salle de spectacle ouverte l'année précédente sur le boulevard des Capucines et dans laquelle Gréco a fait vivre « Le Diable ». Passionné de chansons et compositeur lui-même, Coquatrix n'avait pas hésité à jouer tout son argent quand cette salle de cinéma (et ancien music-hall) avait été mise en vente. L'heure était revenue pour la chanson grand public. Et, en effet, un an après, c'est une sorte de consécration lorsque Coquatrix inscrit un artiste dans son programme. Ce n'est pas tout à fait le cas pour Jacques Brel qui doit se contenter d'une toute petite place en complément, dans ce spectacle du 8 au 22 juillet 1954. La vedette en est Billy Eckstine. On y voit aussi Jean Wiener et, en « américaine » (fin de première partie), la grande Damia qui tente courageusement de prolonger une carrière entamée avant la guerre... de 14-18.

Qui se souviendra de ce grand garçon emprunté du « lever de torchon », avec sa seule guitare, sa petite moustache ridicule surmontant une bouche lippue et ses trois chansons qu'il aboie pourtant avec rage ? Personne sûrement, sinon Coquatrix qui lâche une moue désabusée. Ce n'est pas sur ce curotin qu'il comptera pour la relève...

Chez Philips, on n'y croit pas non plus. Le disque se vend, en tout et pour tout, à deux cent cinquante exemplaires. Et Canetti commence à se poser des questions. Il l'inscrit pourtant à plusieurs programmes des Trois Baudets, en complément de programme à Bobino, puis l'envoie en tournée, en France et en Afrique du Nord, avec pour vedette Sidney Bechet. Et, en décembre 1954, Jacques passe chez lui, à Bruxelles, à l'Ancienne Belgique. Tous les amis de la Franche Cordée sont là, avec Miche, dans cette grande salle pleine de fumée et de relents de bière. Les parents, eux-mêmes, accueillent leur fils désencartonné avec cordialité et même tendresse. Lisette ajoute un brin d'inquiétude. Son fils n'a pas très bonne mine ; sans doute mange-t-il mal ! Et cette existence nocturne, cette solitude, ce n'est pas bon pour lui. Il sourit, rassure, affirme que tout ira bien, que très vite le succès viendra. A force de se produire un peu partout, il arrivera à se faire connaître. C'est obligatoire.

En tout cas, s'il devait abandonner, il retrouverait sa place ici...

Abandonner ? Jamais ! Revenir à l'usine ? Impensable ! Nous ne sommes plus du même monde, pense-t-il sans l'exprimer à haute voix. Mais l'ont-ils été un jour, du même monde ? D'ailleurs, pour couper court à toute supputation, Miche et les enfants vont le rejoindre à Paris. Il cherche un logement.

Début 1955, il le trouve, à Montreuil. Une sorte de baraque pas très brillante, mais correcte, au fond d'une cour. Et, grâce à l'addition de ses cachetons, il peut s'acheter une 4 CV qui facilitera ses déplacements et permettra de sortir la famille de temps à autre. Quand son programme lui en laissera le loisir. Ce n'est pas le moment de baisser les bras. Il écrit, sans cesse, sans facilité non plus. Chaque phrase est une transpiration, un accouchement douloureux. Il reprend ses premières chansons encore inédites, les modifie, tente de ciseler les mots, les rimes, en notant ce qui lui passe par la tête dans un cahier d'écolier qui se couvre de ratures. S'il pouvait avoir la précision d'un Brassens... Un soir, aux Trois Baudets, où l'auteur du « Gorille » passe encore de temps en temps, pour faire plaisir à Canetti, Brel s'en ouvre à Georges. Et il découvre que lui aussi, devenu un grand nom de la chanson, souffre comme une bête sur un mot, une phrase. D'autant plus que Brassens s'inscrit dans une lignée classique et attache une importance capitale à la versification. Brel est plus impulsif, plus direct, plus « libre », tout en possédant la même exigence de perfection. Et Georges a bénéficié — involontairement — d'une longue gestation. Lui, il ne s'emmerdait pas dans une cartonnerie. Il bouffait du pâté et des nouilles, mais passait ses journées entières à écrire et à composer. Si bien que lorsqu'il débuta, chez Patachou, il possédait déjà un répertoire considérable de vieux routier.

— Ce qui est terrible, dit Jacques, c'est le manque de temps. Les spectacles, le cabaret, les tournées mangent nos forces, usent notre esprit. Il ne reste plus rien pour réfléchir, coucher les idées sur le papier...

— L'idéal, répond Georges, serait d'atteindre très vite une autonomie suffisante pour décider nous-mêmes de nos tours de chant, pour ne paraître sur scène que lorsque nous sommes prêts.

Jacques n'en est pas là ! Il est déjà trop heureux d'enregistrer son second disque Philips, avec, cette fois, le concours d'André

Popp pour les arrangements et, pour certains morceaux, de Michel Legrand.

André Popp, comme son prédécesseur André Grassi, ne peut qu'apporter un habillage à une ligne mélodique simplette limitée à quatre accords de guitare. C'est un instrument merveilleux puisqu'il permet à des gens sans connaissance musicale d'exprimer ce qu'ils ont à dire. Mais c'est aussi très frustrant pour un véritable musicien. A l'enregistrement, la mise en place est par trop hétéroclite et, chanson après chanson, un ou deux musiciens sont invités à se taire. Tant et si bien que, pour la dernière interprétation, Jacques se retrouve seul à la guitare.

Dans ce microsillon — puisque le microsillon s'est définitivement imposé — une chanson contribuera à faire connaître son auteur-interprète. Elle s'appelle « Il peut pleuvoir ».

> « Il peut pleuvoir sur les trottoirs
> Des grands boulevards
> Moi je m'en fiche
> J'ai ma mie auprès de moi [1]... »

Avec son rythme bien enlevé, elle séduit quelques programmateurs de radio auxquels Canetti ne manque pas de faire entendre le disque. Mais ce n'est pas encore la gloire. Tout juste un succès d'estime qui le sort de l'anonymat. Le disque, une fois encore, est un « bide ». Chez Philips, on commence à se dire que Canetti, s'il est un pape, n'est pas infaillible. Un disque coûte cher, et la plaisanterie a assez duré.

Lui, Jacques, serre les dents, ces sales dents qui lui font toujours des misères et il continue à postillonner dans le micro dans des spectacles avec en particulier les fantaisistes Poiret et Serrault et trois filles aux patronymes connus, qui ont pris, justement, le nom de Filles à Papa : Françoise Dorin, fille de René, prince des chansonniers, Perrette Souplex, fille de Raymond, autre chansonnier de la grande école (et futur Bourrel à la T.V. !) et Suzanne Gabriello, fille du comédien fantaisiste, bafouilleur et rondouillard. Sympathiques, les filles. Ce qui n'est pas vraiment réciproque. Car Jacques intrigue surtout. Il reste en retrait, solitaire et farouche. Ce n'est qu'en le côtoyant quotidiennement que ses camarades de tournées découvrent sa générosité et sa drôlerie.

Une amitié — toute différente — naît aussi avec Raymond Devos qui a abandonné son copain des Pinsons en même temps

1. « Il peut pleuvoir », World Music Vendôme-Bruxelles.

que la Compagnie Fabbri pour raconter, seul, des histoires délirantes, en jouant sur les mots. Dans une tournée, la Compagnie Fabbri était arrivée à Biarritz et Devos, qui avait répété toute la journée à ses copains que la première chose qu'il ferait en arrivant serait de se baigner, s'était heurté à un serveur de l'hôtel : « La mer ? Elle est démontée ! » Effectivement, le vent s'était levé et l'Atlantique venait battre en rouleaux sur la plage. La mer démontée ! « Et quand la remontera-t-on ? » avait demandé Devos sans rire. Au retour, dans le car, il improvisa, à la grande joie de ses partenaires, ce qui allait être son premier monologue. Et Jacques n'est pas le dernier à se plier en deux en écoutant, depuis les coulisses, ce nouveau venu, qu'il avait déjà croisé, et qui apporte vraiment du nouveau dans le domaine de l'humour.

Sans doute par l'habitude des tournées de cabaret, Jacques est déjà un couche-tard. Il essaie d'entraîner Devos qui, au début, accepte mais bientôt renonce à le suivre.

— Quelle santé ! s'exclame-t-il, en parlant de Brel.

Pourquoi ne parvient-il pas à rentrer chez lui dès la fin du tour de chant ?

— A cause de mes rages de dents, dit-il.

Ce n'est sûrement pas la seule raison. Il retarde avec angoisse le moment d'affronter l'après-après-spectacle, l'instant où il se replonge dans un univers complètement étranger à la chanson. Il se sent incapable de quitter son costume de scène (heureusement, il a abandonné la chasuble grise !) pour devenir Monsieur tout-le-monde, chef de famille. Alors, il s'attarde dans les bistrots, buvant une bière avec quelque copain de travail ou de rencontre, discutant de l'actualité, de la connerie du monde, de l'amitié, de l'amour... Et c'est souvent au petit matin qu'il rentre au bercail pour consacrer, contre son gré, un peu de repos à ce corps qui ne demande qu'à remuer.

L'année 1956 se pointe avec des nuages sombres dans le ciel de France. En Algérie, la pacification ressemble étrangement à une guerre et le climat politique est particulièrement tendu. Son climat personnel aussi. Miche attend un troisième enfant et elle trouve plus sage de rentrer à Bruxelles parmi les siens. Jacques partage son point de vue. Ils seront toujours en plein accord sur les questions pratiques.

Aussitôt, il laisse le préfabriqué de Montreuil au profit d'une unique pièce dans un endroit tranquille, cité Lemercier, près de la place Clichy, dans le 17e arrondissement. Le lieu est aimable, comme protégé des bruits de Paris, avec des géraniums aux fenêtres, des bonnes gens qui s'attardent pour la causette. Il a trouvé sa tanière. Elle est modeste mais ça lui suffit pour ranger ses bouquins, sa guitare et sa pipe, puisque, comme Brassens, il s'est converti à la bouffarde. Bientôt, son voisin sera Jean Bertola, un autre espoir de la chanson, copain justement de Georges Brassens.

Et puis, et puis, il n'y a pas Frida mais Suzanne.

« Pardon de ne plus voir
Les choses comme elles sont
Pardon d'avoir voulu
Oublier nos vingt ans [1]. »

Ils se sont connus, on l'a vu, dans une précédente tournée Canetti, avec Poiret et Serrault et les deux autres Filles à Papa. C'était en juillet 1955, à Saint-Valéry-en-Caux, dans cette haute Normandie où naquit Bourvil. Jacques écrit, écrit comme un forcené...

« Heureux les amants que nous sommes
Et qui demain loin de l'autre
S'aimeront s'aimeront
Par-dessus les hommes [2]. »

Heureux, l'est-il vraiment ?

— J'ai mal aux dents, répond-il en grimaçant.

Comment pourrait-il être heureux alors que tout ce qui compte pour lui piétine dangereusement, depuis maintenant trois ans ? Trois ans de privations, d'humiliations, de courses effrénées dans Paris, de tournées provinciales avec quelques bravos polis, de scepticisme affiché par ces messieurs de Philips. Un troisième disque ? Attendons un peu. Plus tard, peut-être...

Et puis, il y a Suzanne...

Quand l'été 1956 arrive, Jacques boucle sa valise pour une longue tournée à travers la France. Il accompagnera, dans le programme Canetti, Pierre-Jean Vaillard, Pierre Dudan, Nicole Louvier, les Trois Ménestrels. Parviendra-t-il à forcer la chance ? A rejoindre, même un petit peu, Georges Brassens ou Bécaud qui provoque des émeutes partout où il passe, ou Charles Aznavour, complice de Gilbert, qui parvient à s'imposer tout doucement, en dépit de sa voix, bonheur des chansonniers. Est-il trop moche ? Certains succès personnels lui laissent supposer que la beauté est une notion subjective. Est-il

1. « Pardons », Nouvelles Editions Méridian.
2. « Heureux », Nouvelles Éditions musicales-Caravelle.

trop belge ? La fantaisiste Annie Cordy qui triomphe depuis « la Route fleurie » lui prouve que non. Est-il trop austère, trop sérieux ? Certains critiques voient en lui un chanteur de la désespérance, alors qu'il cherche tout le contraire. Problème immense de la communication. Se faire comprendre ! Vaste programme. Bon Dieu, que j'ai mal aux dents !

Et puis, il y a Suzanne.

Jacques ne peut pas savoir que cette tournée va avoir une importance capitale pour la suite de sa carrière. Le lundi 23 juillet 1956, l'équipe se produit en plein air, au kiosque du parc municipal de Grenoble. Il y a là un jeune pianiste qui revient d'un séjour en Algérie, comme « rappelé ». Il se nomme François Rauber. Pour lui, Brel n'est pas tout à fait un inconnu puisqu'il l'a vu et entendu à Bobino. Mais ils ne se sont pas encore parlés.

Jacques passe avec quatre chansons : « Le Diable », « Il nous faut regarder », « Il peut pleuvoir » et une toute nouvelle qui semble accrocher le public :

« Quand on n'a que l'amour
A s'offrir en partage
Au jour du grand voyage
Qu'est notre grand amour [1]... »

Comme dans toutes les tournées, on se répartit dans les voitures pour aller de ville en ville, d'abord par hasard puis bientôt par affinités. Au bout de quelques jours, Jacques et François Rauber se retrouvent dans la vieille 203 noire qui consent à les traîner sur les routes de France. Et, bien sûr, ils parlent. Tous deux vivent surtout d'espoirs. Rauber est encore élève au Conservatoire, ce qui limite sa disponibilité en tournées, sauf l'été. Mais, sur Paris, pas de problèmes. Ils pourraient essayer de travailler ensemble. François apporterait un soutien piano et surtout habillerait les chansons dont la musique est forcément limitée à cause de la guitare et des faibles bases de Jacques (celles-ci étant la conséquence de l'autre).

— Peut-être pourrions-nous faire des chansons ensemble ?

Brel, s'il n'a pas de formation pratique, est en revanche, un grand amateur de musique classique. Avec des préférences avouées pour Ravel, Debussy, Dukas... Et comme ils ne doutent de rien, ni l'un ni l'autre, ils décident d'intégrer un peu de classique dans la variété. C'est ainsi que s'ébauchent et que

1. « Quand on n'a que l'amour », N.E.M.-Caravelle.

naissent des chansons un peu folles, fort différentes musicalement de ce que Jacques avait pu écrire jusqu'ici ! En particulier « Voici » et « La lumière jaillira » qui resteront quelque temps inédites :

« La lumière jaillira
Claire et blanche un matin
Brusquement devant moi
Quelque part en chemin[1]... »

Pour les autres, dont l'existence est déjà entamée, Rauber ajoute des contre-chants au piano. Ce qu'il apprécie chez Jacques, c'est ce désir d'avancer, d'évoluer. Il a déjà fait sienne cette devise : « Celui qui n'avance pas est un homme mort. » Il est très conscient des limites de la guitare. Huit ou dix accords mutilent les modulations et les dégagements musicaux de la ligne mélodique...

C'est donc François Rauber qui va prendre la direction musicale du troisième disque arraché par Canetti à une direction Philips toujours aussi réticente. La chanson vedette est, bien sûr, « Quand on n'a que l'amour », mais on trouve aussi « L'Air de la bêtise », « Saint-Pierre », « J'en appelle », « Les Pieds dans le ruisseau », « Les Blés », « Prière païenne », « La Bourrée du célibataire » :

« La fille que j'aimera
Aura le cœur si sage
Qu'au creux de son visage
Mon cœur s'arrêtera[2]. »

Fait étrange, dès sa sortie, le disque commence à être demandé, essentiellement par des jeunes séduits par son enthousiasme, ces appels à un monde meilleur. Celui qui existe n'est pas bien enthousiasmant : c'est l'affaire du canal de Suez et la (courte) guerre opposant les Franco-Anglais à l'Égypte. C'est Budapest où l'insurrection hongroise est écrasée par les chars soviétiques. Vers quel espoir peuvent se tourner les jeunes en cette fin 1956, alors que capitalisme et communisme engendrent les mêmes violences ? Il reste à idéaliser, à se tourner vers des messages individuels...

Tiens, tiens... Les services commerciaux de Philips retrouvent le sourire. Jacques aussi. Sa carrière va-t-elle enfin se dessiner plus nettement ? Il le sent bien et Canetti également :

1. « La lumière jaillira », N.E.M.-Caravelle.
2. « La Bourrée du célibataire », N.E.M.-Caravelle.

les contrats augmentent. Et c'est un aller-retour bruxellois qu'il consacre à sa troisième fille, Isabelle :

« Quand Isabelle dort, plus rien ne bouge [1]. »

Il lui dédiera une chanson, un peu plus tard, chanson qu'il n'interprétera d'ailleurs pas longtemps.

Canetti sent bien que le moment est venu de donner l'artillerie. Il multiplie les appels à la presse. En janvier 1957, Jacques participe à une table ronde pour le grand hebdomadaire de la chanson, *Music-hall :* huit jeunes face à Charles Trenet. Dans ce même numéro, en couverture, le gentil Bourvil sourit avec sa coupe Volpi de *La Traversée de Paris.* A l'intérieur, Georges Brassens qui sort de *Porte des Lilas* jure à qui veut l'entendre : « Je ne referai jamais plus de cinéma. » Quelques articles sont encore consacrés à Suzy Delair, Annie Cordy en Amérique du Sud, Dalida qui déclare : « Je ne veux pas être une chanteuse sexy », Jean Richard, De Funès, Girardot qui rêve de music-hall et Jean Nohain qui parle de ses « Trente-Six Chandelles » à Liège.

Et, sur plusieurs pages, le « Maître » Trenet répond aux questions des jeunots qui voudraient bien prendre sa place : Nicole Louvier, Colette Renard, François Deguelt, Jean-Claude Darnal, René-Louis Lafforgue, Jean Fonson, Jean-Louis Vignon et Jacques Brel. Il ne parle guère, grand Jacques, sinon pour s'étonner : « Les événements importants ne vous inspirent pas ? Je fais allusion à des événements qui ne sont pas spécialement gais et qui sortent peut-être du cadre de la chanson ? » Eh non ! Trenet n'est pas inspiré par la société. « Partager les inquiétudes de son époque serait, à la base, incompatible avec la chanson ? » « Oh ! Pas du tout, répond Trenet, il y a des chansons qui reflètent l'inquiétude de ces dernières années et qui sont ravissantes. Je tiens " Les Feuilles mortes " pour une chanson magnifique... »

« Les Feuilles mortes » ? Jacques préfère des engagements plus directs, plus percutants. Il n'y a pas de temps à perdre... Cette divergence ne l'empêche pas de lancer au Fou chantant, en guise de conclusion : « Sans vous, nous serions tous des comptables... »

Dans le papier-carton, sans doute. Certains trouvent, d'ailleurs, que le nommé Jacques Brel aurait mieux fait d'y rester. Le même hebdomadaire, le mois suivant, n'est pas tendre dans sa chronique de disques signée Claude Borba : « Jacques Brel

1. Éditions Intersong, Paris.

chante d'une façon assez habile des chansons sans intérêt dont il est l'auteur (paroles et musiques). Jean Cocteau nous disait ici même le mois dernier que la chanson débarrassait la poésie de tous ceux qui se croient poètes, ça va être gai !... »

Poète ? Mais a-t-il prétendu l'être un jour ? Le temps est déjà venu des malentendus.

— Ne vous en faites donc pas pour cela, dit Canetti. Ce sont les jeunes qui vont venir vers vous.

Et le patron des Trois Baudets a une idée soudaine. Pour mieux faire connaître ses chansons, il va les faire enregistrer aussi par une femme. Il a son idée, fait réaliser la maquette et la fait écouter par les services commerciaux de Philips, sans donner le nom de l'interprète.

— Formidable ! Merveilleux ! Quelle voix ! Mais qui est-ce donc ?

— Tout simplement Simone Langlois ! répond Canetti.

Aussitôt l'enthousiasme retombe comme un soufflet raté. L'étrange carrière de cette admirable artiste mérite que l'on s'y arrête un moment. A douze ans, elle était remarquée dans un concours par le même Canetti qui travaillait alors beaucoup avec Jean Nohain. Et très vite, avec la conjugaison des deux hommes, elle devenait une enfant prodige. Et arrivait ce qu'il advient toujours aux enfants : elle grandissait. Bientôt, elle n'intéressait plus personne. Chanter Piaf à douze ans, avec un coffre de phénomène, c'est intéressant. Mais, à dix-huit ans, ce n'est plus la peine. Il y a Piaf.

Elle a tout juste dix-huit ans quand Canetti lui propose d'enregistrer Brel. Au fond, il n'a été interprété que par Gréco. Succès d'estime pour une chanteuse de qualité. Mais le grand public, lui, doit être touché par les radios. On se rencontre donc, avec Jacques, et on travaille. Si l'on en croit son entourage, il est fort satisfait de la version de « Je ne sais pas » — qu'il n'a pas encore enregistrée lui-même — puisqu'il l'écoute tous les soirs chez lui. Par contre, Simone a beaucoup plus de mal avec les couplets de « Sur la place ». C'est plus parlé que chanté et ne convient guère à la voix de l'ex-enfant prodige. Alors Rauber intervient, écrit un contre-chant et partage l'interprétation entre Jacques, pour les couplets et Simone, pour les refrains [1].

Le « 25-centimètres », soigné, obtiendra le Grand Prix du disque 1958... Et, comme un bonheur n'arrive jamais seul, Jacques la précède en obtenant, lui aussi, le Grand Prix de

1. Un enregistrement unique pour les collectionneurs de Brel !

l'Académie Charles-Cros 1957. Certains « augures » trouvent d'ailleurs que l'académie en question n'est pas sérieuse en mêlant dans son palmarès des valeurs sûres et des « gloires éphémères d'un jour ». C'est vrai pour Carline, dont la carrière sera courte. Autres lauréats : Jean Bertola, ex-accompagnateur d'Aznavour, copain de Brassens et... voisin de Brel, Colette Renard, révélée par *Irma la Douce,* Mathé Altéry avec le Prix de la rétrospective, les Corses Régina et Bruno, Prix de la chanson folklorique et, enfin, notre Jacques Brel dont la présence semble déplacée pour certains et justifiée pour d'autres. Il ne peut pas savoir que le désaccord des critiques est un bon signe. Il ne laisse plus indifférent. Et *Music-hall,* toujours (mais c'est le seul périodique de la chanson) écrit : « Ceux-là mêmes qui lui reprochaient un certain anarchisme suranné, une certaine complaisance dans la vocifération, sont les premiers aujourd'hui à l'applaudir, tant il est vrai que la qualité paye toujours. »

En cinq semaines, *Music-hall* aussi a changé de ton !...

Et chez Philips, quelques messieurs, avec le sérieux qui sied à des choses légères (mais lourdes de conséquences financières), consultent les chiffres de vente, en se frottant les mains.

Ce Jacques Brel, hein, quand même, on l'avait bien dit...

# 4

# *Ne me quitte pas...*

*Naissance d'un interprète – Comme une peinture flamande – L'anti-yéyé à l'Olympia.*

Le printemps 1958 a été chaud. Un vent venu d'Algérie. Depuis juin, le général de Gaulle s'est installé à Matignon. Jacques n'aime pas beaucoup les militaires. Ni les mouvements de foule. Ni tout ce qui ressemble à du pouvoir personnel. Pas seulement chez les généraux, chez les femmes aussi. Devoir rendre compte de tous ses actes, tout expliquer, se faire pardonner, pardonner soi-même et s'apercevoir que l'on n'a pas avancé d'un pas. On a simplement recollé provisoirement quelques morceaux...

« Ne me quitte pas... Ne me quitte pas... Ne me quitte pas... »

Dans la tournée d'été, les collègues commencent à en avoir soupé des recherches musicales de M. Jacques Brel. Dans les loges, les artistes l'entendent répéter cette litanie pour un non-départ : « Ne me quitte pas... Ne me quitte pas... » « Il commence à nous emmerder, Brel, avec son " Ne me quitte pas " ! » lâche un camarade qui dit tout haut ce que les autres pensent tout bas. Simone Langlois est encore du voyage. Normal. Elle est sur la lancée de son Grand Prix du disque et chante, en première partie, les œuvres de Brel. « Ne me quitte pas... » Accords de guitare. « Ne me quitte pas » re-accords. Pendant toute la tournée, la chanson à l'accouchement difficile va être le leitmotiv. Simone n'y prête plus attention. Son ami Roger est avec elle. Un grand chirurgien-dentiste, un professeur. Et c'est autre chose qu'un petit auteur. Brel n'accorde pas non plus d'autre importance à Simone que des contacts polis.

Chez lui, les femmes sont tout ou rien. Il préfère discuter des heures avec Roger, l'interroger sur ses perpétuels problèmes de mâchoires :

— Et si tu m'arrachais les dents ? lui demande-t-il, un soir.

— Oui, bien sûr, on peut envisager les extractions en plusieurs étapes.

— Non ! Tu me les arraches toutes le même soir et on n'en parle plus...

Le professeur essaie d'expliquer que c'est extrêmement dangereux, que cela peut provoquer des suites très graves, y compris des cancers. Jacques n'en démord pas (si j'ose dire !), Roger reste sur son refus poli et Jacques avec ses maux de dents. Ce qui ne l'empêchera pas de se faire arracher une bonne partie de la mâchoire, quelques années plus tard.

« Ne me quitte pas... » Présentement, ses préoccupations se situeraient plutôt au niveau du cœur. Est-ce à cause de cet état second qu'un soir, il se laisse aller à chanter « Au printemps » et « Je ne sais pas » que venait d'interpréter Simone, en première partie ? Surprise. Il a oublié ! Mais, le lendemain soir, il remet ça et interprète — en double — tout le répertoire de la pauvre Simone qui interroge François Rauber. Évidemment, ça ne se fait pas. S'il voulait les chanter — et c'était son droit puisqu'il en était l'auteur — il pouvait en parler avant. Pourquoi cette attitude, alors ? La distraction ne se répète pas tous les jours. Est-ce un pied de nez aux « bonnes femmes » ?

« Ne me quitte pas... », Simone Langlois, pas rancunière, enregistrera la chanson quand elle sera terminée, et presque en même temps que son auteur (janvier 59 et décembre 58). Curieusement, « Ne me quitte pas » ne marchera pas du tout. Jusqu'à un certain Olympia. Mais nous n'en sommes pas tout à fait là. En 1958, il y a d'abord l'Alhambra, avec Zizi Jeanmaire, danseuse qui se lance dans la chanson avec une voix faubourienne très « Tout Paris ».

Et puis, il s'est passé un événement de première importance, provoqué par l'apport de François Rauber. En composant des chansons, sans utilisation de la guitare, Jacques se prive, du même coup, de son propre accompagnement sur scène. Or c'est un instrument bien rassurant, qui occupe les mains !

Quand décide-t-il de se produire « à mains nues » ? Personne n'en notera la date. Elle sera pourtant historique. Sorti de son cocon, Jacques Brel, interprète, va enfin vivre. Ce qui semble sûr, c'est que les premières chansons sans guitare s'appellent « Je ne sais pas » et « Litanies pour un retour ». Elles ne sont pas particulièrement vivantes, visuellement, mais elles modulent beaucoup plus que les autres.

« Ne me quitte pas... Ne me quitte pas... » Enregistrée en fin d'année 58, la chanson n'est pas inscrite dans le programme de l'Olympia, second passage de Jacques dans la salle de Coquatrix.

Et on revient à Suzanne... Elle est toujours là, et bien là. C'est même elle qui présente la saison à l'Olympia, avec Jean-Marie Proslier. C'est elle aussi qui demande comme un service à Bruno Coquatrix :

— Vous savez, mon copain, vous devriez le prendre. C'est bien ce qu'il fait...

Oui, oui, l'abbé Brel, il connaît, Coquatrix. Il n'a pas changé d'opinion. C'est toujours le style « prêtre-ouvrier ». Enfin ça plaît à une certaine jeunesse. Prenons-le en vedette anglaise...

Dans ce programme avec l'orchestre burlesque suisse d'Hazzi Osterwald, la chanteuse Colette Chevrot et Pierre Doris, la vedette s'appelle Philippe Clay. Drôle de client. C'est encore Canetti, sur les conseils de Pierre-Jean Vaillard, qui s'était occupé de lui, à ses débuts, en essayant de lui constituer un répertoire mieux adapté à ses possibilités d'expression. Et, très vite, Philippe Clay est certain d'avoir tout appris et d'être le plus grand. En taille, oui. Pour le reste, il y a Monsieur Montand qui vient d'inclure « Voir » de Jacques Brel dans son tour de chant [1]. Philippe Clay, qui a eu aussi son Grand Prix du disque, exige non seulement d'avoir son nom imprimé en caractères quatre fois plus grands que ceux des autres [2], mais aussi de superviser le spectacle. Canetti se fâche... et Philippe Clay lui annonce froidement que son contrat avec lui étant terminé, il est désormais capable de se gérer lui-même.

Et toc. Le premier soir arrive. Le 19 novembre 1958. Le petit Jacques Brel n'a pas encore son nom « grand comme ça » mais il a désormais — et pour cette circonstance — plusieurs musiciens : un bassiste, un batteur, un accordéoniste et deux pianistes. François Rauber, bien sûr, et aussi Gérard Jouannest que François connaît bien et qui a déjà accompagné des tournées Canetti. D'ailleurs, François Rauber, pris par ses études, a renoncé à suivre Jacques partout. On a cherché un moment, essayant plusieurs candidats, dont Jean Chaplin, accompagnateur de Simone Langlois. Mais pour des raisons

1. « Voir » sera également créé en même temps par Simone Langlois déjà nommée.

2. Détail rapporté par Jacques Canetti dans « On cherche jeune homme aimant la musique », Éditions Calmann-Lévy.

diverses, ça n'a pas collé. Et c'est François qui a proposé finalement Gérard Jouannest sans savoir qu'il lui offrait un bail pour toute la carrière de Brel.

Bref, Suzanne Gabriello annonce sa vedette (anglaise) et c'est le délire. De nombreux jeunes ont pris place dans la grande salle. Ils connaissent par cœur « Au printemps » et « Quand on n'a que l'amour » mais ils applaudissent aussi à tout rompre « Voici », « Litanies pour un retour », « Voir », « Heureux qui chante pour l'enfant », « Je ne sais pas pourquoi » et cet « Air de la bêtise » :

> « Salut à toi Dame Bêtise
> Toi dont le règne est méconnu...
> Mais dis-le-moi comment fais-tu [1] ? »

Ces mots s'adressent à qui voudra bien les prendre. Aux critiques qui deviennent maintenant dithyrambiques, ou aux confrères qui se croient « grands » et se « ramassent », comme on dit, après le passage du petit Brel.

« Une autre ! Une autre ! »

Il ne reviendra pas. Inutile d'habituer le public à de fausses sorties. Mais c'est quand même dur pour ceux qui suivent ! Surtout pour la vedette qui comprendra, mais un peu tard, que dans ce métier rien n'est jamais acquis.

Le soir de la première, Jacques, lui, s'effondre d'émotion. Avant, il avait ce trac qui lui nouait la gorge, puis il y a eu la scène. Le trou noir. Il se rappelle simplement qu'il s'est défoncé. Et puis ces bravos. Ces cris. Alors, il prend sa tête dans ses mains et se retient pour ne pas pleurer.

Cette fois, c'est bien parti pour le poulain de Canetti. Celui-ci aurait-il osé l'affirmer quand, au début de 1958, il présentait « sa » promotion Philips : les Trois Ménestrels. Simone Langlois, Raymond Devos, les duettistes Thorent et Charbi, Brel et ce jeune ingénieur qui intellectualise la chanson avec une voix pas possible et des textes remarquables : Guy Béart ? Brassens-Brel-Béart : bientôt on dirait les trois B., en associant un autre contemporain, Léo Ferré. Il avait traîné les cabarets lui aussi avant de s'imposer contre tous...

Comme elles sont étranges ces carrières du music-hall auxquelles les directeurs artistiques croient dur comme fer. Que sont devenus Thorent et Charbi ? Simone Langlois végètera injustement, en payant la note des enfants doués. L'un des

1. « L'Air de la bêtise », N.E.M.-Caravelle.

Trois Ménestrels finira tragiquement, assassiné... Ne sortiront vraiment de cette sélection que Béart, Brel et Raymond Devos.

Peu importe pour Jacques Brel d'être classé seulement seizième dans le référendum 58 des Bravos du music-hall. Il se sait encore loin du tiercé de tête : Georges Brassens, Yves Montand, Charles Trenet... Mais, l'année précédente, il n'était même pas cité. Tout irait bien si...

« Ne me quitte pas...
Ne me quitte pas... »

Pense-t-il à Robert Desnos et à son « Dernier Poème » en écrivant :

« Laisse-moi devenir
L'ombre de ton ombre
L'ombre de ta main
L'ombre de ton chien... »

S'il y a comme un air de famille avec « d'être cent fois plus ombre que l'ombre », c'est, à coup sûr, involontaire. Une image gardée dans le subconscient depuis l'enfance... Il ne faudrait pas, non plus, voir dans ces paroles un Jacques Brel humilié au point de devenir une serpillière ou un tapis... Il existe toujours une distorsion entre la réalité et la pensée d'un auteur. Pourtant, il y a sûrement quelque amère capitulation là-dessous. Tout amour est une défaite, bien sûr...

Lors de son passage à l'Olympia, un journaliste avait écrit : « Jacques Brel est le garçon le plus sain et le plus équilibré du monde. » Ça veut dire quoi ? Qu'en sait-il ce monsieur ? Que connaît-on vraiment des autres ?... Sain ? Oui, sans doute. Bien qu'il fume de plus en plus, alternant la pipe et la cigarette. Il ne crache pas dans la bière, ni dans la Suze, non plus. Il traîne jusqu'à la trouée de l'aube. Mais, enfin, il est sain. Équilibré ? Oui, oui. Il peut tenir debout sur une jambe, comme un échassier, sans tomber. Et sur deux jambes, sans fatiguer, quand il travaille ses chansons. Équilibré ? Tout dépend aussi des autres, de ce qu'on en attend. Ce qui peut déséquilibrer, c'est l'exigence. Plus un acrobate est exigeant avec lui-même, plus il risque la chute...

Comprendre les autres et se faire comprendre. Voilà bien le problème. Encore plus compliqué lorsqu'il concerne les femmes. Plus tard, bien plus tard[1], il répondra à la question :

1. Extrait de la « Radioscopie » de Jacques Chancel sur France-Inter, 21 mai 1973.

— Pourriez-vous rester avec une femme toute votre vie ?
— Non, je crois que non...
— En fait, que pensez-vous de la femme ?
— Oh ! ce que je pense de la femme, je ne le sais pas. Dès que les hommes disent une chose au sujet des femmes, ils ne disent que des sottises, n'est-ce pas ? C'est une chose absolument incompréhensible, alors on a écrit des milliers de livres là-dessus et les hommes en parlent rarement, mais ne disent que des bêtises, quand ils parlent des femmes, toujours et tous, et tout le temps. Par contre, les femmes ne disent pas toujours des sottises quand elles parlent des hommes. Sans doute parce qu'elles se préoccupent des hommes toute la journée et que l'homme ne s'en préoccupe que dans la marge de ses appétits.

« On est deux mon amour
Et l'amour chante et rit
Mais à la mort du jour
Dans les draps de l'ennui
On se retrouve seul [1]. »

Seul ! — Seul dans Paris tout gris, ce Paris

« Qui bat la mesure
Paris qui mesure notre émoi [2]... »

Étrangement, comme ces peintres flamands qui puisent leur inspiration dans le tragique pour parfois nous donner des scènes satiriques et drôles, Jacques Brel, sans s'apitoyer sur son désespoir, semble brusquement enrichi par une sève abondante. Il danse dans un étonnant crescendo « La Valse à mille temps ». C'est presque une blague, une satire de la chanson rengaine, avec ses phrases qui s'enchaînent de plus en plus vite, en même temps que le ton monte, monte...

« Une valse à trois temps
Qui s'offre encore le temps
De s'offrir des détours
Du côté de l'amour [2]... »

Et puis il s'en prend aux Flamandes. Les Fla, les Fla, les Flamandes. En mordant à belles dents dans les conventions, la routine, l'argent, la religion avec son archiprêtre « qui radote au couvent ». Ne voit-on pas réellement ces Flamandes qui

1. « Seul », Éditions Intersong Paris.
2. « La Valse à mille temps », Intersong.

ressemblent étrangement à un tableau de Pierre Bruegel ? Le peintre flamand n'est d'ailleurs peut-être pas étranger à cette inspiration...

En ajoutant « Ne me quitte pas », Jacques s'est constitué un sérieux bagage pour passer au niveau supérieur, en se démarquant définitivement de cet esprit « syndicat chrétien » qu'on lui reprochait tant.

En 1959, les tournées ont succédé aux tournées, encore et toujours. L'une d'elles le conduit pour quelques jours (avec Gérard Jouannest) en Afrique du Nord. Le succès est mitigé. Pourtant, quel plateau ! Les Frères Jacques, Claude Bolling, Simone Langlois, Raymond Devos, Guy Béart et Maurice Béjart que Maurice Huysman, le directeur du théâtre royal de la Monnaie à Bruxelles, protège et impose comme le danseur le plus doué de sa génération.

Et, en fin d'année 1959, la direction de Bobino — le célèbre music-hall qu'affectionne Brassens — est bien embarrassée. Francis Lemarque, prévu en décembre, tombe malade. Par qui le remplacer ? Coups de fil ici et là. Brel ? Pourquoi pas ! D'autant qu'il va enregistrer ses nouvelles chansons...

« Ne me quitte pas...
Ne me quitte pas... »

Le succès s'évalue d'abord à la qualité du silence. Dans la salle, ce soir-là, chacun vit un drame personnel qui devient une profonde émotion collective. Jacques, mains tendues, comme pour retenir une silhouette inconnue, se fait suppliant, se fait chien, se fait ombre... Et sans laisser au public le temps de se ressaisir, il l'entraîne dans le tourbillon de la valse canulardesque. Puis déclenche les rires avec « Les Flamandes ». Et brusquement, c'est le retour au calme, à la douceur des mots.

« Pour un peu de tendresse
Je changerais de visage
Je changerais d'ivresse
Je changerais de langage [1]... »

Jacques Brel, désormais, est non seulement un auteur-compositeur mais également un étonnant interprète qui mord dans les mots, chante avec sa gueule et tout son corps, fait vivre ses textes en effaçant les éventuelles imperfections d'écriture. De plus, il a vite compris qu'un tour de chant ne doit pas seulement son succès à la qualité des œuvres qu'il contient

1. « La Tendresse », Intersong.

mais autant à l'équilibre de la soirée, à l'alternance de chansons « à gestes », de chansons rythmées et de textes et mélodies plus calmes, apportant comme une ponctuation dans un spectacle conduit crescendo.

« Le tour de chant, c'est comme un roman, comme une pièce de théâtre... »

Et si, à la fin, il se refuse à en chanter « une de plus », quels que soient les cris du public, il s'en explique le plus simplement du monde :

« Demande-t-on aux comédiens, à la fin d'une représentation réussie, d'ajouter un acte supplémentaire ? »

Et ne comptez pas sur lui pour sacrifier à l'habitude, parfaitement démagogique, de la fausse sortie. Une autre ! Une autre ! Ah ! Si vous y tenez vraiment ! Et le chanteur d'attaquer le prétendu rappel dûment inscrit dans le programme.

« Qui est dupe ? demande Jacques. Il faut être sérieux avec le public ! »

Jamais, il ne dérogera à cette règle.

Il est étrange que la percée de cet auteur à texte coïncide avec une révolution venue d'outre-Atlantique. C'est d'abord Paul Anka, vedette des juke-boxes, qui « inspire » Richard Anthony pour son premier disque. Sur la lancée, il écrit lui-même « Nouvelle Vague ». Le terme est juste. Voici venu le temps des « yéyés », comme on les appelle. C'est une « traduction » des « Yeah, yeah » (déformation argotique de « yes, yes ») dont les Américains ponctuent, avec décontraction, leurs discussions et leurs chansons. Ce sera ensuite Danyel Gérard, lancé par Barclay, puis, plus tard, mais dans la même foulée, tous les « copains » qu'on nomme familièrement par leur prénom : Sylvie (Vartan), Clo-Clo (François) ou Johnny sur lequel je vais revenir. Rock, puis twist, les guitares s'électrisent. C'est aussi l'heure des groupes : les Chaussettes noires (avec le futur Eddy Mitchell), les Chats sauvages (d'où sortira Dick Rivers), les Vautours, les Cyclones (avec un guitariste nommé Jacques Dutronc), Danny Boy et ses Pénitents, Danny Logan et les Pirates.

Mais le choc, il vient d'abord et surtout de ce grand garçon blond, fortement influencé par Elvis Presley. Il est d'origine belge, lui aussi (bien que né à Paris) et s'appelle Jean-Philippe Smet. Il a pris un pseudonyme inspiré par le numéro de danseurs de son cousin et de sa cousine qui l'ont élevé : Hallyday.

Johnny Hallyday (Yeah !) apparaît timidement début 1959. Mais c'est en septembre que ça explose à l'Alhambra pour le spectacle de Raymond Devos. Quand il apparaît, en première partie, avec sa guitare, la chemise ouverte sur le torse, gueule dans le micro et gesticule jusqu'à tomber à genoux, la moitié de la salle siffle copieusement, tandis que l'autre hurle son enthousiasme, d'autant plus fort que l'on monte dans les balcons. Le lendemain, la presse se déchaîne. Si quelques rares critiques parlent de nouveauté, la majorité crie au scandale.

Plus rien n'arrêtera cette marche folle. Début 1961, plus de cinq cents fauteuils sont brisés au Palais des sports. Et, en province, ce n'est pas mieux : façades de salles défoncées, bagarres devant les entrées, chaises qui volent pendant le spectacle. Dans une ville industrielle de l'Est (Sochaux ?), la police doit charger en balançant des grenades lacrymogènes. Johnny qui sait aussi jouer des poings alimente autant les chroniques des faits divers que celles des spectacles. On parle maintenant de « phénomène de société ».

Et c'est ce phénomène qui se produit à l'Olympia en septembre 1961 :

« Les gens m'appellent l'idole des jeunes
Il en est même qui m'envient... »

Présentateur du spectacle, Jean-Marie Proslier doit user de tout son métier pour se faire entendre. Chaque apparition est huée jusqu'à l'arrivée de Johnny...

Bruno Coquatrix n'a plus qu'à compter les sièges cassés pour les faire remplacer. Après un tel « boum », comment faire avaler le programme suivant ? La grande Marlène Dietrich est prévue à l'affiche et l'on peut craindre un « bide » catastrophique. Est-elle informée des risques ou est-ce un coup de pouce du destin ? La créatrice de « Lily Marlène » tombe malade. Il reste à trouver une remplaçante ou un remplaçant.

Coquatrix consulte ses fiches, questionne les « écuries » parisiennes avec son neveu Jean-Michel Boris qui le seconde de plus en plus [1]. Et c'est ce dernier qui avance un nom : Jacques Brel ! Moue de Coquatrix. Il n'a jamais trouvé le contact avec ce garçon et en est resté à son style « prêtre-ouvrier »...

— Mais enfin, dit Boris, l'abbé Brel, c'est fini. Il a fait un triomphe à Bobino et maintenant ça marche partout où il passe en province. Nous pourrions toujours le rencontrer.

Et Boris organise un repas au restaurant de la Vieille Grille. On parle de tout et de rien, avant d'en venir doucement au fait, quand approche le dessert. Succéder à Hallyday ? Remplacer

1. Il prendra d'ailleurs la direction de l'Olympia à la mort de son fondateur.

Marlène Dietrich ? Jacques reste silencieux un instant. Coquatrix tire nerveusement sur son gros cigare.

— C'est que... je ne suis pas prêt.

Bien sûr, bien sûr... Nouveau silence très court. Et Jacques :

— Mais dans la vie, il faut oser, prendre des risques. Je suis partant !

L'engagement est scellé par une cordiale poignée de main. Le déclic vient, du même coup, de s'effectuer entre Coquatrix et Brel.

La première partie du spectacle est fort variée : une débutante, Nicole Croisille, deux vieux renards du rire, Gilles Margaritis et Cacia dans leur numéro des Chesterfields et une sympathique Israélienne qui tente de faire carrière en France, Rika Zaraï.

Cette fois, Jacques est accompagné par le grand orchestre de l'Olympia qui donne une amplitude particulière à des chansons comme « La Valse à mille temps ». Il y a aussi « Le Moribond », « Les Flamandes », « Marieke » avec introduction de la langue flamande et, bien sûr, « Ne me quitte pas ». Il balance ses grands bras, tend ses mains, vit ses drames et ses comédies, de la tête aux pieds, arrache les rires ou provoque les intenses frissons de l'émotion.

Il postillonne sur les premiers rangs, la sueur coule sur son front, sur son visage où n'apparaissent que ce regard étrangement fiévreux et cette bouche qui mord dans les mots comme dans un fruit. Et, quand le combat s'achève, quand il revient en coulisse après l'ultime salut à un public qui trépigne et en réclame encore, il est trempé, dégoulinant comme une éponge qu'on aurait gorgée d'eau. Il rit de son rire chevalin. Il a tremblé à s'en rendre malade, il s'est battu et il a gagné.

Pour être conforme à la vérité, ce ne sera pas la grande foule tous les soirs. Il n'est pas encore capable de remplir l'Olympia pendant quinze jours. Mais ce sera, tous les soirs, le même corps à corps avec le public. Et tous les soirs le même triomphe.

C'est désormais l'unanimité : Brel auteur, compositeur, comédien, est vraiment un grand artiste.

# 5

# *Amsterdam*

*Le poulain de Barclay – Comme une corrida –Les tournées du noctambule – Avec l'ami Jojo.*

Le succès de Johnny Hallyday, s'il a — involontairement — déclenché celui de Brel à l'Olympia, a eu aussi une autre conséquence dans l'organisation des disques Philips. Jacques Canetti — à qui il faut rendre un hommage, celui d'avoir profondément aimé la chanson à texte, celle que l'on appelle la « chanson française » — n'a pas du tout apprécié la place prise par Johnny dans la maison où il occupe la direction artistique [1]. Sans doute y a-t-il d'autres divergences. L'idole des jeunes, en tout cas, déclenche la crise. Canetti quitte Philips et, comme il n'est pas lui-même producteur à ce moment-là, ses poulains ne peuvent le suivre.

Il est un éditeur dont l'ascension a été fulgurante. Ancien pianiste sous son nom d'Édouard Ruaux, le P.-D.G. Eddy Barclay s'est fait une place sur Paris. Avec d'abord un Américain émigré, un autre Eddy (Constantine) puis avec Distel, Danyel Gérard et les yéyés. Barclay et Brel semblent aux antipodes l'un de l'autre. Pourtant le gros cigare d'Eddy a vite raison des cigarettes brunes de Jacques. Il entre — et pour toujours — dans la firme Barclay, entraînant un procès avec Philips où il est toujours sous contrat... En même temps, et sur avis de Canetti d'ailleurs, il se lie avec un imprésario, Charley Marouani. Ils ne manquent pas, les Marouani, dans le métier. Brel dira même, plus tard, pour rigoler, que lorsqu'il a des insomnies, il compte les Marouani pour s'endormir... Celui-là,

1. Il avait commis une autre erreur commerciale en ne croyant pas en Gilbert Bécaud...

Charley, est un peu en marge de la famille du show-business. Ils sympathisent très vite et, désormais, c'est Charley qui veille au grain, y compris pour organiser les tournées, parfois avec Canetti d'ailleurs.

Les tournées sont une rançon du succès. Quand votre nom fait espérer la recette, on vous demande à Vesoul, à Béziers, à Maubeuge, à Brest, à Poitiers, dans les grandes villes mais aussi dans les sous-préfectures et les chefs-lieux de canton, pour un spectacle dans une salle digne de ce nom comme en plein air ou dans un hangar vaguement équipé d'une sonorisation faiblarde et d'un éclairage blafard. Parce que c'est la quinzaine commerciale, la fête des moissons ou la manifestation annuelle de la société sportive. « Et vous savez, nous n'avons pas beaucoup de moyens... »

Jacques Brel ne sera jamais regardant sur les lieux retenus pour honorer ses contrats. Certaines fois, pour des causes qu'il juge nobles, il n'hésite pas à faire l'impasse sur son propre cachet (ce sera d'autant plus fréquent qu'il deviendra grosse vedette). Il aime bien aussi plonger avec ses musiciens dans le coin le plus reculé de France profonde, prenant ainsi un contact direct avec les gens simples, ceux qui ne s'embarrassent pas avec un langage alambiqué et vont directement au cœur.

De préférence, il tient à passer avec des premières parties car il a toujours considéré que les spectacles pour un homme seul, les « one-man-shows », privaient de travail les artistes débutants ou moins fortunés

« Comment me serais-je fait connaître ? » dit-il en se rappelant ces années de vaches maigres où il était tout heureux de figurer modestement dans un programme. Quand il s'agit des tournées Canetti, pas de problème. C'est toute une compagnie qui se déplace de ville en ville. Mais dans les années 1960, dans ce qu'on appelle « les tournées de plage », les propositions viennent aussi des casinos où une seule vedette assure la soirée. Un autre public. Quelques fans viennent exceptionnellement dans ces lieux inhabituels pour eux. Mais la majorité du parterre n'est pas du genre brélien. Il le chantera férocement, un peu plus tard :

> « Quelques couples protubérants
> Dansent comme des escalopes
> Avec des langueurs d'héliotrope
> Devant les faiseuses de cancans[1]. »

1. « Les Jardins du casino », 1964, Éditions Pouchenel, Bruxelles.

Quels que soient les points de chute, l'organisation essaie de les rassembler, pour ne pas contraindre les artistes à de trop longs déplacements. Mais ils nécessitent quand même 200, 300 voire 500 kilomètres chaque jour. Départ en fin de matinée à deux ou trois dans une voiture — Jacques s'est acheté une 404 noire — destination l'étape suivante, Vierzon ou Montélimar. Premier geste de Jacques : allumer la radio (plus tard, ce sera un lecteur de cassettes) et chercher une station avec de la musique, de préférence celle qu'on dit grande.

— Qu'est-ce que c'est ? demande-t-il.

Pas de réponse. Et lui fièrement :

— Dukas ! Un extrait de « L'Apprenti sorcier ».

Sifflement admiratif. Plus tard :

— Et çà, tu connais ?

— Beuh... Non...

— C'est la « Suite en fa » de Roussel !

Il se trompe rarement. Ou alors il y met tellement d'aplomb que personne ne s'en aperçoit ! Gérard Jouannest, comme François Rauber, comme Georges Pasquier seront toujours émerveillés par les connaissances musicales de Jacques. Une passion qui rejaillit sur ses propres exigences en matière d'habillement des textes. Fait curieux, si Rauber, musicien émérite, est un amoureux des textes, Brel attache d'abord de l'importance à la musique. C'est sans doute pour cela qu'ils s'entendent merveilleusement dans leur travail (et dans la vie).

Stop ! J'ai parlé de Georges Pasquier comme si sa présence était naturelle dans la voiture de Jacques. Il serait préférable de le présenter d'autant qu'il conduit souvent la voiture et va être omniprésent pendant toute la suite de la carrière. Georges Brassens a eu Gibraltar, le précieux Pierre Onteniente, gardien de la paix, administrateur, chauffeur à l'occasion, bref homme à tout faire, Jacques lui s'est adjoint « Jojo ». En fait, il connaissait Georges Pasquier depuis lontemps puisque celui-ci, bâti comme une armoire bretonne, était l'un des membres des Milsons, groupe vocal de « l'écurie » Canetti. Les affaires n'étant pas florissantes, l'équipe allait se disperser... Et Jacques qui appréciait la discrétion, le sérieux de Georges Pasquier lui proposa de devenir son secrétaire. Voilà donc Jojo inscrit comme membre à vie de l'équipe Brel.

Et les arbres, les villages défilent derrière les vitres de la voiture. Parfois, Jacques se plonge dans la lecture d'un bouquin (il en emporte toujours une provision). A d'autres moments, on discute de travail ou d'une information lue le matin dans un journal ou entendue à la radio. Comme tout un chacun. A d'autres moments encore, la tranquillité de Jacques est respectée, soit parce qu'il somnole, soit parce qu'il s'est enfui dans des rêves inaccessibles. Souvent, c'est parce qu'une phrase et une musique trottent dans sa tête. Certains ont besoin d'un silence absolu pour composer. Lui, il adore une musique en fond sonore. Ne croyez pas pour autant que couplets et refrains lui arrivent comme ça, miraculeusement, comme une boîte de cachous dans un distributeur automatique. Au contraire, c'est souvent lent, pénible, angoissant. Comme Brassens, comme quelques autres, il a été séduit par un mot ou un mariage de mots. Et cette rencontre sonore trotte dans sa tête, longtemps. Parfois, sans autre suite. Il arrive aussi qu'il note sur un cahier. Et plus tard, d'autres mots viendront pour former une phrase, un refrain, l'amorce d'un couplet. Mais, toujours, il pense simultanément paroles et thème musical. C'est ce qui peut expliquer leur union intime. Lorsque ce thème est suffisamment ébauché, il s'en ouvre à Jouannest, à Rauber, et chacun essaie d'épater l'autre d'une trouvaille, d'une idée, avec des enthousiasmes de gamins. Certaines amorces, certains textes, même avancés ne verront jamais le jour. Soit parce que Brel est resté en panne, soit parce qu'il n'a pas été satisfait du résultat. Combien a-t-il jeté de brouillons que nous ne connaîtrons jamais ? Un jour (ou plutôt une nuit) que j'en parlais avec Brel, il répondit, en haussant les épaules :

— Quelle importance puisque ce n'était pas une chanson ?

C'est comme un spermatozoïde qui ne rencontre pas l'ovule. Il y a plus d'enfants qui se perdent dans des draps de lit que de chansons égarées dans des cahiers... Pense-t-on à poser la question aux auteurs ?...

Il arrive aussi qu'une chanson jaillisse brusquement sans qu'on sache pourquoi. Parce que c'est un bon jour, parce que les mots et les notes ont bien voulu s'enchaîner, comme ça dans la tête d'un homme. C'est le cas d' « Amsterdam » — dont on reparlera plus tard — qui est, sans conteste, l'une des œuvres majeures et a été pourtant conçue très rapidement.

Mais revenons dans la voiture. Jacques, de temps à autre, consulte sa montre. Professionnel jusqu'au poignet, il ne se permettrait pas une arrivée tardive, même à cause d'un incident sur la route. Le but atteint, il fonce tête baissée dans le travail. On répète encore et toujours sur les nouveaux textes.

On revoit tel accord, tel enchaînement du tour de chant en cours. Et cette chanson ? Ne devrait-elle pas passer avant l'autre ? Brel essaie d'oublier le temps qui passe, ce trac qui monte et lui contracte l'estomac, lui noue la vésicule biliaire, jusqu'à lui donner envie de vomir. Parfois, quand il est très en avance ou quand la scène n'est pas disponible, pour des raisons techniques, il lui faut s'occuper à tout prix, même en jouant à la pétanque.

De toute façon arrive l'instant douloureux, celui où il va se mettre en loge, seul avec lui, avec ses doutes, avec ses angoisses. Pourquoi ce métier ? Pourquoi affronter chaque soir ces gens qui ont payé pour le voir et tiennent à en avoir pour leur argent ? Pourquoi se rendre malade à chaque fin de journée ? Et il fume, une nouvelle cigarette remplaçant le mégot qui lui brûle les doigts. Et il marche, se rassied, se relève, va regarder discrètement ces gens qui s'installent en devisant paisiblement, comme si de rien n'était. Eux, ils sont heureux, ils viennent se détendre à la fin de leur journée laborieuse. En sortant, ils diront :

« Ce Brel quand même, c'est pas mal ! »

Ou encore :

« Je m'attendais à mieux ! Il en rajoute un peu , ne trouvez-vous pas, Anne-Lise ? »

Il scrute un instant leurs visages puis reprend sa marche en coulisse, vérifie l'état de ses chaussures, qu'il tient à cirer lui-même, comme pour ne pas manquer une occasion de libérer un peu son trop-plein d'énergie. Personne, sauf un inconscient, ne lui parlerait à ce moment-là. Jojo veille d'ailleurs discrètement, sentinelle fidèle, pour le protéger des éventuels importuns, de ceux qui arrivent tranquillement, au moment même où le régisseur dit : « Ça va être à vous... » et quémandent un autographe ou même une interview (ne dites pas non, confrères, je l'ai vu !)

Les musiciens, un à un, pénètrent sur la scène. Derrière le rideau, quand il s'agit d'un vrai théâtre, ou dans la pénombre, lorsque l'escale se situe dans un casino ou en plein air. Les instruments sont accordés. Les bavardages du public semblent s'amplifier puis diminuer, jusqu'à devenir murmure. On entend encore le rire nerveux d'une dame insignifiante, les crachotements d'un monsieur bronchiteux. Brel tire comme un forcené sur sa cigarette, la lance sur le sol, l'écrase du talon. Les premières mesures de la première chanson. Tous muscles bandés, il s'élance. Le combat recommence.

Une heure et demie durant, il est torero et il est taureau. Une fois l'estocade réussie, quand il rejoint la loge en dénouant sa cravate, il reste un moment épuisé, comme hagard, mesurant tous les actes anormaux qu'il vient de réaliser. Et il commence à éponger cette sueur qui colle la chemise à la peau. Comme chaque soir, il a perdu six ou sept cents grammes. C'est seulement quand il est douché, qu'il a enfilé ses vêtements secs, qu'il se décontracte pleinement. Alors, la vie est belle. Alors, il faut parler, parler...

— Jojo ! Je vais signer les disques. Dis-leur que j'arrive. Gérard, je crois qu'il faudrait glisser « Les Flamandes » en huit. On verra ça demain...

C'est l'heure où il s'explique volontiers :

« Une chanson est faite non pas uniquement pour être chantée, mais pour être mimée, racontée et si tout mon corps n'aide pas mon texte, ce n'est plus une chanson... Un acte d'amour, s'il n'est pas suivi d'épuisement, c'est qu'il n'a pas été complet. Si tout le tour de chant n'est pas suivi du même épuisement, c'est qu'on ne s'y est pas donné tout entier, qu'on n'a pas été entièrement sincère avec soi-même [1]. »

— Cette transpiration, c'est une forme de votre épuisement ? lui demande-t-on un jour [2].

— Oui, c'est le résultat. C'est la preuve. Et j'ai besoin de preuves, moi, oh là ! J'ai besoin de preuves... Quand j'étais petit, je roulais en vélo jusqu'à tomber. Je ne tombais pas mais c'était l'épuisement total, et j'étais heureux. Et encore maintenant, les soirs où je m'évanouis plutôt que je ne m'endors, je me dis que c'est une belle journée, c'est une bien belle journée. Je hais la prudence, enfin...

Quelques signatures de disques. Le « service après-vente » et Brel ayant retiré « cette chape merveilleuse et douloureuse » — comme dit si bien François Rauber —, Brel donc entre dans la nuit. Parfois, dans nos provinces, la vie nocturne n'est pas particulièrement animée. Mais il existe toujours, dans le coin le plus reculé, une boîte pour accueillir les couche-tard. Jacques y entraîne immanquablement sa petite suite : Jojo, Gérard, François Rauber (quand il est de la tournée), un ou deux musiciens. C'est la détente. Demain est loin, avec son cortège d'angoisses. Mangeons un peu, mais surtout, buvons mes frères. Une bière, une Suze, un vermouth, éventuellement un whisky. Il arrive aussi que le patron ou un témoin débouche

1. Rapporté par Pierre Barlatier dans « Jacques Brel », Éditions Solar.
2. Dominique Arban. Propos rapportés dans « Un homme au large de l'espoir », Les Presses françaises.

une bouteille de champagne. Pang! Le vin pétille dans les verres.

« C'est facile de fustiger les bourgeois et de boire du champagne ou du whisky ! »

Un soir, dans une brasserie de Rennes, six étudiants dînent à la table voisine. L'un d'eux, moitié pour plaisanter, moitié parce qu'il le pense, a lâché la remarque à voix haute.

Jacques Brel qui a fort bien entendu, ne riposte pas. Quand il quitte l'établissement, la patronne s'approche des étudiants, une bouteille de scotch à la main : « Tenez ! c'est de la part de Jacques Brel ! » Les étudiants boivent en silence. C'est leur premier whisky !

La bière reste pourtant sa boisson préférée, celle du quotidien. Il arrive que l'entourage de Jacques, moins résistant ou beaucoup plus prudent, regagne les chambres d'hôtel. Lui, il continue, refaisant le monde, arrêtant la guerre du Vietnam, avec un quidam de rencontre. Ah ! Ils sont nombreux ceux qui peuvent prétendre avoir connu Jacques Brel. Connu ou croisé. Une ou plusieurs heures dans le brouhaha, le tintamarre d'un juke-box et la fumée de cigarettes. Il pousse des gueulantes, se fait confesseur, distribue des conseils tous azimuts.

— Qu'est-ce qui ne va pas, hein ? Tu as mal à toi ? Un problème de bonne femme, bien sûr ?

Alors, sans se préoccuper des ricanements des copains, il réconforte, devient médecin de l'âme, pharmacien de l'esprit. Et il donne l'impression d'y croire, profondément, en maniant les paradoxes et même la mauvaise foi avec la dextérité d'un illusionniste. Tout y passe. La politique, la musique, la santé [1]. Avec des formules définitives. Du moment qu'il a le dernier mot. Ah ! les audacieux qui se permettent quelquefois, alcool aidant, de lui tenir tête, de développer une autre thèse que celle qu'il a choisi de défendre, ce soir-là. Il s'excite, sort le grand jeu, assène des preuves irréfutables — à son point de vue ! — jusqu'au moment où l'interlocuteur abandonne. Soit par conversion, soit par lassitude. Mais si quelque débatteur doué parvient à le bloquer dans une impasse, alors il use de sa dernière arme : la pirouette. Une plaisanterie, même grosse, et il met les rieurs de son côté. De toute façon, c'est lui qui doit gagner. Et s'il ne trouve pas de volontaire pour s'opposer à lui, il provoque, pose des questions pour démontrer ses connaissan-

1. Sauf la religion, thème qu'il n'aime guère aborder publiquement, surtout avec François Rauber, catholique convaincu dont il respecte la foi.

ces générales acquises par des lectures encyclopédiques. Revanche du cancre, il se fait instituteur :

— Sais-tu seulement qui était la troisième femme de Charlemagne ?

— On s'en fout ! répond un musicien en riant.

— Ils ne savent pas... Ils ne savent pas...

Les copains, les compagnons habituels de route se lassent vite de jouer les mauvais élèves. Mais les rencontres de passage se laissent prendre complaisamment. Elles diront après :

— On en a discuté avec Brel. Comme je vous vois. Il est drôlement calé en histoire !...

D'autres ignorent superbement qu'ils ont affaire au célèbre chanteur. C'est la catégorie qu'il préfère : celle des marginaux. Un type un peu clochard qui pourrait se prénommer Jef, une fille vaguement poissarde l'attirent comme un papillon sur un réverbère. Il veut savoir ce qu'ils font, comment ils en sont arrivés là, ce qu'ils pensent de telle chose. Il est ravi quand il tombe sur un affabulateur qui prétend avoir connu les grands de ce monde avant de sombrer par dépit amoureux. Ou sur une femme ridée et sale qui raconte en minaudant le temps de sa splendeur quand les hommes étaient à ses genoux. Et voilà à quoi mène l'amour ! C'est le grand sujet qui revient régulièrement : les femmes. Ces éternels malentendus. L'amour n'est qu'une phrase inachevée. Cela s'abîme vite, trop vite. On ne devrait pas parler d'amour mais de tendresse. « Nous manquons de tendresse [1]. Sans doute parce que nous n'osons pas la donner et n'osons pas la recevoir. Sans doute aussi parce que la tendresse aurait dû venir des parents et que la famille n'est plus ce qu'elle était autrefois. La tendresse s'évanouit peu à peu et, le drame, c'est qu'elle n'est remplacée par rien... »

On peut se demander si certaines attitudes de Brel vis-à-vis des femmes ne tiennent pas au fait qu'il se sente mal armé devant des êtres qu'il ne parvient pas à cerner et qu'il n'est donc pas sûr de dominer. Au fond, s'engager dans l'amour, c'est entreprendre un combat qu'il n'est pas certain de gagner. Avec les copains, au moins, les rapports sont plus francs. Entre hommes, on se comprend...

Un soir — une nuit ? —, dans un estaminet du centre de la France, une fille un peu saoule commence à le provoquer. Et lui accroche, entame le jeu de la drague, puis brusquement interrompt la partie :

— Tu t'intéresses à moi parce que je m'appelle Brel. Si

1. A Jean Clouzet : « Brel, poésies et chansons », Seghers.

j'étais un autre type, tu trouverais que j'ai une sale gueule et tu passerais sans t'arrêter...

La fille, interloquée, ne sait que répondre. Il flotte pendant quelques instants une terrible gêne. Et elle choisit la seule solution valable : rejoindre un groupe d'amis attablés un peu plus loin.

— Une femme qui boit, c'est indécent ! dit-il en achevant son verre.

Il ne dédaigne pas, non plus, aller discuter avec les prostituées, quand il y en a.

« Il existe deux catégories de femmes, dit-il. Celles qu'on paie avant et celles qu'on paie après... » Et quand le jour commence à rencontrer la nuit, quand une lumière blafarde vient chasser les démons, il rentre, paumé du petit matin, vers l'hôtel qu'il déteste, la chambre où il se reposera quelques heures. Se repose-t-il vraiment ?

Bientôt, il faudra repartir. Une autre route, une autre salle, une nouvelle peur. Au rendez-vous fixé, il est là, détendu, blagueur, proposant un petit restau à cent bornes d'ici :

— En partant maintenant, on devrait être bon...

— Quelle santé ! dit Jojo en s'installant au volant.

Il allume la radio, tourne le bouton des stations. Mozart ! Jacques étale son grand corps sur la banquette arrière, repousse sa casquette sur ses yeux. En route !

A Bruxelles, avenue du Duc-Jean, Mme Thérèse Brel et ses trois filles ont commencé depuis longtemps une journée sans surprise. La surprise, elle arrive quelquefois par un coup de fil, une carte, un mot rapide. Tout va bien ? Sa tournée va passer par Bruxelles... Alors il débarque au domicile conjugal, comme un voyageur de commerce, reste un, deux ou trois jours et repart avant même d'avoir pris des habitudes.

— Tu t'en vas, papa ?

— Eh oui ! je dois aller travailler...

Voilà peu, Miche a accepté une interview dans un magazine. L'article s'appelle « Jacques Brel intime » :

— Lorsqu'il est loin de vous, écrit-il ?

— Non, il téléphone.

— Avez-vous parfois l'impression de le connaître seulement depuis quelques jours ?

— Je le trouve parfois très différent.

— Regarde-t-il souvent d'autres femmes que vous ? En prenez-vous ombrage ?

— J'espère bien qu'il ne vit pas les yeux fermés ! Cela ne me fait pas ombrage du tout.

— A-t-il des amies filles ? Cela vous gêne-t-il ?

— Oui, je crois. Cela ne me gêne aucunement.

— Est-il croyant ?

— Oui, mais il cherche toujours.

— A votre avis, quelle est la qualité qui lui semble la plus importante chez une femme ?

— La tendresse et l'équilibre.

— Quels sont ses défauts que vous appréciez ?

— L'orgueil qui lui a permis d'arriver où il est.

— Avez-vous l'impression qu'il s'est réalisé, qu'il a réussi sa vie ?

— Il est en train de se réaliser. On ne peut pas avoir réussi à la trentaine. Jusqu'à présent, il ne l'a pas ratée [1].

***

1960 — 1961 — 1962 — 1963. Les kilomètres s'ajoutent aux kilomètres. Autour de 130 000 en douze mois ! Les villes succèdent aux villes. En France et à l'étranger. La moyenne oscille entre 300 et 350 spectacles par an. Ce qui constitue pratiquement une représentation par jour ! A sa peur quotidienne s'ajoute l'angoisse du créateur. Toutes les « vedettes » connaissent ce problème insoluble : le succès entraîne les déplacements et les déplacements ne laissent plus guère de temps pour écrire. Pourtant il doit sortir un disque chaque saison.

« Douze nouvelles chansons par an, une par mois, vous vous rendez compte ! »

Georges Brassens, très vite, limitera ses prestations, consacrant son temps à une longue gestation pour des apparitions épisodiques à Bobino. Jacques n'en serait pas capable à ce moment-là.

« Un homme qui s'arrête est un homme perdu... »

Alors il marche, marche toujours, ne s'accordant qu'un court repos, généralement en septembre, dans une maison acquise à Roquebrune, sur la Côte d'Azur. Miche et les filles y passent une partie de l'été. Et souvent rentrent à Bruxelles quand il arrive. C'est là, dans ce cadre reposant, avec vue sur la grande Bleue, qu'il compose et affine ses chansons.

En février 1963, deux ans après son heureux remplacement de Marlène Dietrich, il reparaît à l'Olympia, avec Isabelle Aubret et son copain Robert Niel dont ce sera le dernier

1. Propos recueillis par Janine Eries.

passage. Nouveauté unique : aux accents de « Bruxelles », des girls entrent en scène, Jacques se dissimulant parmi elles. Et commence un tour époustouflant. Il chante ces « Paumés du petit matin » qui lui collent trop bien, « Les Biches » qui ne font qu'encourager ceux qui le taxent de misogynie :

> « Elles sont notre premier ennemi
> Quand elles s'échappent en riant
> Des pâturages de l'ennui
> Les biches[1]... »

Il y a aussi cette très belle œuvre inspirée par « Le Désert des Tartares » de Buzatti, « Zangra » :

> « Je m'appelle Zangra et je suis lieutenant
> Au fort de Belonzio qui domine la plaine
> D'où l'ennemi viendra qui me fera héros[2]... »

Et encore la merveilleuse « Madeleine » avec son triste héros battu par avance et qui fait semblant d'y croire encore :

> « Madeleine c'est mon espoir
> C'est mon Amérique à moi
> Sûr qu'elle est trop bien pour moi
> Comme dit son cousin Gaspard[3]. »

Et puis « Une île », les féroces « Bourgeois »... « Le cœur bien au chaud, les yeux dans la bière », avec l'ami Jojo et avec l'ami Pierre, il vide une vieille querelle à l'encontre, non d'une catégorie sociale, mais plutôt d'une manière de vivre. Lucide, il sait bien que les jeunes révoltés d'aujourd'hui seront des notables demain.

Et, soudain, il prend sa guitare — celle des débuts — pose un pied sur le tabouret et chante les yeux mi-clos :

> « Avec la mer du Nord pour dernier terrain vague
> Et des vagues de dunes pour arrêter les vagues
> Et de vagues rochers que les marées dépassent
> Et qui ont à jamais le cœur à marée basse[4]... »

Un silence religieux précède l'explosion d'enthousiasme. Quel merveilleux poème !

Poème ? Jacques se cabre quand on a l'outrecuidance de lui dire ça. Un éditeur, Seghers, vient de publier un recueil de ses

1. Editions S.E.M.I. et Pouchenel.
2. Éditions S.E.M.I.-Patricia.
3. Éditions Caravelle et Pouchenel.
4. « Le Plat Pays », Éditions S.E.M.I.-Patricia et Pouchenel.

textes, avec la préface de Jean Clouzet. Je le rencontre alors que l'ouvrage vient de sortir dans la collection « Poésies et Chansons ». Je le lui tends, il le regarde rapidement et me le rend :

— Cela ne me concerne pas. Il est ridicule de confondre des chansons avec de la poésie. D'ailleurs personne ne m'a demandé mon avis. On ne me demande jamais d'autorisation...

Pourtant, Jean Clouzet l'a bien rencontré ?

— Oui, Clouzet, bien sûr. Mais je ne savais pas que c'était destiné à une collection qui colle le mot « poésie » sur des petites chansons...

A Dominique Arban, il déclarera [1] :

— La chanson est une petite chose ; je crois d'ailleurs qu'il n'y a que des petites choses. Les gens qui vous disent que la chanson est un art mineur me font rire... parce qu'il n'y a que des petites choses... Ce n'est pas un art du tout, d'ailleurs... C'est un petit truc écrit, plus ou moins habile, plus ou moins adroit, plus ou moins raté, avec une petite musique ; vous comprenez, si par malheur un jour on lit Rimbaud et on écoute Debussy ou Ravel, on ne peut plus sérieusement croire qu'une chanson est quelque chose de joli. Il faut que, au-dessus de cette chanson, se mêle un corps... une chair...

En somme, la chanson n'est rien si elle n'est pas vécue sur une scène. Pourtant, plus tard, beaucoup plus tard, devant Jacques Chancel [2], il reconnaîtra :

— Sur quatre cent quarante chansons, je crois qu'il y en a peut-être trois qu'on puisse lire...

Et quand Chancel lui lira « Le Plat Pays », il avouera :

— Là, oui, c'est peut-être plus un poème qu'une chanson, oui... Je ne le savais pas en l'écrivant. Vous savez, quand on écrit, on fait ce qu'on peut, n'est-ce pas ?

C'est peut-être pour cela — et parce qu'il en a conscience — que Jacques chantera toujours « Le Plat Pays » avec la seule guitare, sans arrangements musicaux (ou très discrètement sur disques. Comment oublier les ondes Martenot dans l'enregistrement Barclay ?) [3]. Il considérera probablement qu'en tant que poème, elle n'a pas besoin de mise en scène, tout comme la plupart des œuvres de Brassens qu'il considère comme un poète classique, au grand dam de l'intéressé !

Bref, ceux qui connaissent un tant soit peu le rythme effréné des tournées, ne manquent pas d'être étonnés par la qualité de

1. Rapporté dans « Un homme au large de l'espoir », Les Presses françaises.
2. « Radioscopie » de Jacques Chancel, France-Inter, 21 mai 1973.
3. On se demande pourquoi les ondes Martenot ont été si peu utilisées. C'était une idée de Brel soufflée à Rauber.

ces textes offerts en 1963. Et ils pardonnent volontiers les relatives faiblesses — en comparaison — des « Filles et les Chiens », des « Crocodiles » et même des « Biches »... Quand on pense qu'en cette seule année 1963, il parvient encore à nous donner « La Fanette », « Les Fenêtres », « Les Toros » et ce merveilleux texte ( en vers de dix-huit pieds !) qui s'appelle « Les Vieux ». Il réussit même en contrepoint de ce constat sans concession — « La pendule d'argent... qui dit je vous attends... » — à donner à Juliette Gréco une chanson autrement plus optimiste, sur le même thème et qu'il n'interprétera jamais lui-même : « Vieille »[1] :

« C'est pour pouvoir enfin chanter l'amour
Sur la cithare de ta tendresse
Et pour qu'enfin on me fasse la cour
Pour d'autres causes que mes fesses... »

C'est à se demander quand il travaille... Car il court non seulement la France, mais aussi l'Europe, le monde. La Belgique, la Hollande, l'U.R.S.S., le Canada. Dans son pays, comme chez les cousins du Québec, son copain l'excellent mime Marcel Cornélis est du voyage. Cornélis est un fanatique de vol à voile et d'aviation en général. C'est comme cela qu'une belle journée, au Québec, Marcel décide de bien meubler son temps de loisirs en allant voler dans un aéro-club :

— Viens avec moi ! propose-t-il à Brel.

Et les voilà partis sur un terrain civil de Montréal où la pratique de l'avion est aussi courante que celle de la bicyclette. Jacques est fou de joie quand il se voit survolant les nuages :

— C'est merveilleux ! Il y a des années que je rêvais de cela...

Le soir, c'est son seul sujet de conversation :

— C'est décidé, dit-il à Marcel, dès notre retour en France, j'apprends à piloter !

Marcel, trois ans plus tard, apprendra que Brel possède les brevets suffisants pour être copilote d'un jet ! Jamais, au grand jamais, il ne fera les choses à moitié !

C'est aussi à Montréal que, dans une boîte à chansons, chez Clairette Oddera — une Marseillaise —, un jeune Français, mort de trac, ose présenter quelques textes à son idole. Il s'appelle Henri Tachan et, après son travail dans l'hôtellerie, il passe en supplément de programme chez Clairette. Quand il apprend que Jacques va être dans la salle, il se cramponne au bar. Avec ses trois ou quatre textes personnels, il interprète

1. Productions Alleluia-Gérard Meys.

chaque soir « Le Moribond » et « L'Ivrogne ». Pour se donner du courage, il boit et reboit. Et il est tellement furieux de sa prestation qu'il s'enferme dans les toilettes. C'est Clairette qui va l'extraire de cette situation peu confortable, pour le traîner, comme un gosse, rouge de confusion, devant l'auteur qu'il admire le plus.

Pendant quinze jours, tous les soirs, ils se côtoient, boivent force bières. Enfin, Tachan lui passe quelques textes que Brel lui rend trois jours après :

— Je crois qu'il y en un pour moi. Je le garde.

Un autre soir, il lui dit :

— Tu mènes une vie de con, ici. Tu te saoules la gueule, t'es mal dans ta peau. Tu fais des choses intéressantes. Rentre à Paris, remue-toi le cul. Bats-toi !

La veille du départ de la troupe, Tachan téléphone à l'hôtel :

— T'as pas besoin d'un mec pour ta sono, tes éclairages ?

— Non ! Si tu viens avec moi, ça ne servira à rien. Il faut que tu fasses ton truc toi-même, que tu te battes.

Une semaine après, Henri Tachan rentrait à Paris [1].

Lorsque Tachan réussira à enregistrer un disque, c'est Brel qui se chargera de la préface. Parce qu'il y croit. Et parce qu'il est fidèle. L'amitié entre hommes, c'est sans doute le plus précieux chez Jacques. Quelquefois, il sera déçu. Rarement. Et il sera toujours prêt à comprendre et pardonner, plus facilement qu'avec le sexe opposé.

Ses musiciens seront pratiquement toujours les mêmes. Il restera fidèle à Jojo au-delà de la mort. Comme Brassens avec sa bande, il ne manquera pas de faire travailler Robert Niel ou Edouard Caillau, son vieux pote des cabarets belges. Quoi qu'il arrive, il répondra toujours présent à l'appel d'un copain.

Le photographe Jean-Pierre Leloir a réalisé la plupart de ses photos de scène [2]. Il a très vite compris que Jacques appréciait autant la discrétion que le talent. Et il s'est établi un climat de confiance, Leloir sachant se faire oublier quand il le fallait — en particulier, dans les enregistrements en studio — et le prendre tel qu'il est, sans le faire tricher. Vous savez, ce genre de poses : à la pêche quand on n'aime pas le poisson, ou à cheval quand on ne sait pas monter, ou à quatre pattes... ou

1. Rapporté dans l'excellent mensuel « Paroles et Musique » — Spécial Brel, Été 82.

2. Et les pochettes de disques. C'est seulement à partir du dernier enregistrement qu'Alain Marouani (encore un !), entré chez Barclay, supplantera Leloir dans toutes les rééditions.

dans toute autre attitude pour des besoins d'originalité. Non, Jacques sait que Leloir ne le prend pas pour une bête de cirque. Quand Jacques sort « La Valse à mille temps », les photos sont réalisées en studio mais Jacques interprète réellement « La Valse à mille temps ».

Un jour, Leloir a besoin de documents couleurs. Coup de fil à Brel. Rendez-vous. A l'heure dite, il est là, toujours exact. Et il évite bien d'avouer qu'il préférerait être ailleurs. Non seulement, on lui a volé sa voiture dans la nuit, mais encore c'est le jour de son anniversaire...

Cette générosité le conduit parfois à promettre plus qu'il ne peut tenir. A une rencontre de passage, un soir où il traîne, il assure avec sincérité :

— Je t'enverrai un bouquin qui te sera utile !

... Ou une photo, ou un texte... Jojo haussera les épaules, lèvera les yeux au ciel, en sachant que les lendemains effaceront cet aujourd'hui.

Lors d'une tournée au Benelux, un photographe lui fait part de son projet d'illustrer plusieurs de ses œuvres, en particulier « Le Plat Pays ». Seulement, il lui faudrait le texte exact.

— D'accord ! dit Jacques. Je te l'envoie...

En fin de tournée, c'est évidemment oublié. Et le photographe en question n'a d'autre solution que de reprendre le texte à l'audition du disque. Quand Jacques reçoit la réalisation, il n'en croit pas ses yeux. Pour illustrer « Le Plat Pays », on voit un chasseur tirant un canard dans le brouillard, avec cette légende : « Avec un ciel si bas qu'un canard s'est perdu ». Jojo, Rauber et les musiciens partent d'un rire énorme. Seul Jacques reste de marbre :

— S'il a confondu canard et canal, c'est parce que je n'ai pas bien articulé, dit-il d'un ton grave...

Des preuves d'amitié, François Rauber en a eu beaucoup. Mais la plus précieuse, c'est certainement celle que Jacques lui a offerte sous forme d'un texte, pour son examen de composition musicale, en 1962. L'œuvre, « Jean de Bruges », était traitée musicalement pour un chanteur lyrique et c'est Jean-Christophe Benoit, de l'Opéra, qui l'a interprétée pour le concours, avec un quatuor à cordes dirigé par Pierre Dervaux. Pour les besoins de la cause, Brel a écrit trois histoires d'un marin truculent que personne ne croit : la baleine, la sirène et l'ouragan. Un petit chorus répond aux paroles de Jean :

« Jean de Bruges, voilà ton verre
Jean de Bruges, voilà ta bière
Le houblon donne du sentiment
Tu pleureras plus aisément [1]... »

Pour un ami, il trouvera toujours le temps !

C'est pourtant un exercice périlleux que de « produire », toujours produire. En octobre 1964, un nouveau spectacle l'attend à l'Olympia en même temps qu'un nouveau disque. Il est une chanson qui a été écrite très vite. Et puis, brusquement, on bute sur la mise au point. Comme toujours, Jacques, Jojo, Jouannest se retrouvent dans le petit bureau de François Rauber, rue Leroux. Et chacun avance ses propositions, ses ébauches.

La chanson commence par :

« Dans le port d'Amsterdam
Y a des marins qui chantent
Les rêves qui les hantent
Au large d'Amsterdam [2]... »

« Il faut débuter doucement, dit Jacques, puis aller crescendo. Là, ça éclate. Ça sent la bière, la sueur... »

C'est seulement la veille de l'avant-première qu' « Amsterdam » est considérée comme terminée. Ouf ! Rauber se souvient avec humour d'un collègue orchestrateur à qui l'on demandait :

— Combien faut-il de temps pour faire une orchestration ?

Et qui répondait, avec philosophie :

— Ça dépend du temps qui me reste !...

Le dernier jour, « Amsterdam » est à peu près en place. Jacques y croit si peu qu'il la place en « troisième » à l'avant-première au Cyrano de Versailles. Étonnant ! Ça semble marcher. Qu'en sera-t-il à l'Olympia ?

Jacques, plus que jamais, est dévoré par la bile. Il a fait inclure des vieux copains, les Delta Rythm' Boys, en première partie d'un spectacle que doit présenter Jacques Martin. Les deux hommes ne se connaissent pas et, *a priori*, n'ont pas de préoccupations communes. Pourtant — incroyable mais vrai — ils s'entendent comme larrons en foire. Chaque soir, ils seront l'inséparable tandem d'énormes rigolades au Bar romain, près de l'Olympia ou au Bar belge, avenue de Saint-Ouen. Deux

1. Éditions Pouchenel.
2. Éditions Pouchenel.

hauts lieux de leurs escapades nocturnes qui s'achèvent au petit jour.

Pour en revenir au spectacle proprement dit, c'est un triomphe ! Total, entier. Le soir de la première, quand il interprète « Amsterdam », il ne peut enchaîner sur la chanson suivante, « Les Vieux ». Les applaudissements, les cris, les « bis » n'en finissent pas. Non, il ne reprendra pas « Amsterdam » une seconde fois, pas plus qu'il n'ajoutera une chanson lors des rappels. S'ils veulent l'entendre de nouveau, qu'ils reviennent demain ou qu'ils achètent le disque !

Dans la loge, il est congratulé par les copains — les vrais et les faux. On lui tape dans le dos, on lui serre la main, on l'embrasse. Cet immense succès ne fait que resserrer son union avec l'Olympia. Il se sent comme chez lui (mais c'est où chez lui ?) dans ce grand music-hall que Piaf marqua aussi de sa présence. Comme elle, il est généreux avec les machinistes. Car, comme elle, il n'accorde aucune importance au « fric ». Mais, contrairement à la grande Édith, il est d'humeur égale. Et il ne fait aucune différence entre le directeur et l'ouvreuse. Aussi, comme il est toujours arrivé en avance mais ne peut tenir en place, il discute avec les uns et les autres, fumant cigarette sur cigarette. Puis il descend au bar saluer sa copine Maryline, la barmaid.

C'est une des rares personnes qu'il invitera à dîner, avec son mari, à la fin de sa carrière. Car l'amitié pour lui est faite d'atomes crochus, pas de positions sociales.

Alors que la série de spectacles touche à sa fin, il prévient les uns et les autres : Réservez votre soirée, j'ai préparé une surprise. La surprise, c'est un dîner qu'il a commandé chez un traiteur. Et le soir dit, dès que la représentation est terminée, des petites tables sont installées sur l'immense scène. Tout le monde est là, de Coquatrix aux ouvreuses, d'Eddy Barclay à Maryline, de Marouani aux machinistes, des musiciens aux caissières. Jacques Brel reçoit des cadeaux-souvenirs avec une joie de gosse et c'est lui qui remercie. Il semble heureux.

Pourtant, quand un invité lui lâche :

— Quel triomphe !

Il se rembrunit et répond, songeur :

— Oui ! Je me demande ce que je vais pouvoir faire maintenant !...

# 6

# *Je viens rechercher mes bonbons*

*Rase-mottes sur la biscuiterie – L'habileté en plus – Adieu la chanson – Quand il est question de cinéma.*

L'été 1966 touche à sa fin. Dans les campings, les toiles se plient, dans les maisons les volets se ferment et bientôt les routes vont être envahies par des milliers de voitures emplies d'êtres abattus, aux visages tristes malgré le bronzage. La récréation est terminée. Chacun retourne sagement (ou rageusement) à ses occupations routinières, en faisant mentalement des calculs pour le mois prochain qui sera dur, très dur...

Les chanteurs aussi font leurs comptes. Dans l'hebdomadaire *Paris Match*, le point sur les tournées dites « de plage » montre un épuisement des yéyés : Claude François ne soulève plus les foules. Dans certains casinos, il a même manifesté de la mauvaise humeur devant trop de chaises vides. Il s'est roulé par terre et a interrompu plusieurs fois son spectacle... Johnny Hallyday a connu aussi des moments difficiles en visant très grand, trop grand. Plus modestes, Michèle Torr, Hervé Vilard, Christophe — qui tournent ensemble — ont quand même ramassé des « bides ». Richard Anthony, qui pilote son propre avion, a préféré s'exporter à l'étranger pour entendre « siffler le train ». Quant à Antoine, si l'on en croit la revue, il ne remplit que lorsque c'est gratuit. L'ennui, c'est qu'il soit au pourcentage ! Le public s'est tourné plus volontiers vers ceux qui marchaient à contre-courant, avec des textes ou des voix portées par les médias. C'est ainsi que le numéro 1 de l'été s'appelle Mireille Mathieu. Elle a 19 ans et, grâce à un concours de la télévision, a été plébiscitée — quelque temps plus tôt —

pour prolonger la légende Piaf. Derrière, Georgette Lemaire picore avidement les miettes que lui laisse sa rivale. Si Gilbert Bécaud, qui se déplace également en avion, limite ses points de chute, Charles Aznavour — record des cachets avec environ 15 000 F par soirée — peut remplir des arènes. Il y a aussi Sacha Distel. Avec un tarif moitié moindre, il intéresse les organisateurs de kermesses et autres « plein air ». Enrico Macias et la nostalgie algérienne se maintiennent. Tandis que Jean Ferrat voit sa cote monter chaque année.

En tête du palmarès restent les deux « Belges ». Façon de parler pour Salvatore Adamo, né à Jemappes, mais d'origine italienne. Avec son voile sur les cordes vocales, sa gentillesse à toute épreuve, il plaît beaucoup aux jeunes filles bien sages. L'autre Belge, le vrai, c'est bien sûr Jacques Brel. Lui, il continue à foncer, d'un plein air à un casino, avec des cachets très variables. De 2 000 F (juste de quoi payer son équipe) à 8 000 F.

« C'est une valeur sûre, dit Gisèle Charbonnier dans " *Paris Match* ", avant d'ajouter : Sa cote n'a que légèrement baissé depuis l'an dernier... »

Réserve qui n'engage que son auteur. Dans le show-business, on remplit ou on ne remplit pas. Brel n'a pas à se plaindre de ce côté-là. En tournant tous les jours, il n'a connu que des salles combles ou des parterres bondés dans les grands espaces en plein air. Et cette situation pourrait durer longtemps, surtout s'il limitait la fréquence de ses prestations. C'est ce que tout le monde pense et bien des organisateurs ont déjà pris des options pour l'an prochain.

Cet été-là, après son habituel succès dans le modeste casino de La Roche-Posay (Vienne) dont il est un fidèle, Jacques Brel termine la soirée seul dans un troquet de Poitiers. Enfin, presque seul. Sa célébrité l'empêche de passer totalement inaperçu. Il ne le cherche pas, d'ailleurs. Mais il ne semble pas prêter attention aux regards curieux. Il lève à peine la tête pour accorder une signature distraite au dos d'une photo. Au dos, parce qu'il évite toujours d'apposer son paraphe sur le recto : une sorte de respect pour le travail du photographe...

On peut pourtant être seul dans la foule. Je veux dire par là que personne de son entourage ne l'accompagne et que l'environnement n'est peuplé que de figurants. Il semble las, un peu morose. Nerveux aussi. Tout à l'heure, à la fin de son tour, une dame est arrivée en minaudant. Elle traînait son époux bedonnant comme on traîne un gros toutou.

— Ah ! Monsieur Brel. Il y a longtemps que nous vous avons applaudi, mon mari et moi. Pensez, c'était aux Deux Anes.

Et lui, sans lever la tête :

— Vous voulez dire aux Trois Baudets...

La dame y tient :

— C'était aux Deux Anes !

Cette fois, il lève la tête et la regarde avec un drôle de sourire :

— C'était aux Trois Baudets puisque vous y étiez tous les deux et que j'y étais aussi !

La dame n'insiste pas. La grosse allusion ne l'a pas atteinte et elle part ravie, avec son gros toutou et son autographe.

Ce soir, dans le bistrot, devant une bière triste, il m'avoue :

— C'est certainement la fatigue, mais je les supporte de plus en plus mal. Ils sont bêtement exigeants. Si on les laissait faire, ils emporteraient le chanteur chez eux pour l'installer sur la table de nuit. C'est leur dû. Remarque, ils ne sont pas méchants, au fond. C'est sans doute moi qui ai une réaction épidermique. Je suis sensible de l'épiderme, comme si j'avais une maladie de peau !...

Crevé, il l'est, en effet. Le regard ne s'anime plus brutalement et il ne joue plus aux incollables ou aux donneurs de leçons. Il ingurgite toujours aussi facilement le liquide moussant mais c'est bien le seul point commun avec un passé récent. Pourtant, il souffre moins des longs déplacements sur la route. Il pilote lui-même son petit avion et s'est tellement piqué au jeu qu'il continue de passer des examens comme s'il voulait être embauché à la Sabena [1].

« L'avion, c'est une autre façon de vaincre ma trouille, a-t-il expliqué un jour. Quand tu te mets aux commandes, tu sais que la moindre erreur peut être fatale. Quand tu pilotes en navigation à vue, tu as des tas de raisons pour ne pas décoller : trop de vent, visibilité mauvaise. Alors, certains pilotes restent au sol et d'autres tentent quand même le coup. Je suis de ceux qui n'aiment pas rester au sol. »

Ce défi a failli lui coûter la vie, une fois au moins. Il avait décollé de Quiberon, malgré un brouillard tenace et se trouvait contraint de voler bas pour repérer sa route. Soudain, à la hauteur de Nantes, il avait aperçu émergeant de la purée de pois, juste à sa hauteur, une grande inscription sur un mur, face à lui : Biscuiterie Lefèvre-Utile. La règle en aviation veut qu'un changement de cap s'effectue à gauche. L'instinct pour-

1. La compagnie aérienne belge, pour qui l'ignorerait.

tant le poussa à virer à droite. Heureusement ! Sinon il percutait le mur de la biscuiterie nantaise. Depuis, quand il voyait une boîte de Petits Lu, il avait toujours une frayeur rétrospective [1].

Ce soir, ce n'est pourtant pas d'avion qu'il parle, dans ce bistrot où le patron est un peu déçu. Il croyait tellement s'offrir une occasion de rigoler !

Non, c'est le métier qui le préoccupe :

— Je deviens trop adroit ! Comme un singe savant. Il faudrait toujours savoir s'arrêter. Les mecs jouent à la roulette pour gagner et quand il leur arrive de gagner, ils s'arrêtent rarement. Ils continuent et perdent inévitablement. J'admirerais le type qui se lèverait, ramasserait ses jetons et dirait : « Au revoir messieurs-dames. Et merci ! » Je ne sais pas pourquoi je parle de fric. Parce que de ça, je m'en fous. Tout ce que je demande, c'est de ne plus crever de faim. J'ai eu ma part. Je suis affolé par l'importance qu'on accorde à la réussite matérielle. J'ai eu l'occasion de parler devant des étudiants, ou plutôt, de leur répondre. Leur principale interrogation, ce n'était pas la création mais : « Vous devez gagner beaucoup d'argent ? Prévoyez-vous l'avenir ? » A vingt ans, ils pensent à mettre de l'argent de côté pour la retraite ! Pour eux, la réussite se mesure au compte en banque. Des Américains !

Je hasarde :

— Mais, douze ans de carrière, c'est peu ! Il serait normal que vous profitiez de votre succès. Vous l'avez gagné...

Va-t-il se fâcher ? Il pousse son verre, hausse le ton :

— Qu'est-ce que ça veut dire dix ans, cinq ans ou trente ans ? C'est quoi ? Une petite poussière, de toute façon. Il faut prendre le temps de faire autre chose, quand c'est encore possible. Je m'en souviens, quand je traînais dans les cabarets, exploité avec un sandwich et une bière...

La phrase reste en suspens. Il jette un regard circulaire, cherche une pendule qui n'existe pas.

— Il est deux heures moins le quart.

— Bon, dit-il, je vais aller reposer mes vieilles jambes... Surprise ! J'essaie de le retenir un moment en évoquant quelques noms du cabaret, connus seulement des initiés et qui ne demandent qu'à faire carrière, prendre sa place... Il grimace, prétend qu'il a « mal au foie », que c'est le problème des collègues, pas le sien.

1. Plus tard, il connaîtra aussi un atterrissage difficile au Groenland, sur la route des Antilles, comme nous le verrons page 128.

— Quand tu traînes trop longtemps dans les cabarets, tu te fais ton petit confort dans l'inconfort. Il faudrait changer de métier à partir du moment où l'on se croit au bout de ses espérances...

Il se lève, me tend la main et ajoute en esquissant un sourire :

— Tiens, tu veux un scoop ? C'est comme ça que vous dites, les journalistes, hein ? Je vais arrêter de chanter... Tu ne me crois pas, hein ? Tu te figures que c'est normal de s'exhiber tous les soirs devant des centaines de gens ? Tu verras !...

Là-dessus, il a salué la compagnie et il est parti. Seul.

Le lendemain, j'apprendrai par des collègues qu'en fait d'hôtel, c'est une boîte qui l'a accueilli jusqu'à 4 ou 5 heures du matin.

— Il ne vous a rien raconté ?

— Non, il n'avait pas envie de discuter. Il s'est engueulé avec le patron, avec un autre type, à propos de rien...

Et moi, je suis resté avec mon « scoop » auquel je ne croyais pas suffisamment pour y consacrer un écho. D'autres, d'ailleurs, ont eu la même confidence dans cette même période et ont eu, semble-t-il, la même réaction. C'est seulement quelques mois plus tard qu'on pouvait lire : « Brel : J'arrête ! »

Il s'en est expliqué à maints confrères pour bien prouver à tous — et à lui-même — que c'était une décision réfléchie et définitive :

« Lorsqu'on soupire trop souvent, il faut faire ses valises. Je pense avoir sauvegardé ma dignité tout le temps que j'ai fait ce métier. Maintenant, j'étouffe ! Notre fonction n'est tolérable que si nous sommes totalement honnêtes, sans un gramme d'habileté.

» Un jour, je me suis levé avec un gramme et demi d'habileté... »

Ou encore :

« J'allais devenir un industriel du show-business. Au fond, je suis un type d'instinct. J'ai toujours constaté qu'en suivant mes pieds je faisais moins de conneries que lorsque mes pieds suivaient ma tête... »

Qu'est-il arrivé à Brel ? Ceux qui ne connaissent que l'artiste peuvent toujours penser que c'est une décision prise sur un coup de déprime, qu'il va se remettre et continuer... Les autres se disent que cet homme-là n'est pas du style à lancer ce genre de phrases en l'air. Et même s'il avait, ensuite, l'intention de poursuivre, il ne le ferait pas, par orgueil.

Alors, il en a « marre » ? Quand le plus dur est fait, que sa réputation est assise pour vingt ans, au moins... Cette fin de carrière prématurée fausse le jeu, bouscule les médias qui ne comprennent pas. Enfin, il en a bavé pendant cinq ans, mais maintenant, tout lui réussit...

***

Et c'est vrai que, depuis cet Olympia 64 où nous l'avions laissé, il vole de succès en triomphe.

Certes, l'année 64 n'a pas été qu'une joie. En janvier, son père, très diminué depuis quelque temps, quittait cette terre. Ils n'étaient pas du même monde, mais ce n'était pas de leur faute. Ils n'étaient quand même pas fâchés. Et c'était son père, tout de même. Et puis, deux mois après, sa chère mère suivait le même chemin d'où l'on ne revient pas. Elle n'avait pu résister à cette solitude. La vie lui semblait désormais tellement inutile qu'elle se laissait mourir de chagrin. Jacques aurait dû le savoir, lui qui avait écrit peu de temps avant :

« Et l'autre reste là, le meilleur ou le pire, le doux ou le sévère.

Cela n'importe pas, celui des deux qui reste se retrouve en enfer [1]... »

La réussite professionnelle compense, en apparence, les peines personnelles. En 1965, il reçoit les « Bravos du music-hall », décernés par la revue « Music-hall », la palme pour les femmes revenant à l'Anglaise Petula Clark. Pas de surprise. Depuis 1960, il flirtait avec la première place dans ce référendum qui avait plébiscité Brassens bien avant lui.

En cette même année, il crée « Jef », « Mathilde », « Au suivant », et les fameux « Bonbons ». Et il écrit « Ces gens-là », « La chanson de Jacky » où il exprime déjà ses craintes quant à la carrière :

« Même si un jour à Knokke-le-Zoute
Je deviens comme je le redoute
Chanteur pour femmes finissantes [2]... »

Bon nombre de critiques — y compris des admirateurs — lui reprochent d'ailleurs de verser dans le pessimisme, le noir... Mais lorsqu'on veut bien regarder la vie telle qu'elle est, peut-on l'exprimer autrement ? C'est facile, en apparence, de décider : Je vais écrire une chanson drôle, toute claire. Quand elle est terminée, elle est sombre :

1. « Les Vieux », Éditions Pouchenel.
2. « Chanson de Jacky », Éditions Pouchenel.

— Ce que je ne voudrais pas, dit-il, c'est que mes chansons soient grises. C'est trop fade. Je préfère qu'elles soient franchement noires si elles réveillent.

En début d'année 65, il a fêté ses douze ans de chansons à l'Échelle de Jacob, comme ça, par sympathie et pour donner un coup de main à ceux qui l'avaient encouragé à ses débuts et qui, aujourd'hui, ont les problèmes de la plupart des cabarets.

Et à la fin de cette même année, il va se produire pour la première fois à New York, dans cette gigantesque salle qu'est le Carnegie Hall. Quatre mille spectateurs qui apprécient le geste quand ils ne comprennent pas le texte, critiques dithyrambiques dans la presse new-yorkaise. Et chez nous on s'exclame (on le dira surtout plus tard, à l'heure des bilans) : Une vedette française conquiert l'Amérique. Sans mésestimer cette nouvelle étape triomphale, il est quand même nécessaire de rappeler que les États-Unis forment 50 États, s'étalent sur 9 363 488 $km^2$ et rassemblent 222 millions de personnes. Quatre mille spectateurs enthousiastes ne font pas l'opinion américaine ! Quelques grands interprètes français (ou leurs imprésarios) ont ainsi mystifié les Français en laissant croire qu'après une ou quelques soirées à New York ils étaient devenus « vedettes internationales ». Le Carnegie Hall, ça se loue, comme toutes les salles. Et la population francophone est déjà assez nombreuse pour remplir une partie des fauteuils. Un chanteur américain est plus rapidement connu dans notre pays, dès l'instant qu'il passe dans les principales émissions de nos trois petites chaînes de télévision. Là-bas, il faut un véritable matraquage pour prendre une place dans un show-business déjà envahi par les autochtones ! : passer dans les grands « shows » des principales stations, se produire dans toutes les grandes villes, être soutenu par une formidable campagne promotionnelle de la firme de disques, bref être interprété à tous moments, pour avoir une chance de figurer dans les « hits » et être retenu par l'oreille de l'Américain moyen.

Ce qu'on peut dire à propos de Jacques Brel, c'est qu'en dehors de ce Carnegie Hall fort apprécié, quelques-unes de ses chansons vont contribuer à lui faire gagner une certaine notoriété aux U.S.A., grâce notamment à Barbra Streisand, Nina Simone et « Ne me quitte pas ». La notoriété aux États-Unis pour un chanteur français, ce n'est déjà pas si fréquent ! Plus tard, il gravira un nouvel échelon avec la fameuse comédie musicale écrite à partir de ses œuvres : « Brel is alive and well and living in Paris » dont nous aurons l'occasion de reparler.

C'est, de toute façon, un chemin semé de roses que suit Jacques. Il connaît la gloire en France, en Belgique (avec, en prime, quelques démêlés avec les flamingants), en Hollande, en Allemagne, au Canada. Il est connu partout, en Angleterre, dans toute notre vieille Europe, en Afrique, dans une partie de l'Asie et même derrière ce qu'on appelle « le rideau de fer ».

Ah ! Cette chaleur des Soviétiques applaudissant à tout rompre les textes d'une langue qu'ils ignorent mais qu'ils ont compris par les sentiments que chaque geste dégage :

« C'est formidable de voir des hommes rire et pleurer alors qu'ils ne comprennent pas un mot !... »

L'enthousiasme de Jacques se tempérera pourtant certaines (rares) fois où, visiblement, la salle restera de glace en dépit de ses efforts. Il sera désespéré face à cette incommunicabilité pourtant explicable... La plupart du temps, les textes sont traduits sur des feuilles distribuées au public, ce qui leur permet, au moins, d'en saisir le sens, donc de mieux goûter l'interprétation. Mais si ces traductions ont été négligées, Jacques Brel peut chanter en hébreu ou en français devant des Turcs, cela ne changera rien ! Il restera de (belles) images non doublées...

Mais ces déceptions se comptent sur les doigts d'une main. Brel, comme Brassens, est la garantie de salles combles. La supervedette dont les disques font le bonheur de Barclay et dont les demandes de contrats doivent être effectuées très longtemps à l'avance. C'est si vrai que lorsqu'il fera part à Charley Marouani de sa décision d'arrêter le « cirque », il aura encore de nombreux engagements à honorer.

Les musiciens, aussi, ont pris un coup à l'estomac quand il les a informés, tranquillement, comme il aurait annoncé des vacances. C'était dans une chambre d'hôtel, à Vittel. François Rauber était là, avec Jouannest. L'orage grondait dehors, la pluie tombait avec violence et le courant électrique sautait toutes les trente secondes. En somme, la nature se chargeait, à sa place, de la dramatisation. Il s'est tourné vers Rauber et lui a dit simplement :

— Je vais m'arrêter !

— C'est une blague ?

Non, ce n'était pas une plaisanterie. Ou alors une mauvaise.

Quand il a dit : « J'arrête la scène ! », il ne cherchait donc pas à déclencher une telle fébrilité dans le milieu du music-hall.

— Je vais faire autre chose, plein de choses, voir des amis, m'amuser, voler, voyager...

Une tournée l'a d'ailleurs conduit à Djibouti, la Réunion, Madagascar, Maurice. Il est fou de joie, comme un gosse. Il prend le temps de vivre, de respirer, de se baigner. A Claude Vernick qui le suit et le filme discrètement pour une série T.V. intitulée « Vedettes en coulisses », Brel ne cache pas son envie de parcourir le monde en simple citoyen et non en artiste. Au retour, il s'en explique aussi à Georges Brassens qui, à ce moment-là, est son voisin au Méridien. Chacun des « B » y possède un appartement moderne, aéré. Si Georges s'y terre volontiers en attendant de se décider à acheter une maison correspondant mieux à ses goûts, Jacques n'y effectue que de brefs séjours et les lieux conviennent très bien pour ça. Jusqu'ici, il n'a guère plus attaché d'importance au « chez-soi » qu'à l'argent... ou à la famille.

Les copains pourtant, c'est un domaine important et il est préférable d'avoir un lieu pour les recevoir. C'est ainsi qu'avec le « père Brassens », comme il dit, ils se retrouvent de temps en temps. Ce soir-là, c'est Georges et son alter ego René Fallet qui ont pris l'initiative de traverser les couloirs pour le surprendre [1].

On discute tabac, bonnes femmes (sic !) et conditions climatiques en buvant un verre, en en buvant deux, puis trois... Au bout d'un certain nombre de tournées, on ne parle plus mais on boit toujours. Jusqu'au moment où le grand corps de Brassens s'affale sur le lit.

— On va le ramener chez lui ! dit Jacques, en lui prenant les pieds tandis que Fallet le saisit sous les bras.

Au bout de dix mètres, les deux compères — dont la situation physique et psychique laisse à désirer — posent le « Gros » sur le sol :

— On le laisse là ! dit Fallet.

— Ah, non ! On ne peut pas ! répond Jacques.

— Et pourquoi, s'il te plaît ?

— Parce que c'est Brassens !

Réponse péremptoire. On reprend la difficile route en s'arrêtant encore deux ou trois fois. Brel préférerait en crever, il ne laisserait pas son aîné dans un couloir du Méridien. Enfin, on pousse la porte et, dans un dernier effort, Brassens est déposé sur sa couche. Aussitôt, il se relève comme un diable, l'œil vif en lançant :

— On en prendrait bien un petit dernier !

1. Mille excuses pour ceux qui auraient déjà eu vent de l'anecdote en lisant *Brassens, la Marguerite et le Chrysanthème*, même auteur, même éditeur.

Jacques ne sera pas le dernier à en rire et à raconter cette nouvelle « connerie » de Georges.

Alors que l'année 66 s'avance, le Brassens en question s'apprête à partager l'affiche avec Juliette Gréco pour une série de représentations au Théâtre national populaire de Georges Wilson.

— Et toi ?

— Moi, je termine mes contrats. Et après, hop ! La belle vie !...

Ainsi, il cesserait en douceur cette fulgurante carrière de chanteur, sans qu'on marque le coup ? Bruno Coquatrix n'est pas de cet avis. Il s'en ouvre à Marouani, à Jean-Michel Boris et va voir lui-même Jacques Brel à une étape de sa tournée.

— Des adieux officiels ? Pas question ! Je l'ai dit : je termine mes contrats parce que je le dois, mais c'est tout...

Le patron de l'Olympia devra revenir plusieurs fois à la charge, aidé par quelques complicités, avant d'arracher l'accord de Brel.

Dès l'annonce de cet ultime tour de chant parisien, c'est la ruée vers les guichets. Et, le soir du 6 octobre 1966, l'Olympia affiche complet pour les trois semaines.

Ce 6 octobre 1966, Brel n'est pas le seul à être ému. C'est sans doute ce qu'il voulait éviter, ces effusions, ces grandes démonstrations d'amour d'un Tout-Paris qui tient à « voir ça ».

François Rauber, comme d'habitude, dirige le grand orchestre de l'Olympia et c'est le vieux copain bruxellois, Édouard Caillau, qui présente le programme comprenant Pierre Provence, Michel Delpech, auteur-interprète de « Chez Lorette », et les ballets d'Arthur Plasschaert. Malgré leurs qualités, les uns et les autres ont bien du mal à contenir une salle frémissante qui n'attend qu'une seule personne.

Entracte. Dans les premiers rangs, on remarque beaucoup de visages connus : Eddy Barclay, bien sûr, mais aussi Jacques Chazot, Françoise Sagan, Catherine Deneuve, Madeleine Renaud, Jean Marais, Régine, Guy Lux... Certains spectateurs qui n'ont pu trouver un strapontin se sont carrément assis sur le sol. L'atmosphère est surchauffée, électrique, prête à éclater...

Lumières... Un long Ahhh !... Les premières mesures de l'orchestre et il apparaît, se précipitant vers le micro. Costume sombre, cravate, coup de peigne soigné, il est plus fringant que jamais. Qui parlerait aujourd'hui de physique ingrat ? On dit qu'il a un visage très personnel. Les femmes lui trouvent un aspect séduisant, un regard qui transperce. En somme, il n'y a plus que lui pour se trouver moche.

Quand l'immense clameur décline enfin, il attaque, pour la première fois, « Le Cheval » :

« Tu ne m'as laissé que mes dents
Et voilà pourquoi je cours, je cours,
Je cours le monde en hennissant
Me voyant refuser l'amour
Par les femmes et par les juments [1]... »

Comme toujours, il exagère en ce qui concerne l'infortune amoureuse ! Mais ce n'est qu'une chanson. Et, sans laisser au public le temps de reprendre son souffle, il interrompt les applaudissements avec la chanson suivante. C'est un cocktail de succès affirmés comme « Amsterdam » ou « Ne me quitte pas » et aussi, de nouveautés comme « Mon enfance » :

« Mon enfance passa
De grisailles en silence
De fausses révérences
En manque de batailles [2]... »

Il est au sommet de son art et dose parfaitement émotion, grincements de dents et rires qu'il déclenche d'une mimique ou d'un mot, quitte à se parodier lui-même avec une nouvelle version des « Bonbons » :

« J'ai perdu l'accent bruxellois
D'ailleurs plus personne n'a cet accent-là
Sauf Brel à la télévision [3]... »

A chaque nouvelle œuvre, le ton monte. C'est aussi en maître qu'il utilise le crescendo dans un tour de chant. Et quand, ruisselant, il entre en coulisses après une magistrale « Madeleine », les témoins de cet événement croient un instant que l'Olympia va s'écrouler. Les pieds frappent le sol dans la même cadence que les battements de mains. Les deux mille spectateurs hurlent en même temps. Il revient, salue côté cour, au centre, puis côté jardin, repart, re-revient, envoie des baisers. Et soudain, tous se lèvent dans un même élan, lui offrant la plus grande ovation qu'on ait sans doute entendue dans une salle française.

1. « Le Cheval », Éditions Pouchenel.
2. « Mon enfance », Éditions Pouchenel.
3. « Les Bonbons 67 », Éditions Pouchenel.

Cinq, six, sept fois, il revient, unissant les musiciens dans sa victoire totale. Et la lumière de la salle s'allume. C'est fini ? Non, ils continuent à trépigner ! Il revient encore et, ravi, trempé comme un cheval après le Prix de l'Arc de Triomphe, il rentre dans sa loge, se dévêt rapidement, s'éponge, enfile son peignoir bleu et blanc. Coquatrix ne tarde pas à le rejoindre :

— Ils vont tout casser ! dit-il en riant.

Il faut revenir, en peignoir, serviette autour du cou, donnant l'image exacte du puncheur de la chanson.

Les flashes crépitent. Les mains se tendent. Il en serre quelques-unes, esquisse le geste du boxeur vainqueur... Il est au bord des larmes. C'est fini.

Enfin pour cette soirée officielle. Car, pendant trois semaines, c'est la même joie mêlée de regrets. A trente-huit ans, il a tort ! Il reviendra, affirment les augures. Il reviendra parce que nous lui manquerons !...

Pourtant, il l'avait dit clairement voilà déjà longtemps :

— Je ne pourrais plus me passer d'écrire. Mais de chanter, ça, je le ferai quand je voudrai. Et sans regret...

Plus tard, certains diront :

— Il sentait venir la maladie, comme une bête...

La réalité est sûrement plus simple (si l'on peut dire !). Et il le prouvera encore plus tard. Il ne va jamais jusqu'à la lassitude. L'interprétation, seul en scène, l'a amusé, passionné même. Et puis, treize ans plus tard, il est arrivé au bout, sans rien d'autre à prouver. Alors, il sent venir l'ennui que masquerait la technique. Et, éternel gosse, il jette le jouet qu'il aimait. Il en trouvera d'autres !

***

Auparavant, il doit pourtant continuer ce qui est devenu une série d'adieux. Le mardi 1^er^ novembre, R.T.L. lui consacre une grande partie de l'après-midi. Il discute même en direct avec des auditeurs, avant de rejoindre, une dernière fois, sa loge de l'Olympia.

Ultimes bravos. Derniers hurlements. Après le spectacle, quelque deux cents amis partagent avec lui un pot de l'amitié. Mais c'est comme ces adieux sur un quai de gare, quand le train a un soubresaut et s'immobilise. On a déjà sorti les mouchoirs et on se retrouve encore à la même place, ou presque.

Paris retient Brel. Au Théâtre 102, Guy Lux a concocté un « Palmarès des chansons » spécial. Des confrères et consœurs qui, pour la plupart, partagèrent ses débuts, viennent interpréter chacun une de ses œuvres : Jean-Claude Pascal[1], Juliette Gréco, les Trois Ménestrels, Pia Colombo et Jean Poiret qui interprète une parodie à la mode chansonnière écrite voilà quelques années lorsqu'on s'indignait du prix de la viande à cause des interminables circuits commerciaux. Elle s'appelle « La Vache à mille francs ».

Et Brel interprète lui-même les dix autres chansons d'une soirée qui s'achève — pour la T.V. — avec « Ce n'est qu'un au revoir », joué par l'orchestre de Raymond Lefèvre et repris en chœur par le public.

Jacques n'a que le temps de rejoindre la salle de la mutualité où il attaque son récital à 22 h 30. Encore son goût de l'exploit ? Plus simplement un calendrier — le dernier de Charley Marouani — particulièrement chargé.

De gala en gala, d'adieux en adieux, il ne se pose à Paris que le temps d'enregistrer le disque Barclay de ses dernières compositions, fin décembre et début janvier 67. Il y a inclus ce merveilleux texte qu'on considère comme un chant d'amour mais qui ressemble plutôt à un chant d'après amour. Quand la tendresse a pris le pas sur l'amour-passion. Cora Vaucaire a créé parallèlement cette « Chanson des vieux amants » :

« Bien sûr nous eûmes des orages
Vingt ans d'amour, c'est l'amour fol...[2] »

Il y eut aussi des orages, en Belgique flamande, quelquefois. Mais c'est toujours le grand amour pour ceux qui participent à ses adieux bruxellois. Même folie, mêmes émotions... Émotions qui ne ménagent pas Brel quand, le dernier soir, il s'aperçoit qu'une grande partie du personnel de l'Olympia a déserté son poste pour venir le saluer une fois encore. Un hommage qu'aucun autre artiste de music-hall parisien n'aura connu.

Certains compatriotes d'outre-Quiévrain ne partagent pas cet enthousiasme envers Brel : des militants de mouvements flamands qui ont mal digéré les termes d'une de ses toutes dernières chansons, « La, la, la » avec, en particulier ces derniers vers :

« J'habiterai une quelconque Belgique
Qui m'insultera tout autant que maintenant
Quand je lui chanterai Vive la République
Vivent les belgiens merde pour les flamingants[2]. »

1. Qui a enregistré, depuis, une chanson en hommage à Brel.
2. Éditions Pouchenel.

Il est possible, sinon probable, que Jacques Brel, n'ayant pas de contacts permanents avec son pays natal, ait, de ce fait, mal perçu la complexité des problèmes linguistiques qui peuvent secouer la Belgique. Ce qu'il a retenu, c'est qu'une majorité voulait imposer sa culture à une minorité. Sans doute n'a-t-il pas eu raison de s'en tenir à cette partie émergée de l'iceberg. Mais le peuple d'expression flamande aurait eu tout aussi tort de lui tenir rigueur d'une réaction épidermique qui s'adressait à la partie extrémiste. Et puis, Jacques Brel n'est-il pas flamand jusqu'aux tripes ? Il est peut-être, pour qui veut l'accepter, le symbole même d'une fusion des deux ethnies...

En tout cas, quelques menaces jettent le trouble dans sa tournée d'adieux en pays néerlandophone. A Knokke-le-Zoute — qui ne lui réussit décidément pas depuis ses débuts ! — le spectacle est même annulé. Simple péripétie sur la voie royale. Elle passe aussi par l'Albert Hall de Londres où un cordon de policemen doit canaliser les enthousiasmes. Elle revient encore par la région parisienne et par la capitale avec la Villa d'Este, où il n'a pas oublié son passage à l'époque où il en avait besoin.

Elle continue par les provinces françaises où l'on croit maintenant que c'est bien la dernière chance de le voir et de l'applaudir. Partout, les organisateurs ajoutent l'inhabituelle affichette « complet ». Petite ombre, à Lyon, où un exalté profère des menaces par téléphone. Il prétend lancer une grenade sur la scène. Brel hausse les épaules avec mépris. Il a peut-être un peu plus le trac que d'habitude mais, par orgueil, ne le montre pas.

A Marseille, il a eu une visite inattendue : celle d'André Cayatte. Il est assez au courant du cinéma pour savoir ce que ce nom représente. Jusqu'ici, sa collaboration avec le septième art s'est bornée à un apport musical dans *Un idiot à Paris* (avec Jean Lefebvre). La chanson « Les Cœurs tendres [1] » n'a d'ailleurs jamais été interprétée sur scène. Il a aussi participé quelques années auparavant à un film avec des copains bruxellois. Mais sans autre ambition que celle de s'amuser. La « production » ne semble d'ailleurs pas avoir connu de conclusion. Et lui-même a déclaré avec véhémence, deux ans plus tôt :

— Le cinéma ? Non, jamais !

Parlait-il de ces rôles qu'on lui offrait jusqu'ici ?

— Des rôles de gangster. Il paraît que j'ai la gueule à ça !

1. Éditions Pouchenel.

Ou simplement était-ce une de ces déclarations qui ne sont valables que jusqu'à preuve du contraire ?

André Cayatte n'avait pas songé de lui-même à contacter Brel, encore et uniquement chanteur. Mais il tenait à donner le maximum d'authenticité à son personnage principal, un instituteur, Jean Doucet, accusé de viol par une de ses élèves mythomane. Que l'instituteur ait la tête de Belmondo ou de Delon et le public n'y croira pas. C'est du moins sa thèse. Les comédiens de cinéma pourraient répliquer qu'un tel point de vue, partagé par tous les réalisateurs, les conduirait immanquablement au chômage ! En tout cas, une relation de Cayatte lui a soufflé : Pourquoi pas Brel ? Les grands artistes de music-hall peuvent facilement passer devant les caméras. C'est plus habituel et plus sûr que le chemin contraire.

Ce soir, Cayatte a donc contacté Brel à Marseille. S'il est poli, notre chanteur reste distant :

— Je n'ai pas envie de faire du cinéma.

Cayatte insiste et laisse le script du film — tiré d'un véritable fait divers, belge de surcroît ! — et dont le titre provisoire est « L'Innocence même ».

Est-ce la qualité du script ? L'intérêt du rôle allié à la curiosité de la nouveauté ? Ou est-ce une nouvelle revanche du cancre ? Celle qui lui fait jouer les « instits » auprès de son entourage ? Peut-être un peu de tout cela. Il dira :

— C'est une histoire qui dénonce une certaine injustice...

En ajoutant ainsi une justification morale, il accepte. Rendez-vous est pris pour cet été.

Et la tournée d'adieux se poursuit, avec une rencontre d'un tout autre ordre, celle de Jacques Canetti. Ces retrouvailles sont l'occasion de vider son sac entre « hommes ». Le malaise traînait depuis pas mal de temps...

C'est à l'hôtel Hostalrich de Prades, dans les Pyrénées-Orientales, que Jacques, Jojo, Canetti et son épouse soupent ensemble après le spectacle. Brel est particulièrement excité et il y a de l'électricité dans l'air. Qui amène le thème de la gratitude dans la conversation ? Canetti ne s'en souvient pas, en revanche il se rappelle du reste [1] !

— Vous croyez que j'ai de la gratitude à votre égard ou que je devrais en avoir ? demande brusquement Brel.

1. Jacques Canetti avait rapporté lui-même ces propos dans son livre de souvenirs : « On demande jeune homme aimant la musique », Éditions Calmann-Lévy.

— Je n'ai pas d'illusions, répond Canetti, mais un signe fait toujours plaisir.

— La seule bonne surprise que vous pourriez avoir, c'est de n'en pas avoir une mauvaise. Je vous ai donné Jacques Brel à découvrir, n'est-ce pas assez ? Que voulez-vous de plus ? Que je porte votre nom gravé sur mon costume de scène ? J'ai fait cinquante enregistrements pour vous. Tant pis si vous les avez sortis sous l'étiquette de Philips...

— En somme, c'est moi qui dois vous dire merci ?

— Dans l'absolu, oui ! Personne ne vous l'a jamais dit parce qu'on vous aime quand même un peu... malgré tout.

Et Jacques poursuit en s'en prenant aux méthodes des responsables de Philips, à l'époque. Canetti réplique :

— Si Philips a eu quelqu'un, c'est moi. Quand ça a marché, ils m'ont proprement éjecté.

— C'est bien ce que je vous reproche. D'accord, on vous a eu. Ici, ce soir, je vous crois un peu. Et puis, après tout, qu'est-ce que vous voulez que ça me fasse ?...

Toujours soucieux d'arrondir les angles, Jojo Pasquier tente de s'interposer dans une conversation dont il sent le ton monter dangeureusement :

— Il nous a quand même fait bosser. Les premiers temps, ça nous arrangeait bien !

— Mais bougre de con, réplique Jacques, c'était sa manière à lui de s'amuser ! Bien sûr que j'étais content d'être aux Baudets et de faire toutes ses tournées chiantes. Mais qu'est-ce que j'ai dégusté ! Les conseils, les humiliations !

Pendant une partie de la nuit, en s'humectant avec de la bière — éventuellement avec un petit cognac dedans — Brel continue à vider son sac. Ce temps où la bande à Brassens l'appelait « l'Abbé », le temps des Festivals du disque « que Canetti organisait pour vendre du Philips... »

— C'est vrai que vous avez eu le mérite de me sortir de mon trou... Mais j'ai fait honneur à votre réputation de découvreur. Et ceux qui marchent très bien, il n'y en a pas des tas. Ils sont faciles à compter...

Aux premières lueurs de l'aube, Brel s'est levé :

— Il fait jour, on va s'envoler !

Et il est parti vers Perpignan, entraînant le fidèle Jojo et les illusions de Jacques Canetti, si toutefois celui-ci en avait encore.

L'ex-patron des Trois Baudets reconnaîtra d'ailleurs en écrivants ses souvenirs :

— J'étais abasourdi par sa logique. Cette nuit-là, Brel avait une verve qui passait de la colère à la véhémence, sans jamais étouffer la générosité...

Et il ajoutera, à mon intention :

— Le paternalisme ? C'est le vrai reproche que l'on puisse me faire...

***

Et les adieux continuent, jusqu'à Tourcoing. C'est le terminus de la tournée. Ce soir-là est comme les autres pour Brel. Le « dernier repas » avec l'équipe a eu lieu la veille, à Caen. Jacques y a convié François Rauber, quelques copains et, bien sûr, Jojo, les musiciens et les techniciens. Il a voulu que ce soit gai, comme d'habitude. Mais il planait un sentiment de tristesse que les boutades ne pouvaient chasser.

Tous en étaient trop conscients : c'était un grand chapitre de leur vie qui s'achevait. Ils se retrouveraient bien sûr pour quelques disques. Mais c'en était terminé de la grande aventure commune sur les routes et les scènes.

Désormais, chacun se tourne vers un avenir incertain. Jojo Pasquier va prendre la direction artistique du cabaret l'Échelle de Jacob, sur une initiative de Jacques. Les musiciens vont emprunter le sillage d'autres chanteurs, Gérard Jouannest, par exemple, va accompagner quelque temps Régine, avant de rencontrer Juliette Gréco.

L'an prochain, on se retrouvera pour le disque annuel. Plusieurs chansons s'élaborent. Certaines sont même très avancées.

— Maintenant, je vais avoir le temps, dit Jacques.

Pas si sûr. D'abord, il y a sa nouvelle passion : le bateau. Il a découvert ce plaisir sportif sur la Méditerranée et, après avoir acheté une part de voilier avec deux autres copropriétaires déjà chevronnés, il compte bien prendre des leçons pour être capable de naviguer seul. Avec lui, pas question de s'en tenir à l'amateurisme.

— Si c'est comme l'avion, ironise un de ses copains, il va finir pacha d'un transatlantique !...

Et côté travail proprement dit, il y a cette nouveauté qu'est le cinéma.

Une ultime concession au music-hall : il se produit en juin, pour la seconde fois, au Carnegie Hall de New York où un musicien américain, Mort Shuman, est parmi les plus enthousiastes. Une petite idée germe dans sa tête...

Allons, Brel va toujours bien. Et M. Cayatte l'attend à Paris !

# 7

# *La quête*

***Dulcinéa et Don Quichotte – T'as voulu voir Paris – Adieu Sancho I, bravo Sancho II – Brel est fatigué mais il va bien.***

« Et je n'aime plus personne
Et plus personne ne n'aime
On ne m'attend nulle part
Je n'attends que le hasard[1]... »

Comme à son habitude, Jacques Brel manie l'outrance comme s'il avait besoin de se persécuter — en écorchant parfois les autres — pour alimenter sa créativité.

Il y a l'amour et le hasard dans ces strophes. L'amour ? Il l'a toujours cherché, comme une impossibilité, avec sa soif d'absolu, d'idéalisme. Et, à ce point du récit, je dois bien parler de Sylvie. Elle est entrée depuis longtemps dans la vie de Jacques qui l'avait connue dans une maison de disques. Et cet aspect de sa vie privée n'est pas si privé que cela pour l'entourage professionnel qui respecte cependant la règle de la discrétion. Sylvie a sans doute eu quelque influence, difficile à déceler, dans l'œuvre de Jacques. Cette fois, elle va intervenir directement, ce qui justifie son apparition dans ces pages[2]. Ensuite, après bien des orages coupés d'arcs-en-ciel, elle disparaîtra, plus meurtrie (apparemment) que Jacques. Ayant perdu son travail et, sans doute, toutes illusions sur l'homme, elle se cachera avec ses blessures, loin du monde du spectacle. Voilà pour l'amour.

1. « Je suis bien », Éditions Pouchenel.
2. C'est la limite (fragile) que je m'étais fixée à propos de la vie privée. Elle ne l'est plus tout à fait quand elle intervient visiblement dans l'œuvre du créateur...

Le hasard, lui, s'est présenté lors d'un précédent séjour de Jacques à New York en 1966. Une comédie musicale y connaît un triomphe. Elle s'appelle *The Man of the Manche.* Son livret est de Dale Wasserman, sa musique de Mitch Leigh et Joe Darion, et sa mise en scène — d'une perfection tout américaine — d'Albert Marre.

De nombreux professionnels européens ont vu cette réalisation inspirée par le légendaire roman espagnol. L'action se déroule, en fait, sur deux plans : le poète Miguel de Cervantès, en lutte permanente contre l'esclavage, l'injustice, est jeté par l'Inquisition dans une prison, au milieu des voleurs et des filles de joie. Il se fait dépouiller par eux du peu qui lui reste, y compris le manuscrit de « Don Quichotte ». Et c'est pour obtenir la restitution de ce seul bien précieux qu'il va interpréter lui-même Don Quichotte, les autres galériens lui donnant la réplique.

Don Quichotte-Cervantès, dans une tragique parodie, est fait chevalier dans une auberge et rencontre sa Dulcinée dans une prostituée. La quête désespérée d'un monde juste, libre, généreux, s'achève par la mort d'un Don Quichotte toujours aussi confiant en son destin.

Bien que puisant ses sources dans une œuvre latine, c'est — dans sa conception — une comédie musicale très anglo-saxonne. Et si elle enthousiasme des spectateurs aussi divers que Maurice Chevalier, Maurice Huysman, directeur du théâtre royal de la Monnaie de Bruxelles ou Robert Manuel, directeur du théâtre Marigny, elle semble difficilement exportable, d'autant plus que l'on connaît le peu d'empressement du public français pour ce genre de théâtre.

Qui ressemble le plus à Don Quichotte quand il s'agit d'entreprendre des actions impossibles ? Jacques Brel, bien sûr ! Avec une différence : jusqu'ici, il a réussi, alors que « l'ingénieux hidalgo » se condamnait d'avance à l'échec. Et puis, il en rêve de ce personnage. Il le porte en lui depuis ce jour où il reçut un prix à l'institut Saint-Louis. Don Quichotte de la Mancha ! Un homme qui veut vivre debout, quitte à en mourir, quel personnage !

— J'aime les hommes qui veulent aller jusqu'au bout de leurs espérances, dira-t-il, plus tard, en parlant de Cervantès projeté dans Don Quichotte.

De retour en France, Jacques ne quitte plus ces images de New York. Dès août 1966, une « brève » dans un hebdomadaire nous apprend que « Jacques Brel est allé voir des comédies musicales à Broadway. Il voudrait monter à Paris un " Don

Quichotte " chanté. » Et, en avril 1967, il tâte le terrain. Les Américains céderaient peut-être les droits, mais pas sans garanties... Et le temps passe sans faire oublier le fabuleux personnage.

Les événements l'obligent à se concentrer sur d'autres sujets : l'été 67, il tourne le film de Cayatte, devenu *Les Risques du métier*[1]. En octobre, c'est la sortie sur les écrans parisiens. Et, déjà, Jacques s'est engagé pour deux autres films : l'un évoquant les anarchistes de la bande à Bonnot et l'autre, à une date encore imprécise, racontant l'histoire truculente d'un oncle Benjamin. De plus, il doit travailler sur les chansons qui figureront dans le prochain album, prévu en automne 1968.

Enfin, il s'est mis en tête de suivre un stage de voile aux Glénans, dans le Finistère. Mais, contrairement à certaines affirmations, il renonce, finalement, à ce projet. A-t-il peur d'être trop repéré ou est-il simplement trop pris par cette idée de *Don Quichotte*? De passage en Belgique — cela lui arrive quand même — il a l'occasion de parler avec Maurice Huysman de la production américaine. Tous deux sont également emballés, et Brel avoue son désir d'adapter le texte américain. Depuis longtemps, il a envie d'écrire une comédie musicale. L'adaptation serait une bonne école. Mais qui accepterait de se lancer dans l'aventure ?

— Seriez-vous prêt à monter la pièce dans votre théâtre ?

Maurice Huysman n'hésite pas. Il est d'accord ! Il fournira même décors et costumes. Toutefois, il reste à trouver des commanditaires français (la seule série de représentations bruxelloises ne pourrait rentabiliser l'affaire) et surtout à obtenir l'accord des Américains !

Pour cela, Jacques est prêt à oublier toute une ascension difficile jusqu'à la tête d'affiche. Il fait un trait sur ce passé glorieux que les Américains ignorent et sollicite d'eux un rendez-vous. Comme un débutant.

Et, pour les producteurs yankees, il l'est. En manifestant un peu de bonne volonté, ils s'apercevraient que Brel va être le sujet d'un spectacle dans le même Broadway et qu'il a rempli deux fois le Carnegie Hall. Mais, détails que tout cela.

— Qui produira en France ? Quelle sera la distribution ? Qui sera le traducteur ?... Revenez nous voir quand l'affaire sera plus solide...

Pour Albert Marre, *l'Homme de la Manche* est sa poule aux œufs d'or. Plusieurs tournées sillonnent les États-Unis et il

1. Nous en reparlerons en abordant la période « cinéma ».

prépare une percée à Londres. Évidemment, il serait bon d'étendre le marché sur la vieille Europe. Il n'a pas dit non, à condition toutefois que Brel propose deux ou trois chansons après traduction et que lui, Albert Marre, garde la responsabilité de la mise en scène.

Jacques, fou de joie, exalté comme un novice, a dit « oui » à chaque fois. Et c'est comme un débutant aussi qu'il revient quelques mois après, avec trois airs et avec un nom : Jean-Jacques Vital.

Celui-ci, on ne l'a pas oublié, a été un des principaux producteurs-animateurs de l'après-guerre à la radio et sur les scènes de théâtre. Fils de Lévitan, le marchand de meubles « garantis pour longtemps », il a, entre autres, rendu célèbre le comique Bourvil dans son émission « Pêle-mêle ». C'est lui aussi qui a produit « Cent francs par seconde », des opérettes (avec Coquatrix et Bourvil), des films... En 1967, n'ayant pu trouver une place convenable dans la télévision, il est un peu oublié du grand public, mais reste prêt à se lancer dans une nouvelle expérience. Et Brel l'a facilement convaincu, d'autant que Maurice Huysman, homme sérieux et compétent, est de la partie.

L'audition est fixée à Los Angeles. Et Jacques se croit revenu au temps lointain de Jacques Canetti quand, accompagné par un pianiste du cru, il interprète ses premières adaptations devant Albert Marre et Dale Wasserman.

Une petite précision à ce propos : Jacques ne possède pas suffisamment la langue anglaise et il s'est fait aider. Par Sylvie — nous y voilà — en particulier. Elle livre à Jacques la traduction exacte qu'il modifie en fonction de la mentalité française et... de la sienne. C'est toujours Sylvie qui l'aidera dans ce travail monumental quand, enfin, il aura réussi son examen, comme à l'école. Les membres du jury auront pesé le pour et le contre, livré quelques réserves et, finalement, lâché leur accord du bout des lèvres. Mais c'est, bien sûr, Monsieur Brel qui assurera le rôle de Don Quichotte.

Si l'on en croit certains de ses proches, ce n'était pas son intention première. Ce qui l'intéressait, c'était une re-création d'après l'œuvre originale. A l'appui de cette thèse, il ne se sentait pas comédien, n'avait aucune expérience du théâtre et, de plus, s'était déjà engagé pour un film. Sur ce dernier point, pas de problèmes : Edouard Molinaro n'était pas prêt. Le tournage serait retardé. Pour le reste, on peut penser que Brel, au fond de lui-même, était disposé à se faire « douce violence ».

Ce Don Quichotte lui collait trop au corps pour qu'il aide un autre à endosser le costume.

Alors, il accepte toutes les critiques, les exigences de ces messieurs et se lance dans le long travail de re-écriture avec le soutien de Sylvie. Il s'agit bien de re-écriture, en effet. Car Jacques entend insuffler ses propres idées dans le personnage principal. Et on peut affirmer que « La Quête » qui deviendra le grand air de la comédie est de Jacques Brel. Le contenu du texte est là pour le prouver :

« Rêver un impossible rêve
Porter le chagrin des départs
Brûler d'une possible fièvre
Partir où personne ne part... »

De même, ces phrases destinées à d'autres bouches. Comme « Je suis née comme une chienne une nuit où il pleuvait » ou « J'aurais dû venir au monde en mourant » ou encore « pour se garder un peu d'espoir aux barbelés du cœur » ou mieux « quand les chiens parlent d'amour, ils ne crient pas mais ils aboient ». Il y a aussi ces néologismes — faits de verbes provenant d'un substantif —, procédé qu'il affectionne depuis quelques années : « Qu'on m'épitaphe, qu'on m'anicroche, qu'on me camisole, qu'on me casserole... »

Et quand *L'Homme de la Mancha* (puisque tel est le titre choisi pour la francophonie) chante en duo avec son inséparable Sancho, c'est bien Brel qui s'écrie :

« Ecoute-moi
Pauvre monde, insupportable monde
C'en est trop, tu es tombé trop bas
Tu es trop gris, tu es trop laid... »

Un chevalier le défie, ce monde. Et ce chevalier que nous connaissons bien, les Américains l'ignorent ! Dédaigneux, ils repoussent la première mouture. Eux seuls savent, eux seuls peuvent comprendre la sensibilité européenne. On s'en est aperçu à maintes reprises, c'est fou ce qu'ils ont saisi dans nos vieilles âmes polies par les siècles. Alors, ils délèguent un traducteur officiel. Brel croit devenir enragé. Si ce n'était son terrible orgueil et son immense désir d'être le pourfendeur de moulins, il les enverrait paître à l'ombre de leurs gratte-ciel. Mais il préfère serrer les dents et n'ouvrir la bouche que pour défendre âprement ce qui est sien, ce qui lui vient des tripes...

Enfin, on en arrive à la seconde étape. Jean-Jacques Vital, surveillé du coin de l'œil par le représentant de la production

U.S., Arthur Leser (par ailleurs mari de Patachou), commence ses recherches pour établir une distribution. Heureusement, Albert Marre est très occupé par la création à Londres où sa propre épouse, Joan Diener, tient le rôle de Dulcinéa qu'elle a créé à Broadway. De ce côté-là, on est à peu près tranquilles. Comme Brel — et il est le premier à le souligner — n'a jamais joué la comédie, Paul-Emile Deiber lui donnera des conseils, plutôt que des leçons, tout en assurant la mise en scène de Marre. Pour Sancho, pas d'hésitation. C'est Jacques Brel lui-même qui a indiqué l'homme de la situation, son vieux copain Dario Moreno.

Le chanteur d'origine turque est un drôle de personnage : énorme, truculent, jouisseur, capricieux comme une diva, il sait aussi être un ami fidèle. Et il y a longtemps qu'ils se connaissent Jacques et lui, un habitué de Bruxelles. Et puis, quelle voix ! Quelle tessiture, comme on dit dans le lyrique.

Pour le rôle du commandeur, Armand Mestral, belle voix de basse, est également retenu. Quant à Dulcinéa, après maintes recherches et hésitations, ce sera Françoise Giret. Les répétitions peuvent commencer, avec, bien entendu, François Rauber à la baguette.

Nous sommes à l'été 68. La France vient de connaître un printemps brûlant. Brel, sans s'y mêler directement (il était vraiment trop pris !), n'est pas resté indifférent. Curieusement, les circonstances font que *La Bande à Bonnot* dans laquelle il joue un anarchiste, sorte à Paris, alors même que les institutions commencent à vaciller et la société à craqueler de partout. Le revirement sera aussi brutal, chacun rentrant gentiment dans son box et la vie reprenant comme avant. C'est seulement plus tard qu'on s'apercevra des changements profonds dans les mœurs. Sur le moment, Jacques est écœuré par cette facilité qu'ont les gens de répondre au premier coup de sifflet. Il écrit, rageur :

« Désolé bergère
J'aime pas les agneaux
Qui arrondissent le dos
De troupeau en troupeau
De troupeau en étable
Et d'étable en bureau [1]... »

Cet été 68, donc, Brel trouve encore le temps d'écrire des chansons, alors que commencent les répétitions de « la Man-

1. « Les Moutons », inédit extrait d'*Œuvre intégrale*, Éditions Robert Laffont.

cha ». Elles ont à peine débuté qu'une nouvelle tombe comme un coup de massue : Le spectacle de Londres est interrompu. En langage moins sibyllin, c'est un four noir. Voilà qui promet !...

Première conséquence, M. Albert Marre peut consacrer tout son temps à l'équipe française... Décision immédiate : Françoise Giret ne convient pas du tout pour jouer Dulcinéa ! En réalité, Joan Diener est au chômage et comme elle est aussi Mme Marre à la ville, elle hérite — tout à fait fortuitement, n'est-ce pas ? — du rôle féminin principal. Il lui suffit d'apprendre le texte en français.

La mise en scène, non plus, n'est pas conforme. Paul-Émile Deiber n'a plus qu'à prendre des leçons. Quant aux chansons, ça ne va pas du tout. Si vous continuez comme cela, Messieurs, nous arriverons tout droit au même résultat qu'à Londres [1]. Et ces chœurs, ces muletiers, pas possible ! Ils jouent trop mal. On les remplace !

Jacques Brel s'assied dans un coin et — visage crispé — se contient. Voilà guère plus d'un an, il était ovationné, chacun le priait à genoux de continuer à chanter. Il était le plus grand, le plus fort, le plus plus... Et là, il est comme un élève de conservatoire :

— Oui, Monsieur ! Certainement, Monsieur ! Vous avez raison !

Brel ira même jusqu'à affirmer qu'Albert Marre a vraiment raison :

— Il connaît son travail jusqu'au bout des ongles. J'ai l'impression de tout découvrir...

Enfin, Albert Marre consent à une faiblesse :

— C'est bien meilleur qu'à Londres. Jacques Brel est Don Quichotte !

Du coup, on en oublierait même les coquetteries de star de Mme Joan Diener, ses crises, ses exigences. Quand elle est arrivée à Paris, avec ses malles et sa suite, elle trimbalait sept ou huit paires de lunettes noires, afin de n'être point reconnue aux Galeries Lafayette ou autres lieux publics.

— Joan quoi ? aurait demandé le Français moyen si l'on avait organisé un sondage. Mais il n'y aura pas de sondage, la production est assez coûteuse comme ça, et Mme Diener est une grande star.

Elle est d'ailleurs fort belle, remarquable chanteuse et

1. Traduction libre...

excellente comédienne, possédant en outre l'avantage de bien connaître son personnage.

Mais c'est pourtant vers Jacques Brel et Dario Moreno que se dirigent les applaudissements chaleureux à l'issue de la première bruxelloise, le 4 octobre 1968. On l'attendait avec l'estomac noué, ce contact avec le public, après trois mois de dures épreuves. La dernière et non la moindre : Jean-Jacques Vital, usé par ces rapports difficiles avec ses interlocuteurs américains et angoissé devant un échec possible (sinon probable !) a été terrassé par une crise cardiaque. C'est donc au lit qu'il apprend l'heureuse nouvelle : Bruxelles accueille *La Mancha* avec enthousiasme. Ouf !

On peut lire dans *Le Soir,* premier quotidien de la presse bruxelloise :

« Brel personnifie avec une douloureuse ardeur le pauvre idéaliste égaré qui s'obstine à donner à la vie et aux êtres l'aspect du beau rêve qui l'exalte et l'aide à vivre. Il exprime le donquichottisme avec sa superbe, sa grandeur et sa foi... »

Toutes les critiques soulignent la performance exceptionnelle de cet acteur d'instinct en unissant les autres comédiens-chanteurs avec mention particulière pour Dario Moreno, incarnation de « Sancho, son valet, son frère, son seul amigo »...

Des applaudissements enthousiastes ont salué leur duo. Ils ont doublé d'intensité quand Brel, seul, a lancé cette « Quête » qui va devenir l'air célèbre de la comédie. Et la mise en scène dépouillée, avec un escalier monumental et des costumes remarquables, n'est certainement pas étrangère à ce succès que tempère pourtant une réserve : la musique est un peu faiblarde dans l'ensemble. Heureusement, Brel balaie toute critique. Et, quand arrivent les derniers saluts, il se tourne vers Joan Diener pour lui redonner sa part. Il a un étrange sourire à ce moment-là et seuls les initiés pourraient y relever une certaine ironie...

A l'heure des congratulations, si le roi Baudouin est absent, la belle princesse Paola le représente. En félicitant Brel, elle lui dit :

— Vous faites vraiment un métier merveilleux !

Et lui, jamais à court de répliques à l'emporte-pièce, de répondre :

— Oui, mais tout de même, votre situation est plus sûre que la mienne !...

***

Au-delà de la boutade, Brel a laissé sourdre une inquiétude. Ces répétitions difficiles l'ont fatigué physiquement et moralement. Pourra-t-il tenir longtemps ce rôle écrasant ? Écrasant est bien le qualificatif exact si l'on songe à la lourde armure avec laquelle il doit gesticuler sur scène.

C'est un aspect du personnage Brel que nous n'avions pas eu tellement l'occasion d'évoquer : son endurance exceptionnelle, sa vitalité de tous les instants qui font s'exclamer « Quelle santé ! » cachent une grande anxiété devant la maladie. Un léger embarras, parce qu'il a trop mangé de gâteaux ou trop arrosé sa nuit, et le voilà malade du foie. Un rhume et c'est une probable broncho-pneumonie. Il tousse (parce qu'il a bien fumé) et c'est la tuberculose, ou autre chose tragique. Cette fois, il est sans ressort quand l'effort est terminé.

— J'ai sûrement quelque chose ! dit-il à qui veut l'entendre.

Des proches affirment l'avoir entendu téléphoner en ces termes :

— Je suis foutu, je m'en donne pour deux ans !

En fait, il attend des résultats d'examens sanguins qu'il a résolu de faire pratiquer. Et, quand ils arrivent, il apprend ce qu'il aurait déjà dû savoir : légère anémie provoquée par le surmenage.

Qui s'en étonnerait ? Quelques jours avant la première de *La Mancha,* il a terminé, le cheveu long en prévision de son rôle, les enregistrements de son nouveau disque. Enregistrements qui ont débuté aux studios Barclay, avenue Hoche, le 7 septembre avec « L'Éclusier » pour se terminer le 23 avec « Vesoul ». Tout cela en répétant la comédie musicale !

Voilà un disque qui sent la maturité avec des textes beaucoup plus élaborés. Il y a toujours cette odeur de mort qu'il exhale depuis les débuts (comme Brassens, d'ailleurs) :

« J'arrive j'arrive
Mais qu'est-ce que j'aurais bien aimé
Encore une fois traîner mes os
Jusqu'au soleil jusqu'à l'été
Jusqu'à demain jusqu'au printemps [1]... »

Le disque contient aussi cette chanson qu'il considérera, lui-même, comme la plus achevée de son œuvre : « Je suis un soir d'été. » Le texte, sans en avoir l'air, est d'une lucidité cruelle, dépassant la simple ironie, le leitmotiv « Je suis un soir d'été » ne faisant que renforcer le mordant des images :

1. « J'arrive », Éditions Pouchenel.

« De lourdes amoureuses
Aux odeurs de cuisine... »

Ou encore :

« Aux fontaines les vieux
Bardés de références
Rebroussent leur enfance
A petits pas pluvieux... »

Avec ses trouvailles fulgurantes comme :

« Il fleuve des ivresses[1]... »

Et puis, comme une pirouette, éclate la valse de « Vesoul » qui devait s'appeler d'abord « Vierzon »... C'est Marcel Azzola qui, pour la première fois, accompagne Brel à l'accordéon, remplaçant l'ancien complice, le compositeur Jean Corti. Une belle occasion de s'amuser. Brel, selon son habitude, a pris sa guitare. Bien que le son n'en soit pas enregistré, elle lui sert pour marquer le rythme et, en quelque sorte, créer l'ambiance.

Et elle est chaude ! Chacun s'excite, le ton monte en un crescendo qu'il affectionne :

— Chauffe ! Chauffe Marcel ! s'écrie-t-il soudain.

Ce n'était pas prévu mais c'est tellement naturel qu'on le laissera dans le disque. D'ailleurs, Brel n'a jamais été un amateur de prises multiples. « Vesoul » en a eu deux en tout et pour tout. Si c'est bon, pourquoi recommencer ?

Une autre trouvaille de « Vesoul », qui sera le « tube » de ce disque, c'est l'utilisation de l'accordéon musette en vedette, sur des paroles qui disent justement :

« D'ailleurs j'ai horreur
De tous les flonflons
De la valse musette
Et de l'accordéon[2]... »

Une pirouette de plus ! D'autant que Jacques ne dédaignait pas, quand l'occasion se présentait, s'essayer au piano à bretelles pour s'amuser.

On aurait tort, enfin, d'oublier dans ce disque, le premier depuis son « abandon » du music-hall, d'autres chansons qui seront un peu négligées par les admirateurs. A tort, car elles

1. « Je suis un soir d'été », Éditions Pouchenel.
2. « Vesoul », Éditions Pouchenel.

transpirent leur auteur : « L'Ostendaise », « La Bière », ou « Regarde bien petit ».

Vite fait, bien fait. Mais fatigant quand même. Et lui s'étonne d'une anémie sans gravité !

Ce qui est sûr, c'est qu'il « mouille sa chemise » dans *La Mancha.* Chaque soir, pendant la quarantaine de représentations données dans la capitale belge, ses traits sont un peu plus tirés. Le maquillage cadavérique du final n'arrange évidemment rien.

L'essentiel c'est que ça marche. Et c'est avec plaisir qu'il a retrouvé le chemin de l'appartement « familial », comme ces nomades du cirque qui prennent leurs quartiers d'hiver. Ses filles viennent à plusieurs reprises l'applaudir au théâtre royal de la Monnaie. Il faut dire aussi que Miche ne reste pas en dehors du circuit puisqu'elle s'occupe des Éditions Pouchenel qui ont l'exclusivité des plus récentes chansons.

Ce n'est quand même pas le « ronron ». On connaît le bonhomme. Et *La Mancha,* même lancée, exige toujours une présence physique considérable. Il est toujours le premier sur le plateau qu'il quitte le dernier, comme un capitaine sur son bateau. Et, sans aucun autre heurt, la série des représentations bruxelloises arrive à sa fin, avec des salles combles tous les soirs.

On est à fin novembre. La générale parisienne est prévue pour le 7 décembre. Quelques jours peuvent donc être consacrés à un repos mérité. Liberté est laissée jusqu'au 2 décembre. Dario Moreno va en profiter pour séjourner, rapidement, dans son pays, la Turquie. On se salue, on se souhaite de bonnes vacances. A bientôt Dario ! A Paris...

Il ne faudrait jamais laisser partir les amis comme ça, sans les regarder plus intensément :

> « De chrysanthèmes en chrysanthèmes
> Nos amitiés sont en partance... »

Il les a écrits tout récemment, ces mots. Et ils prennent un terrible relief quand Jacques est réveillé par un coup de fil, le samedi 30 novembre au soir :

— Dario est mort !

La nouvelle est confirmée le dimanche matin à la radio et dans la presse. Le chanteur attendait l'avion pour Paris à l'aéroport d'Istanbul quand, brusquement, il s'est affaissé. Malgré un transport rapide à l'hôpital et des soins immédiats, il n'a pu être ranimé. Congestion cérébrale !

Jacques songe d'abord à l'ami, au vieux compagnon, cabot

pour les uns, mais toujours joyeux pour lui. Comme la vie est cruelle... Les producteurs, eux, pensent surtout à la catastrophe. La générale est dans six jours et, brusquement, tout est remis en cause. Tout cet argent investi dans l'affaire pour arriver à ce drame. Sancho est mort !

***

Le dimanche 1er décembre, comme les autres lecteurs et auditeurs, le comédien Robert Manuel apprend avec peine la brutale disparition de Dario qu'il connaissait bien. *La Mancha,* aussi, il la connaissait, l'ayant vue à Broadway sur les conseils de son ami Maurice Chevalier. En homme de théâtre, sans doute imagine-t-il, au-delà de cette mort, l'angoisse des producteurs et des comédiens. Mais il ne songe pas un instant, et pour cause, qu'il va très vite être confronté à la plus étrange proposition de sa carrière.

Le même dimanche soir, Robert Manuel reçoit un coup de fil. C'est son vieil ami, Paul-Émile Deiber de la Comédie-Française :

— Voudrais-tu venir, tout à l'heure, au théâtre des Champs-Élysées ?-

— Pourquoi diable ? Est-ce si urgent et si important pour que nous ne puissions pas en parler au téléphone ?

C'est en effet de première importance. Manuel se rend donc aux Champs-Élysées et se retrouve dans un studio du théâtre devant Paul-Émile Deiber, Jacques Brel, Charley Marouani, Jean-Jacques Vital — que ces émotions n'arrangent pas — et un couple qu'on lui présente comme étant Joan Diener et Albert Marre. L'équipe de *La Mancha* ! Robert Manuel n'a guère le temps de réaliser. La question est déjà posée, sans le moindre ménagement :

— Accepteriez-vous de remplacer Dario Moreno pour samedi prochain ?...

Évidemment, on a beau avoir connu beaucoup de choses dans sa carrière, cela surprend quand même.

Les intéressés, la première émotion passée, avaient réfléchi tout le dimanche aux solutions possibles : prendre la doublure, Jean-Claude Calon ? Il n'est pas connu du tout et, pour le rôle, il est jugé léger par les Américains. Retarder la première ? Il y a trop d'engagements financiers. Essayons d'abord de trouver quelqu'un sachant jouer et chanter. Mais qui pourrait apprendre le rôle en si peu de temps ? Et c'est Paul-Émile Deiber qui, comme on s'en doute, avait avancé le nom de son ami dont il connaissait non seulement le talent mais aussi les facultés d'adaptation, en particulier de mémoire.

— J'aimerais, avant tout, prendre connaissance du livret et des lyriques, demande Manuel.

Évidemment, c'est bien naturel. Mais où diable a-t-on rangé les brochures ? Pas moyen de mettre la main dessus. Enfin, à minuit, on en a déniché un exemplaire. Entre-temps, sans en avoir l'air, les uns et les autres remarquent qu'ils ont rarement entendu Robert Manuel chanter... Finalement, ils lui demandent d'interpréter quelque chose.

Sans être un spécialiste du lyrique, Robert Manuel — comme tous les comédiens complets — a tout de même appris à chanter. Il a d'ailleurs joué, incidemment, un rôle dans *La Chauve-Souris* à l'Opéra-Comique et il a donné, en province, quelques représentations de *Phi-Phi,* l'opérette de Christiné. C'est donc tout naturellement qu'il entame, *a cappella* (il n'y a ni pianiste ni piano), l'air célèbre :

« C'est une gamine charmante, charmante... »

Marre l'interrompt bientôt :

— Fine ! Fine ! It's O.K. !

C'est d'accord pour eux. Manuel, cependant, réserve sa réponse au lundi soir. Il s'avoue un peu dépassé par les événements et sait qu'il y a des risques. Il doit s'intégrer à une troupe déjà rodée et n'aura que très peu de temps pour apprendre et répéter. En effet, le théâtre est occupé tous les jours jusqu'à minuit par un festival de ballets. Il ne sera donc possible de répéter dans les décors qu'entre 2 heures et 7 heures du matin ! Le reste de la journée est déjà hypothétique : le matin, il donne des cours au Conservatoire et ne veut, en aucun cas, manquer sa classe. Et, l'après-midi, il répète pour « Au théâtre ce soir » la pièce de Michel Durand *Liberté provisoire,* avec Bernard Noël. De plus, il prépare, pour le 3 décembre, une grande soirée de réception de Maurice Chevalier et il lui reste à écrire des couplets comme il le fait pour tous ses hôtes dans cette série destinée à la télévision.

Bref, c'est une tâche presque impossible... Pourtant la proposition est tentante, de celles qu'on ne reçoit pas deux fois. Il y a toujours une excitation à essayer de vaincre l'adversité et... soi-même. Le risque l'emporte sur la sécurité, tout à fait selon les préceptes bréliens, et Robert Manuel dit oui !

Il s'attaque aussitôt au texte, l'apprenant à chaque instant disponible. Et le soir, à minuit, Jacques Brel qui a maintenant son appartement à Neuilly vient, presque en face, chez Robert

Manuel pour répéter. Avec l'aide de bières, corsées d'un petit cognac, ils travaillent ainsi jusqu'à six heures du matin.

Le temps de se mettre en place avec le reste de la troupe et c'est déjà la première. Brel, cette fois, n'est pas le seul à crever de trac. Pourtant le professionnalisme l'emporte et au salut final, sous les ovations, Jacques Brel s'approche de son Sancho et lui octroie une chaude accolade. Du coup, la fatigue se mêlant à l'émotion réelle, Robert Manuel fond en larmes devant un public qui a compris et redouble ses applaudissements.

Les critiques, en saluant la performance, ne partagent pas tous cet enthousiasme. Ainsi, Jean Dutourd n'y va pas par quatre chemins dans *France-Soir :*

« Quelle déception ! Il n'y a pour ainsi dire ni musique ni livret. Ce n'est rien, c'est une espèce de bouillie sonore, de guimauve musicale, ressemblant trait pour trait à toutes les guimauves musicales qui accompagnent les films ou que déverse la radio... »

Et il s'en prend directement à Jacques Brel :

« Je ne fais pas mon compliment à M. Brel qui a adapté le livret. Tout semble affadi, poussé vers la niaiserie, avec des formules du genre : " Rêver un impossible rêve... " M. Brel ne sait visiblement pas l'anglais, mais il ne sait pas non plus le français... »

Le futur académicien — qui n'est sûrement jamais entré dans l'univers brélien — continue sur le même ton pendant une vingtaine de lignes avant de conclure :

« Reste l'interprétation. Ma foi, je l'ai trouvée très bonne, ce qui fait ressortir encore l'indigence de l'ouvrage... »

Jean-Jacques Gautier, sans être aussi dur, n'est pas convaincu non plus de la qualité de la pièce. Selon lui, elle ne vaut que par la présence exceptionnelle de Jacques Brel dont il salue le jeu « en dehors des règles ».

Acteur d'instinct, c'est ce qu'on retrouve dans la plupart des articles, certains étant franchement dithyrambiques. Dans *Les Nouvelles littéraires,* par exemple, on lit :

« C'est un très grand et très beau spectacle, exemplaire comme les mystères du Moyen Age et fait comme eux pour toucher le plus large public... »

Quant à Brel, on lui trouve la fraîcheur (malgré son visage volontairement vieilli) et l'enthousiasme un peu naïf du temps de ses grands débuts, lorsqu'il chantait « Quand on n'a que l'amour », avec cette sincérité qui bouleverserait une compagnie de gardes mobiles... si elle ne les faisait pas rire.

Acteur d'instinct. C'est l'exacte réalité. L'ancien marchand de carton n'avait jamais pris le moindre cours et ce n'est pas la petite expérience du cinéma qui a pu le servir. Non, il interprète de la même manière que pour ses chansons : en les vivant. Lorsqu'il meurt, il est tellement convaincant, tellement authentique que Robert Manuel n'a pas besoin de simuler les pleurs. Il lâche de vraies larmes !

Mais jamais Brel ne pourrait être un homme de théâtre. C'est un monde qui lui reste étranger. Un seul exemple, significatif : Au début de *La Mancha,* lorsque Cervantès est dans les galères, on lui demande : « Que faites-vous ? » Et le texte doit lui faire répondre : « Je suis poète ! » Dès le début des représentations, Brel se braque contre cette réplique revue par les Américains et conforme à l'original :

— Je ne pourrai pas dire cela ! Je ne suis pas poète !

— Mais, répond Arthur Leser, ce n'est pas Brel, c'est Cervantès !

— Non ! Le public va assimiler Cervantès à Brel !

Il n'en démord pas, à tel point qu'il se fâche carrément avec le producteur américain. Pendant toutes les représentations, il dira :

— Je suis presque poète !...

Ce qui, évidemment, altère quelque peu le sens de la réplique. Brel, en fait, n'a pas compris — ou voulu comprendre — cette distanciation entre le rôle de comédie et la réalité. Le refus de tricher jusqu'à la naïveté. Ce qui ne veut pas dire qu'il soit véritablement sincère pour lui-même comme pour les autres. Les choses ne sont pas si simples. Mais sur certaines options qu'il s'est fixé — il ne veut pas se faire passer pour un poète — il est intransigeant, jusqu'à la rupture.

Le théâtre, pourtant, l'intéresse. Comme un scarabée intéresse l'entomologiste. A Robert Manuel, homme de théâtre par excellence, il pose souvent des questions sur son métier, sur sa conception des rôles. Alors que l'ex-sociétaire du Français prépare la réalisation de la comédie musicale *Un violon sur le toit,* avec Rebroff, au théâtre Marigny, il s'enthousiasme. La comédie lui a énormément plu :

— Je veux en être ! dit-il en proposant d'interpréter le modeste rôle du tailleur.

Les choses en resteront là. Simple élan d'un éternel adolescent. Les engagements futurs au cinéma ne lui laisseraient pas le temps, de toute façon. Mais, sans aucun doute, si un rôle chanté lui convient, on le voit mal en comédien dans une pièce de théâtre. D'ailleurs, de répéter chaque soir les mêmes mots, les mêmes phrases, cela lui conviendrait-il longtemps ? Avec la chanson, il pouvait modifier son programme, seul maître à bord. Et pourtant, il en a eu assez quand il a considéré qu'il avait fait le tour de la question. Alors pourrait-il jouer cinq cents fois *Don Quichotte ?*

Dès le mois de janvier, ses signes de fatigue — physique, mais sans doute aussi morale — deviennent apparents. Il maigrit encore, ses traits sont émaciés, son regard cerné. Il pourrait presque se passer de maquillage. Il mange mal, dort toujours aussi peu.

Il a participé, le 8 janvier 1969, à une émission de radio, unique en son genre. François-René Christiani, pour R.T.L., a réuni, dans l'appartement de sa mère, Georges Brassens, Léo Ferré et Jacques Brel. Trois auteurs-compositeurs-interprètes qui ont marqué l'après-guerre, trois monstres aux caractères extrêmement différents, même si quelques points sont communs. Devant force bières, avec beaucoup de tabac, on débat de la chanson, des conceptions de chacun. Brel répète les raisons qui l'ont conduit à prendre sa décision. Ce monde ne le concerne plus. Aujourd'hui, on fabrique des chanteurs sur mesure, en tripotant les bandes magnétiques, en faisant chanter juste une casserole ou une théière. Certains « interprètes » vont même jusqu'au simulacre de chanter sur scène tandis qu'une bande défile sur un magnétophone. La triche !

Il a vraiment tiré un trait sur ce milieu qui fut le sien pendant treize ans. Auparavant, il ne dédaignait pas se rendre aux premières de copains. Depuis son arrêt volontaire, il évite les salles de spectacle autres que le théâtre des Champs-Elysées (quand même !). Quelquefois, il rend visite à l'ami Jojo, avec qui il n'a jamais coupé le contact. Il lui arrive, plus rarement, de passer au Bar romain, près de l'Olympia et, plutôt que d'aller jusqu'à la porte des artistes, il préfère téléphoner à Jean-Michel Boris :

— Je suis en bas, au Romain. Tu viens boire un verre ?

Pas de retour en arrière ! Pas de tentation inutile...

A la mi-février, épuisé, amaigri de plusieurs kilos, il doit se résigner à déclarer forfait. Pour quelques jours, le spectacle s'arrête. Un ami, médecin à Bruxelles, vient le voir. Surmenage, bien sûr. Il faudrait du repos... Miche, sa femme, arrive elle aussi, ce qui peut laisser supposer une certaine gravité. Quelques journalistes posent alors la question : Est-ce seulement de la fatigue ?

— Mais oui, je me porte très bien ! répond-il, un peu excédé.

Et l'exercice reprend. Pour longtemps, semble-t-il. Toutes les places sont louées pour plusieurs semaines à l'avance. Et les Américains qui ont pu se rendre compte de l'importance de Brel proposent une tournée dans les pays francophones avec l'essentiel de la troupe. Un accord est même signé au Canada. Et au gala de l'Union des artistes, Don Quichotte et Sancho Pança se taillent un bon succès dans une parodie signée Robert Dhéry.

Pourtant, alors que la cent cinquantième représentation approche (un bon chiffre, au théâtre), il lance sa bombe :

— Je n'irai pas au-delà des cent cinquante !

Consternation ! Colère aussi ! Robert Manuel ne l'envoie pas dire :

— C'est un crime de lèse-théâtre ! Quand on le bonheur de gagner avec une comédie musicale, on n'a pas le droit d'abandonner ainsi...

C'est le capitaine qui quitte le bateau en pleine croisière dans un canot de sauvetage et laisse l'équipage à la dérive. C'est un chauffeur de bus qui laisse d'un seul coup ses passagers sur le bord d'une route déserte. C'est... C'est l'abandon en temps de guerre !

Adieu Don Quichotte avec tes envolées idéalistes sans autre gain que l'honneur de toi-même. Adieu chevalier à la triste figure. Voici venu le temps d'adapter Harpagon et de mettre en scène des mines sombres autour d'une cassette.

Jean-Jacques Vital n'a pas récupéré toute sa mise de fond. Les Américains prétendent la même chose, d'autant plus qu'ils se sont « ramassés » en Italie. Idem pour Maurice Lehman, directeur du théâtre, pour les divers actionnaires. Et les comédiens ? Eux, ils se retournent vers l'imprésario canadien qui ne veut plus rien savoir du moment que Brel est hors circuit. Or, ils ont signé un engagement, ils ont refusé d'autres propositions pour être disponibles. Il ne leur reste qu'une solution pour éviter d'être trop perdants : le procès !

Sans doute, Manuel et Mestral auraient-ils gagné. Mais un jour qu'ils sont convoqués en conciliation, Jacques Brel est là. Il se lève et, avec lassitude, dit :

— Arrêtons tout. Je paye tout le monde !

Et c'est lui, en effet, qui règle les dédits, pressé de fermer ce nouveau chapitre sans « happy end ».

Robert Manuel, à la suite du règlement, adressera 5 000 F à Brel qui a beaucoup perdu, financièrement, dans l'affaire. Un geste en réponse à un geste. Les deux hommes resteront amis.

Et Jacques, libéré d'une aventure devenue contrainte, va retrouver Édouard Molinaro pour *Mon oncle Benjamin.*

Avant de conclure définitivement sur *La Mancha,* un autre regret concerne, cette fois, le public qui n'aura pas le souvenir gravé de l'association Brel-Moreno. Un disque existe, mais avec Jean-Claude Calon. Il a pourtant été enregistré en novembre 1968, du vivant de Moreno. Mais la firme Philips chez qui Dario était sous contrat a formellement refusé de l'autoriser à enregistrer chez Barclay. Et ce, malgré l'insistance de Jacques Brel. Quant à Eddy Barclay, étranglé par les exigences financières des Américains, il a mangé de l'argent sur la vente de chaque disque. Un drôle de marché de dupes, en définitive !...

***

Là-bas, à Broadway, d'où tout est parti, une comédie musicale montée sans grands moyens obtient un grand succès. Elle est due à Eric Blau, un poète américain qui a traduit vingt-neuf chansons du « french singer » Jacques Brel et à Mort Shuman, musicien, qui a écrit les arrangements et enchaînements. Mort, que les Français ne connaissent pas encore, un autre chanteur et deux chanteuses interprètent, sans le moindre décor, ***Brel is alive and well and living in Paris.*** Brel va bien et il vit à Paris...

Bientôt, cinq troupes sillonneront les États-Unis et le Canada avec ce spectacle en forme d'hommage. Et Jacques part d'un grand rire quand on lui apprend l'origine du titre. C'était, paraît-il, une phrase rendue célèbre par les nostalgiques du nazisme après la guerre : Hitler va bien et il vit à Buenos Aires... Drôle de référence !...

Mais c'est vrai que Brel ne se porte pas si mal. Il va se reposer en naviguant sur cette mer dont il rêve depuis l'enfance. Et s'il a jeté le jouet qui ne l'amusait plus, il en a trouvé un autre : le cinéma.

# 8

# *Les risques du métier*

*Mon oncle Benjamin – Le voyage manqué vers la lune – Des rôles pour une légende – L'aventure et l'amour – Le Far West est mort.*

— Le cinéma, c'est une forme d'écriture. Malheureusement, ça coûte plus cher qu'un stylo !

Jacques Brel avait tâté timidement quelques années plus tôt de ce moyen d'expression, à Bruxelles, entre copains, sans donner de suite. L'amateurisme n'est pas son fait. Il avait encore mis un doigt dans ce monde étranger en écrivant une chanson, « Pourquoi faut-il que les hommes s'ennuient », destinée au film *Un roi sans divertissement.* La chanson, digne de l'univers brélien, demeure, sinon inédite, du moins inconnue[1] :

> « Tous ces printemps qu'il reste à boire
> Désespérance ou désespoir
> Il nous reste à être étonnés...[2] »

Il a écrit aussi, en collaboration musicale avec François Rauber, « Les Cœurs tendres[2] » pour le film *Un idiot à Paris,* avec Jean Lefebvre[3].

> « Celui-là a le cœur dehors
> Et si frêle et si tendre
> Que maudits soient les arbres morts
> Qui ne pourraient point l'entendre. »

1. Un 45-tours aurait été édité mais son souvenir semble oublié !...
2. *Œuvre intégrale,* Éditions Robert Laffont.
3. Éditions Pouchenel, 1967.

Quand Cayatte vient lui proposer le rôle de l'instituteur pour *Les Risques du métier*, ses connaissances cinématographiques sont fort limitées. Brel n'est pas un cinéphile. Les réalisations qui l'ont marqué ne sont pas particulièrement récentes et, pendant ses tournées de chansons, il ne se précipite pas dans les salles obscures. Si le cinéma peut le concerner, comme moyen de création, c'est parce qu'il correspond à son besoin d'efforts brefs. Évidemment il ignore qu'une fastidieuse écriture précède la mise en scène, elle-même limitée dans le temps : cinq semaines et c'est terminé.

Présentement, a-t-il vraiment songé à la réalisation ? Quand il abandonne la chanson, il n'est pas tout à fait débarrassé de son angoisse. L'idée de *La Mancha* se profile déjà. Et c'est seulement quand s'achève la comédie musicale qu'il a ce sentiment de liberté, identique à celui que pourrait ressentir un homme quittant une vieille maîtresse, pourvoyeuse de jouissances, mais devenue encombrante.

La première expérience, arrivant avant *La Mancha*, n'est donc qu'une distraction, un désir de goûter à l'inconnu. Peut-être est-il sincère quand il affirme que le scénario a balayé ses hésitations :

— Pour défendre une cause juste, je serai toujours là !

Mais c'est aussi une bonne justification. Et il en a besoin toujours, non pour les autres mais pour lui-même.

Le scénario d'Armand Jammot (« Les Dossiers de l'écran ») est tiré d'un récit de Simone et Jean Cornec qui se sont eux-mêmes inspirés d'un fait divers authentique survenu dans un village belge. Dans l'histoire relatée par Cayatte, Jean Doucet, instituteur dans l'école mixte d'un village où sa femme Suzanne (Emmanuelle Riva) est également institutrice, est accusé un jour par une de ses élèves qui s'éveille à l'amour. Il aurait, dit-elle, tenté de la violer. Comment croire une enfant de douze ans, alors que le comportement de cet homme a toujours été sans reproche, alors que parents et enfants n'ont eu qu'à se louer de lui ? Mais le doute s'insinue. La fillette (Delphine Deysieux) insiste. Les langues vont bon train. On interprète certaines paroles, certains actes du maître qui se retrouve en prison. Il en sortira, mais meurtri.

Un volet de la connerie humaine, qu'on peut éventuellement appeler « problème de la justice ». C'est ce qui a plu au novice Jacques Brel qui serait perdu lors des premières prises, si le réalisateur n'était pas un chevronné. Cayatte voulait une

« nature », pas un comédien. Brel peut même modifier légèrement le dialogue pour l'adapter à son propre langage.

Le tournage s'effectue en partie dans les studios parisiens et en partie à Ecquevilly, village des Yvelines où des gosses profitent des vacances pour jouer aux écoliers.

Brel est déboussolé. Pas de public mais l'œil vide de la caméra. Les techniciens ne le regardent même pas. En revanche, lui, il les regarde. La technique le fascine, avec ces types qui se livrent à des gestes mystérieux, qui manient des objets dont il ne connaît pas le fonctionnement. Sa curiosité prend alors le pas sur son inquiétude. Jusqu'à la projection des « rushes » (les prises de vues du jour projetées dès leur développement) où il se trouve imbuvable. Pas tant en se voyant qu'en s'entendant :

— J'ai l'impression que mon ton est faux, que ce n'est pas moi...

Pour éviter ce genre de déception, il ne regardera plus, désormais, les rushes.

Il est également décontenancé par le côté « fonctionnaire » de l'entreprise. Du fait qu'on tourne à Paris ou aux environs, chacun, le soir, retourne chez lui. Et Brel, d'un seul coup, se sent coupé du personnage dans lequel il s'est efforcé d'entrer. Pourtant, il avait entendu parler de l'esprit d'équipe, de la vie collective pendant cinq ou six semaines... Or, ce n'est que le rassemblement — aux heures de travail — d'un certain nombre d'individualités sous la coupe d'un metteur en scène dont les apparences bourrues ne concernent pas Brel :

— Il me laisse faire n'importe quoi, dit-il dans une interview. Pas d'indications ou peu. Il paraît que c'est bon signe...

En somme, c'est facile le cinoche. Ce dont il doute simplement, c'est de l'image que recevront les spectateurs. Il y a là un risque qui lui plaît, d'autant que les chanteurs qui passent devant la caméra, les critiques spécialisés les attendent à la première projection.

— Si je gagne, tant mieux, déclare-t-il à un journaliste du *Soir* de Bruxelles. Je tournerai peut-être encore. Cela me permettra d'acheter un plus gros avion !...

L'avion, il n'y a pas renoncé, même pendant l'époque du tournage. Il a même obtenu de la production l'autorisation d'utiliser son zinc de temps à autre, pour aller s'éclater au-dessus des nuages. Il envisage d'ailleurs sérieusement d'aller suivre un stage qui lui permettra de voler aux instruments et donc, de piloter un engin plus conséquent.

*Les Risques du métier* sortent le 8 octobre 1967 à Paris où ils obtiennent un résultat très honnête : 350 000 entrées en exclusivité. Peu importent les réserves à propos du film et du manichéisme de Cayatte : elles sont habituelles à chacune des réalisations de l'ancien avocat. Les commentaires sur Brel comédien sont, dans l'ensemble, assez favorables : de la sympathie et, surtout, ce qui étonne les critiques, beaucoup de retenue dans son jeu. Nous sommes loin de la « défonce » du chanteur. C'est un autre Brel. A confirmer...

Sur la lancée, il participe justement au tournage d'un second film avec un jeune réalisateur, Philippe Fourastié. L'histoire l'a accroché, cette fois encore. C'est celle des anarchistes de la bande à Jules Bonnot qui utilisent pour la première fois l'automobile au service de leurs actes que d'autres appellent méfaits.

« C'est vrai qu'ils sont voleurs. Mais l'époque (1912) n'est déjà pas très belle avec ses injustices sociales. Il faut comprendre leur révolte. »

En fait, on peut douter des intentions du dénommé Bonnot qui se sert de la politique comme paravent pour ses exactions. Le rôle de Raymond la Science — que va incarner Brel — est évidemment plus complexe. La Science s'est trouvé mêlé un peu involontairement à cette bande.

« Et j'ai songé tout de suite à Brel, explique Fourastié, qui lui ressemble, avec l'éloquence facile qu'il déploie dans ses chansons. »

Toute une nuit, le réalisateur et Brel ont discuté du scénario, du rôle, des motivations de la bande à Bonnot, des intentions de Fourastié (surtout pas un film de gangsters) et, finalement, Brel a dit :

— C'est d'accord !

L'affaire le tente pour une autre raison. Dans *Les Risques du métier,* c'est le personnage fictif, Jean Doucet, qui prend les traits de Jacques Brel. Cette fois, c'est Brel qui endosse un costume, d'époque de surcroît. Il joue. Et c'est cela qui l'amuse.

— Au fond, le cinéma ce n'est pas un monde d'adultes. Et j'aime bien cela !

Malgré sa présence, malgré celle d'Annie Girardot, de Bruno Cremer (qui joue Bonnot), ce n'est pas le triomphe : 150 000 entrées en exclusivité après la sortie, le 16 avril 1968. Les critiques, sans être méchantes, sont d'ailleurs partagées. Certains y voient un « western de la prétendue Belle Epoque », d'autres une frontière fragile entre le réalisme et la parodie costumée. Et les plus respectueux de la vérité historique regrettent cette complaisance vis-à-vis des prétendus anarchistes qui n'étaient que des gangsters et qui, sous prétexte d'attaquer le capitalisme, tiraient sur les employés de banque. Brel, alias Raymond la Science, s'en sort fort bien. Le personnage n'est pas le plus antipathique. Il s'est sorti d'un milieu pauvre, s'est éduqué tout seul, en digérant plutôt mal que bien ses lectures. Il a droit à des circonstances atténuantes (que la justice ne lui a pas accordées !) et Brel fait bien revivre le personnage, malgré la différence d'âge.

L'intéressé n'attache pas trop d'importance à tout cela. Sans être porté aux nues, il est accepté par les milieux cinématographiques. C'est l'essentiel. Et, surtout, il s'est bien amusé, avec ses grosses moustaches qui lui allaient autrement mieux que les minables touffes de poils de ses débuts.

Présentement, il est surtout accaparé par *La Mancha*. Et c'est seulement à l'issue des cent cinquante représentations qu'il aborde le cinéma l'esprit libre, comme un jeune homme qui espère une rencontre galante au hasard d'un coin de rue ou d'une bousculade dans le métro.

Le film qui l'attend peut d'ailleurs le mettre en joie. Il colle parfaitement à son personnage truculent, outrancier, généreux et, par conséquence, un peu fou...

Pour *Mon oncle Benjamin,* réalisé par Édouard Molinaro, Jacques Brel se sent beaucoup plus partie prenante puisqu'il va en écrire la musique, avec l'aide efficace de François Rauber. Il crée les thèmes avec précision et François les transcrit techniquement en apportant quelques conseils dans un domaine où il a une certaine expérience. Quelques courts textes portent, malgré leur brièveté, la marque Brel. Comme « Mourir pour mourir » :

> « Le cœur appuyé sur les amis de toujours
> Mourir pour mourir
> Je veux mourir de tendresse[1]... »

Bien que mort de trac devant la caméra, il se sent à l'aise dans ce médecin de village nommé Benjamin Rathery. Au XVIIIe siècle, alors que la Révolution se profile au loin, Benjamin, grand amateur de bon vin et de jupons, se refuse à épouser une jeune héritière. Il préfère la servante d'une auberge... Et surtout la liberté. Mais cette liberté va être compromise quand il va, pour se venger d'un affront, humilier le gros marquis de Cambyse. Échappant de peu à la prison, il partira vers

1. *Œuvre intégrale,* Éditions Robert Laffont.

l'aventure avec la femme qu'il aime. Une fin en forme de « happy end » qu'il ne reniera pas, plus tard.

Le film non plus. Il s'enivre, éructe, saute les filles, montre ses fesses, dans la pure tradition picaresque. Et pour cela, avec son côté professionnel qui ne se démentira jamais, il apprend à monter à cheval et à manier l'épée.

Quand on le voit s'ébattre ainsi, plein de vigueur, de santé et de verdeur, on se dit que le rôle était écrit pour lui. Et il est amusant que Georges Brassens en ait, involontairement, inspiré l'idée à Molinaro. Georges avait dit un jour lors d'une conversation en présence du réalisateur :

— Celui qui n'a pas lu *Mon oncle Benjamin* de Claude Tillier ne peut pas être de mes amis...

Or, Brel est justement ami de Brassens, et aussi logiquement, il saute dans le rôle comme dans des chaussures à sa pointure !

Les extérieurs de ce joyeux tournage se déroulent en grande partie à Vézelay. Et, au bout de huit semaines, l'oncle Benjamin redevient Jacques Brel, homme libre comme l'air.

C'est pour cela qu'il s'envole jusqu'à Genève où, pendant deux mois, il apprend, en élève docile, à piloter aux instruments. C'est étonnant, quand même, combien les anciens cancres ont des facilités pour étudier, dès lors qu'ils se sentent concernés. Au bout de deux mois, il a obtenu son brevet et peut s'acheter un avion Wassmer super 481, capable de voler à plus de 300 km/h. Mais il ne s'arrêtera pas encore là. Il tient à savoir jusqu'où il ira...

***

Jacques Brel n'a pas de problème, de toute façon, pour occuper ses loisirs. Quand il ne pilote pas, il navigue. Il est capable de diriger seul son petit voilier ou du moins « son morceau de voilier », comme il dit puisque le bateau est en copropriété. Mais, maintenant qu'il a goûté aux plaisirs de la mer, il songe sérieusement à voir plus grand, dès que ses activités le permettront.

*Mon oncle Benjamin* sort le 13 novembre 1969 et obtiendra 200 000 entrées en exclusivité parisienne. Il marchera également fort honorablement en province. Les réactions dans la presse sont, dans l'ensemble, favorables. Michel Mohrt dans *Carrefour* avoue pourtant rester de glace devant ce spectacle de « vulgarité ». Et, faisant sans doute allusion directement à Brel, il écrit : « La manière, flamande, je pense plus que gauloise, me paraît détestable. » Paradoxalement, un journal comme *La Croix,* sous la signature de Jean Rochereau, évoque « une composition qui vaut un récital » et un personnage « spirituel plus que truculent, grand cœur et âme généreuse... »

Ce qui est sûr, au-delà de ces divergences, c'est que le comédien Brel est devenu, en trois films, une bonne valeur pour les producteurs et les propositions de rôles commencent à affluer. Le moment est venu de ne pas se tromper.

— Je choisis les sujets en fonction de l'équipe de tournage et non du personnage. L'histoire, à la limite, je m'en fous ! déclarera-t-il, à la suite du prochain film.

On peut douter de la sincérité de ces propos. Jusqu'ici, il a toujours étudié de très près le scénario proposé. Il en a refusé un bon nombre et, comme il ne connaît pas encore beaucoup ce milieu qui lui était encore récemment étranger, il ne peut que se fier à sa sensibilité, ses affinités avec le rôle. En fait, ces propos amers ne sont qu'une pirouette — de plus — parce qu'il a l'impression de s'être trompé et parce que le sujet ne donne pas le résultat qu'il espérait. Ce film s'appelle *Mont-Dragon.* Et il est mal tombé puisque, entre-temps, Brel vient d'essuyer pour la première fois (si l'on excepte les tout débuts) un petit échec.

Il ne lui est pas imputable, cet échec. Pas plus qu'à François Rauber ni au directeur du théâtre royal de la Monnaie, Maurice Huysman. Après le succès public de *La Mancha,* Jacques n'avait pas perdu l'idée d'une comédie musicale pour enfants. Toujours aussi actif, entre cinéma, avion, bateau et j'en passe, il avait mis au point, avec François Rauber, un spectacle féerique qu'un M. Landier, ami de Maurice Huysman, montait dans une petite salle de trois cents places, annexe du théâtre royal de la Monnaie, à Bruxelles.

Le sujet est simple comme *Le Petit Prince.* Il est prétexte à rêver : à chaque fois que l'on réalise une bonne action, on s'élève vers le ciel. Au contraire, les bassesses, les « mochetés » nous gardent sur la terre et, même, nous abaissent. Ce spectacle a pour titre *Le Voyage sur la lune* et, en sous-titre, « Ou ce qui s'est réellement passé le 21 juillet 1969 à 2 h 56 U.T. » :

« Allons il faut partir
Peut-être délaisser
Les routes d'Amérique
Et les déserts peuplés. »

chantent les enfants. Et Christophe emprunte ces mots au cœur de Brel :

« Comme un autre Christophe
Qui s'appelait Colomb
Je vais découvrir d'autres mondes. »

La création est prévue pour le 30 janvier 1970. Malheureusement, il y a comme un défaut dans l'organisation. Les comédiens-chanteurs travaillent à Londres et ne peuvent se libérer longtemps avant la première. Il faut donc user d'artifices : la troupe répète sur bandes magnétiques car il n'est évidemment pas question, avec une production modeste, de faire traverser la Manche aux musiciens que dirige François Rauber.

Quand, enfin, tout le monde est réuni sur la petite scène bruxelloise, tout est à refaire. Or, il ne reste que quelques jours et, même en mettant les bouchées doubles, n'est pas Manuel qui veut : c'est catastrophique. A tel point que Brel, en plein accord avec Maurice Huysman et le producteur, décide d'annuler les représentations. Le gentil et poétique voyage est remis à plus tard. A jamais !...

***

Quelque temps auparavant, Jacques, avec une activité qui laisse rêveur, avait accepté de grand cœur une proposition venant, cette fois, de François Rauber. Elle était évidemment belge, elle aussi, puisqu'il s'agissait de l'adaptation en dessin animé d'une aventure de Tintin : *Le Temple du soleil.*

Le patron de télévision qui produisait ce long métrage se trouvait être un ancien collègue scout de Jacques, dit alors « le Morse ». Comment ne pas recevoir ce message ? D'autant que Tintin avait été longtemps un compagnon de rêve, à l'aventure sur les routes du monde.

Avec Rauber, Brel écrit donc « Ode à la nuit » et « La Chanson de Zorino » qui seront enregistrées avec la voix de Lucie Dolène. Encore une fois, dans cette petite chose secondaire, il est impossible de ne pas retrouver les accents de l'auteur :

« On a eu beau me dire
Que l'on vit pour la mort
J'aimerais tant vieillir
Plus longtemps que ce soir [1]. »

Tintin, qui avait — lui — réussi ses débuts d'astronaute, n'aura pas fait oublier cet échec d'un autre livre d'images, ce

1. « Chanson de Zorino », Éditions Belvision, Bruxelles.

fameux *Voyage sur la lune.* La fusée ne s'est pas allumée. Bon, cela arrive. Ce n'était qu'une distraction pour enfants, montée sans bruit, dans une petite salle... Brel ne veut pas y attacher une importance visible. Mais ne rumine-t-il pas, au fond de lui, ce premier échec ?

L'avion, le bateau ont sans doute permis d'emporter dans le vent du large les dernières traces de regret quand Brel entame, près de Marvejols, en Lozère, le tournage de *Mont-Dragon.* Il y trouve les autres interprètes : Françoise Prévost, Catherine Rouvel, Paul Le Person et les chevaux. C'est le plein été et le soleil tape fort dans ce pays cévenol où plane le souvenir des « Fous de Dieu ». Marvejols se situe à proximité de Mende, plus petite préfecture de France et possède le château de la Baume qui a été aimablement confié à la production. Ce qui amuse beaucoup Brel, d'autant que le château est la propriété de la sœur de Georges Pompidou, président de la République.

Le réalisateur, Jean Valère, a adapté le roman de Robert Margerit qui a, pour personnage central, Dormond, ex-lieutenant de cavalerie, assoiffé de vengeance. Longtemps auparavant, il avait séduit Germaine, la femme du comte, de surcroît colonel du régiment. Dénoncé par l'ordonnance du comte, il avait été chassé. Depuis, le comte est mort dans un accident de cheval. Et voilà Dormond qui se fait engager comme écuyer au château de la veuve. Odieux, il prend peu à peu l'ascendant sur Germaine, sur la chambrière, sur l'ex-ordonnance qui l'avait vendu et qui est devenu homme de confiance. Il s'en prend aussi à Marthe, fille de Germaine et parviendrait à l'épouser si la justice immanente n'y mettait une fin brutale.

Grossier, brutal, horriblement misogyne, le personnage incarné par Brel n'est pas du genre à attirer les sympathies. Il s'en déclare ravi, lors du tournage :

— C'est la première fois que je joue un rôle de méchant. C'est rigolo. Mais ce n'est pas le personnage — stupide et assez logique — qui m'intéresse, c'est le sujet !

A la sortie, en décembre, les critiques ne partagent pas cet avis. Pour la quasi-totalité, le sujet est aussi inintéressant que la réalisation elle-même. Les comédiens sont éreintés au passage, et Brel reçoit une volée de bois vert. En particulier, d'un journaliste suisse : « Il se révèle un grossier commerçant. Il faut souhaiter que le cachet qu'il a touché lui permettra d'apprendre à jouer et à monter. » Henri Chapier, dans *Combat,* est plus tempéré vis-à-vis du comédien, bien que n'appréciant pas le film : « Brel prolonge un peu son personnage insolent, misogyne et crâneur, fabriqué par sa légende... »

La légende du chanteur vient de rattraper l'acteur. Est-ce pour cela que Jacques, contrairement à de précédentes déclarations, ne craint pas d'affirmer :

— L'histoire, à la limite, je m'en fous !

Ce qui l'intéresse, dit-il, c'est le travail de groupe, soudé par une vie commune en extérieur et où chacun a un rôle précis, acteurs comme techniciens :

— Au cinéma, on réapprend l'équipe. J'avais un peu oublié.

Comme il arrive parfois, les réactions de la critique et du public diffèrent quelque peu : *Mont-Dragon* atteint les 400 000 spectateurs en exclusivité, battant *Les Risques du métier !*

***

En cette même fin d'année 1970, le chanteur Jacques Brel est de nouveau à l'affiche d'un music-hall et, qui plus est, l'Olympia !

A la vérité, il ne s'est pas renié. La salle est l'Olympia Tavern et, de chanteur, Brel est devenu sujet de spectacle : *Jacques Brel is alive and well and living in Paris.* L'œuvre en forme d'hommage d'Eric Blau et Mort Shuman est arrivée dans la capitale. Mort Shuman lui-même interprète les airs de son idole avec Arlette Meadows, Joe Masiell et Elly Stone.

Début décembre, *Paris Match* leur accorde deux étoiles, en ne craignant pas d'affirmer : « Voilà un des meilleurs spectacles de Paris. Une transposition à l'américaine du monde et des chansons de Brel. Un chaleureux hommage par quatre natures, quatre voix époustouflantes. »

Le héros de l'histoire ira leur rendre une visite d'amitié. Mais Brel sans Brel, avec des Américains inconnus, n'intéresse guère les Parisiens. Le spectacle, qui continue aux U.S.A., ne tiendra pas longtemps l'affiche à Paris. Seul, Mort Shuman restera en France pour y goûter la douceur de vivre, la bonne cuisine et pour s'y faire connaître avec « Il neige sur le lac Majeur... »

Brel va bien et flotte quelque part. A moins qu'il ne plane.

Quand il se pose, c'est pour rencontrer Marcel Carné et l'équipe des *Assassins de l'ordre.* Son cinquième film en moins de quatre ans. Il y prend goût, à jouer les acteurs, Monsieur Brel ! A moins qu'il n'ait attrapé le virus du cinéma. Dans ce cas-là, ses amis s'attendent à ce qu'il ne s'en tienne pas à une participation passive... Il interprète, il s'amuse, il gagne de l'argent, mais ces raisons ne sont pas suffisantes pour retenir longtemps un Brel.

Qu'est-ce qui l'intéresse dans *Les Assassins de l'ordre ?* Le sujet, sûrement. Dès qu'il entend le mot « justice », il se précipite avec l'épée factice de Don Quichotte. Le réalisateur, probablement. Marcel Carné était allé le féliciter dans sa loge, pendant *La Mancha*. Et Jacques lui avait renvoyé le compliment. S'il avait rêvé de tourner un jour, c'était avec lui.

Quand Michel Ardan, le producteur, cherche un premier rôle avec son réalisateur, c'est aussitôt à Brel que pense Carné. Et Brel, en effet, ne se fait pas prier pour se glisser dans ce scénario inspiré, encore, par un fait authentique : un petit voleur sans envergure est tabassé dans un commissariat par trois inspecteurs qui mettent tant de cœur à l'ouvrage que le « suspect » en meurt. Les trois policiers sont poursuivis et c'est au juge Level (Jacques Brel) que revient ce dossier délicat. Si délicat que, lors du procès, le juge est victime de pressions venues d'en haut...

Ces rapports police-État passionnent le réalisateur des *Visiteurs du soir* qui a repéré les extérieurs dans les Bouches-du-Rhône, en particulier à Marseille et Aix-en-Provence. Avec la Méditerranée toute proche, Brel sait déjà comment meubler ses loisirs !

Pourtant, le tournage n'est pas des plus calmes. Marcel Carné a raconté dans ses Mémoires[1] ses démêlés avec ordres et contrordres. Il lui fallait des plans avec des C.R.S. mais l'autorisation lui est refusée de déguiser des figurants en membres du service d'ordre. Il profite donc de manifestations d'étudiants pour filmer, en reporter, de vrais C.R.S. ! Quant aux étudiants, ils se retournent, en partie, contre le réalisateur qu'ils accusent de faire un « cinéma de papa » et auxquels ils font un procès d'intention : le film ne pourra pas être défavorable aux flics...

Jacques Brel, en dehors de ces problèmes de « cuisine », va parfois sur la côte regarder les yachts amarrés. Il n'a pas perdu sa rogne contre ces nantis qui ne savent pas se servir de leur fric. Déjà, en tournée, quand il lui advenait de passer par Cannes ou Menton, il contenait mal sa colère :

— Regarde-moi ces monstres qui coûtent des fortunes ! Et leurs propriétaires ne sont même pas capables de sortir du port. De la frime ! Uniquement de la frime !

Lui quand il décidera de s'acheter un bateau digne de ce

1. *La Vie à belles dents.*

Janvier 1956, au cabaret « Chez Gilles ». De gauche à droite : X..., Françoise Dorin, Claude Piéplu, Henri Garcin, Jean Poiret, Cora Vaucaire, Jacques Brel, Michel Serrault... *(Photo Lipnitzki-Viollet)*

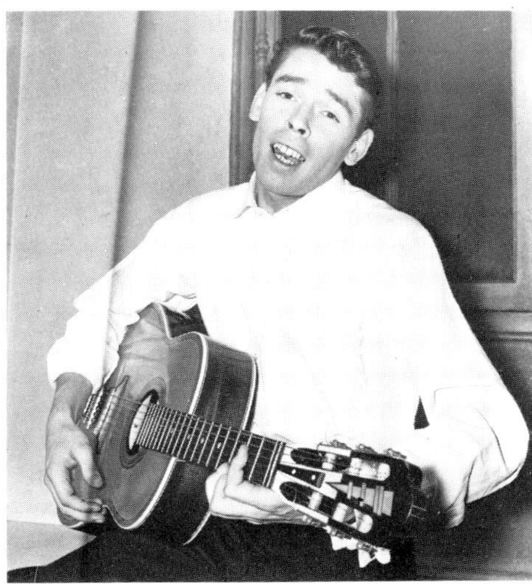

Novembre 1958, passage à l'Olympia. Il y a encore de l'abbé Brel dans la générosité des textes. *(Photo Lipnitzki-Viollet)*

Paris, tiens-toi bien ! *(Photo J.-P. Leloir)*

Courte tournée à Alger avec une affiche brillante : les Frères Jacques, Simone Langlois, Pierre Philippe (pianiste des Frères), Claude Bolling, Raymond Devos, Maurice Béjard, Catherine Sauvage, Guy Béart... *(Photo X..., collection Paul Tourenne)*

A Bobino, en novembre 1959, avec Ricet-Barrier. *(Photo Lipnitzki-Viollet)*

Chez Jacques Canetti, à Saint-Cyr-sur-Morin, de gauche à droite : Georges Brassens, Jacques Brel, Guy Béart et Jean-Pierre Chabrol. *(Photo A.F.P.)*

Octobre 1959 : séance photos pour *la Valse à mille temps.* « Et Paris qui bat la mesure, Paris qui mesure notre émoi, Et Paris qui bat la mesure, Me murmure, murmure tout bas... »
*(Photos J.-P. Leloir)*

Olympia 1961 : « Ay Marieke, Marieke, Je t'aimais tant... » *(Photo J.-P. Leloir)*

Olympia 1961 : « J'veux qu'on rie, J've qu'on danse, J'veux qu'on s'amuse com des fous... » *(Photo J.-P. Leloir)*

Olympia 1963. Avant l'entrée en scène, en compagnie de Bruno Coquatrix. *(Roger-Viollet)*

embre 1964, à l'Olympia : « Quand on
que l'amour... » *(Photo J.-P. Leloir)*

17 novembre 1964 : le triomphe de l'Olympia. *(Photo J.-P. Leloir)*

Novembre 1964. Pour fêter son succès et celui d'*Amsterdam,* Brel a commandé un dîner sur la scène de l'Olympia. On peut reconnaître à la table, Eddy Barclay (à droite), Bruno Coquatrix, Jojo... *(Photo J.-P. Leloir)*

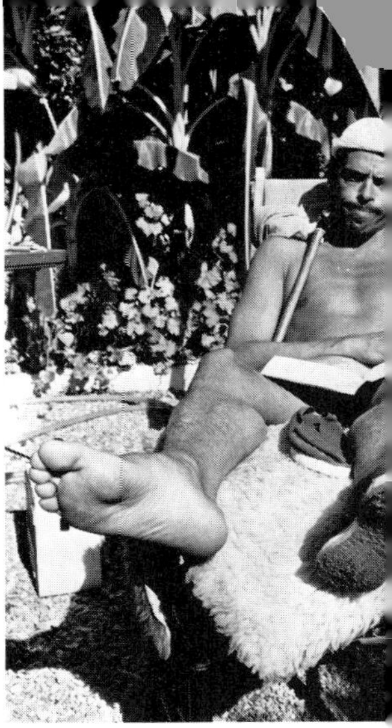

Aux commandes de son avi
Brel évite désormais les dépla
ments fatigants. *("Paris-Matc
Garofalo)*

Repos forcé sur la Côte d'A
avec une blessure à la jam
*("Paris-Match"/Gibey)*

Un moment de repos, pend
les tournées harassantes. *("Pa
Match"/Garofalo)*

Septembre 1966. La décision
quitter la chanson est prise.
la Côte d'Azur, Jacques Brel
devant les yachts. Quand il part
ce ne sera pas pour faire un t
du port... *("Paris-Match"/Garof*

Lors de l'ultime spectacle de Roubaix : « Et puis, il y a l'autre, Qui fait ses p'tites affaires, Avec son p'tit chapeau... » *(Photo J.-P. Leloir)*

Mai 1967. L'ultime spectacle à Roubaix est terminé. Brel s'éloigne, seul, dans la rue pavée. *("Paris-Match"/Lefébure)*

1968. « La Mancha », au théâtre des Champs-Elysées. *En haut,* avec Sancho-Robert Manuel.
*En bas :* de g. à dr., Robert Manuel, Joan Diener, Jacques Brel et Armand Mestral. *(Photos J.-P. Leloir)*

ptembre 1968. Au studio Barclay, Brel écoute entivement l'enregistrement de *Vesoul* avec ançois Rauber, Gérard Jouannest et, à l'ex-me droite, Gerhard Lehner, l'ingénieur du ı. *(Photo J.-P. Leloir)*

Fin d'enregistrement au studio Barclay, en 1968. Brel vous salue bien... *(Photo J.-P. Leloir)*

ıez François-René Christiani, un enregistrement unique réunit, pour R.T.L., les trois grands de la ıanson : Brel, Léo Ferré, Georges Brassens. *(Photo J.-P. Leloir)*

Premier rôle au cinéma : l'instituteur de « Risques du métier », ici au milieu de se élèves. *(Document FR3)*

Dans « Les Assassins de l'ordre », de Ma cel Carné, avec Didier Haudepin.

Un saloon reconstitué en Bretagne pou « Le bar de la Fourche », avec Rosy Varte Malka Ribovska, Pierre-François Pistoric Gabriel Jabbour et Bernard Lajarrige *(Photo Société nouvelle de cinématographie*

.e tournage de « Frantz ». Jacques Brel
la caméra. *("Paris-Match"/Gibey)*

.e tournage de « Frantz ». Jacques Brel,
éalisateur-acteur, vérifie l'éclairage sur le
isage de Barbara. *("Paris-Match"/Gibey)*

Le Far-West » : seconde et dernière tenta-
ve de réalisation d'un film. La concréti-
ation d'un rêve mais, aussi, un échec qui
oussera Jacques Brel à partir vers les îles...
Jn autre rêve. *(Document TF1)*

Dans « Mont Dragon », de Jea Valère. Un rôle qui entretient so image de misogyne... *(Gamma)*

Février 1974. Jacques Brel est ven rejoindre Mort Shuman, le temp d'interpréter *Ne me quitte pas* dan le film de Denis Héroux, inspir de la comédie musicale : « Bre is alive and well and living i Paris ». *(AGIP)*

Dernière apparition au cinéma avec un face à face Ventura-Bre dans « L'Emmerdeur ». Un grande amitié avec Lino depui « L'aventure, c'est l'aventure » *(Kipa)*

# « VISAGES »

*(Photos J.-P. Leloir)*

DE 1956...

...A 1972

# LA DESCENDANCE

Chantal Brel : des débuts sans suite au théâtre, en 1966. *("Paris-Match"/Gibey-Transpos)*

France Brel (deuxième à gauche, au second rang) avec le Big Bazar, en 1977. *("Paris-Match"/Bachelet)*

# LES MARQUISES

Maddly et Jacques : le bonheur aux Marquises. *(Photo Jean-Michel Deligny)*

Maddly Bamy, sur le plateau d'Antenne 2, parle de Jacques et des années heureuses... *(Laffay-Gamma)*

L'*Askoy* a jeté l'ancre à Hiva-Oa... Jacques ne sa
pas encore qu'il y vivra. *(Gamma)*

Le retour à Paris, soutenu par Maddly pour le traitement du dernier espoir. *(François Lochon/ Gamma)*

La tombe, dans le cimetière d'Atuona. A quelques mètres de Gauguin. *(Catherine Cayrol)*

nom, ce ne sera pas pour se promener sur le pont avec blaser et casquette galonnée. Les îles ! Voir les îles...

En attendant ce jour, il navigue toujours, la nuit, dans les fonds douteux de la société. Avec Michel Ardan, ou avec Paul Andréota, le coscénariste, chaque soir, on mange joyeusement. Et puis, on prolonge la « veillée » dans des boîtes. Jacques n'a pas perdu ce goût de la discussion, voire de la provocation, celle qui l'avait fait s'écrier une fois, avec sa voix puissante et sonore :

— Un steak de gendarme et deux rognons de commissaire ! Et que ça saute !

Dans le restaurant bon chic-bon genre, l'effet avait été réussi mais jugé d'un goût douteux.

A Marseille, c'est plutôt vers les filles, les entraîneuses, les tapins, qu'il exerce sa verve. Parfois, il parle longuement et gentiment. A d'autres moments, quand les libations ont été trop généreuses, il est sans retenue et ressemble plus au Dormond de *Mont-Dragon* qu'à l'oncle Benjamin.

En studio, où une partie du film est tournée, Jacques — toujours aussi attentif dans le travail — et Marcel Carné ont de longues conversations sur la technique, sur leurs conceptions du cinéma, sur les problèmes de production et de distribution. Marcel Carné est ravi, d'autant qu'il est fasciné par les dons de son comédien. Mais il est également étonné par son assiduité à la projection des « rushes ». Il avait pourtant entendu dire que Brel évitait de se regarder. Là, non seulement il est le premier dans la salle de projection, mais encore il questionne Carné : Quel plan compte-t-il garder ? Et pourquoi ? Il vérifie les enchaînements du premier montage des scènes, en discute avec le réalisateur... Il ne dédaigne pas non plus mettre un oeil au viseur de la caméra, s'intéresse aux éclairages...

Les autres comédiens de la distribution, Paola Pittagora, Catherine Rouvel, Charles Denner sont, certes, consciencieux, mais lui que l'on prétendait indifférent, déborde largement des limites habituelles d'un acteur. C'est sympathique, au fond...

Quelque temps après, Marcel Carné comprend mieux cette passion soudaine quand il apprend, par Paul Andréota, entre autres, que sa vedette compte passer bientôt derrière la caméra !

Évidemment, on devait s'en douter. Jacques Brel ne pouvait se limiter ainsi à interpréter les textes des autres, à obéir à d'autres. Son besoin de créativité a repris le dessus. Sans doute n'est-ce pas une envie soudaine. Il mijotait son coup depuis longtemps mais devait hésiter encore face à une technique qu'il ne maîtrisait pas.

Il demande d'ailleurs à Paul Andréota de lui donner un coup de main pour préparer le découpage de son film qui doit s'appeler *Les Moules.* Et c'est Michel Ardan, avec qui il a sympathisé, qui accepte de le produire. Pourquoi *Les Moules ?* Parce que l'action se déroule dans une station de la mer du Nord. Et aussi parce que les personnages, tels ces mollusques, vivent sur place, sans avancer.

Brel est en pleine préparation quand *Les Assassins de l'ordre* sortent à Paris en mai 71. Trois cent mille spectateurs iront le voir pendant l'exclusivité. Un résultat correct, sans plus.

Le comédien Brel s'en sort une fois encore fort bien alors que Carné — c'est une habitude aussi — est plus critiqué qu'encensé. Cinéma solide mais sans imagination. Histoire bien racontée mais en mettant les points sur les « i ». « Le cinéma a évolué, Monsieur Carné !... » lit-on dans un journaL. En fait, la revue de presse est assez rapide. Est-ce à cause du thème qui évoque certaines méthodes policières et les pressions sur la justice ? La sortie sera, en tout cas, un peu boudée et, dans ces conditions, le résultat d'exploitation aurait pu être catastrophique.

Marcel Carné, philosophe, se consolera avec l'accueil que lui réserveront les pays étrangers. Au Festival de Moscou, il obtiendra le prix des Spectateurs.

De tout cela, Jacques Brel s'en fout. Ce qui compte, c'est *Les Moules.* Lui qui ne s'est pas trop intéressé à ses trois filles — « La paternité n'existe pas, il n'y a que la maternité » — se sent très paternel quand il doit accoucher lui-même de l'enfant qu'il conçoit. Ah ! si l'on pouvait se passer des femmes pour procréer... C'est ce qui leur donne cette importance dont elles abusent. L'idéal, sûrement, serait d'autoprocréer.

*Les Moules :* un titre qui ne plaît guère. A qui ? A Brel ou à la production ? Il songe à lui substituer *Léon,* puisque tel est le prénom du pauvre héros. Finalement, on s'arrêtera sur *Frantz.* C'est un nom qui sonne d'une manière gutturale, à la flamande. Et c'est le prénom de l'ami de Léon, mort au Katanga (référence au passé colonialiste de la Belgique). Léon est un pauvre mec — encore — qui n'a pas digéré son enfance. Dans cette minable pension de famille pour employés des P.T.T., il partage les distractions habituelles de ce genre d'endroit en pêchant la crevette, en visitant la région, en parlant de sujets qu'il ne connaît pas. Quand deux nouvelles pensionnaires bousculent cet ordre établi : Catherine, belle, attirante, et

Léontine, son aînée, mariée, maigrichonne et sans grande sensualité. C'est évidemment (quand on connaît Brel) vers Léontine que Léon est attiré. La rencontre de deux paumés qui ouvrent leur cœur. Complètement pour Léon — l'homme, donc naïf —, partiellement pour Léontine, la femme, donc rouée. Léon lui raconte son ami Frantz qu'il a connu sous l'uniforme. Léontine le laisse croire au mystère. En fait, elle s'offre un petit frisson à bon compte. Et, quand elle a pris sa petite dose iodée, elle repart vers son mari, laissant ce pauvre imbécile dans sa solitude peuplée de moules-frites et d'idéalisme en cornet.

Suprême raffinement : pour interpréter Léontine, Brel a sollicité Barbara. Ce n'est pas seulement parce qu'elle est venue, elle aussi, de Bruxelles et parce qu'elle a chanté, dans ses débuts parisiens à l'Écluse, des œuvres de Jacques. Ce pourrait être suffisant. Comme lui, elle crie son mal de vivre, son goût des contrastes, son besoin d'une passion permanente et sa soif d'un amour qu'elle sait d'avance impossible à assumer longtemps. Mais il y a aussi l'aspect physique : l'image qu'elle donne de l'antivamp. Elle est maigre, avec un visage d'aigle, et sa beauté est tout intérieure. Comme Brel, tel qu'il se voit. C'est pour lui la partenaire idéale dans une anti-histoire d'amour, s'opposant aux clichés hollywoodiens du tombeur et de la pin-up.

— J'ai voulu raconter l'amour chez les minables, chez un gars et une fille au physique médiocre, à l'intelligence limitée et qui ne sont pas à la hauteur de leurs rêves, confie-t-il dans *Le Monde.*

Des « imbéciles convalescents », comme il les appelle. Des anti-héros. Et, avec la complaisance d'un masochiste, il s'identifie à Léon, timide, mal à l'aise devant les femmes, méfiant et même plus encore : il sait qu'il perdra. Dans ce domaine, c'est un battu d'avance. A la dernière image du film, il s'éloigne doucement vers le grand large — l'absolu — et s'enfonce dans la mer qui l'engloutit avec ses rêves... Un symbolisme un peu lourd, diront quelques critiques. D'autres reconnaîtront : C'était la seule issue possible.

C'est du pur Brel, ce *Frantz* dont le tournage s'effectue à Blankenberge, entre Ostende et Knokke-le-Zoute, l'inévitable, en bordure de la mer du Nord et à faible distance de Bruges dont les tours s'élèvent comme des phares au cœur du Plat Pays.

— Je suis plein d'humilité, vous savez, en réalisant ce premier film. C'est pourquoi je l'ai situé tout naturellement dans le pays qui est le mien, celui que je ressens et dans lequel je me sens un peu plus à l'aise.

C'est le printemps et la mer du Nord est toujours aussi glaciale. Le vent paralyse les acteurs lors des tournages en plein air. Jacques, lui-même, doit entrer à plusieurs reprises dans l'eau réfrigérante, pour les derniers plans du film.

Comme réalisateur, il connaît une autre forme de trac, plus subtile. Elle lui fait oublier sa peur au premier degré en tant qu'acteur. Là, il essaie de projeter ce qu'il possède au fond de lui mais ne maîtrise pas toutes les données pour faire passer ses idées. *Frantz,* c'est une chanson. Comme « Marieke ». Comme « Madeleine ». Comme « La Fanette » dont la chute présente quelque analogie. Léontine, c'est la Frida de « Ces gens-là » mise en images. Malheureusement, il doit compter avec une équipe technique, un cameraman, des éclairagistes, des ingénieurs du son. Il n'a pas le code pour transcrire exactement ce qu'il a envie de dire. Il est comme un poète (quelle comparaison !) qui ne connaîtrait pas la langue et concrétiserait ses pensées à travers un écrivain public. Alors, il y a le bon côté. Celui qui permet d'ignorer superbement les conventions en réalisant des plans qu'un chevronné n'aurait pas osé faire, avec des images époustouflantes (dues, il est vrai, à Alain Levent). Et il y a aussi l'aspect négatif. Celui des naïvetés, des temps morts, des longueurs, des redites. Son professeur, à l'institut Saint-Louis, aurait écrit en marge : « Plein d'idées mais ne contrôle pas son sujet. » Brel est là avec sa conviction, sa force, ses secrets. Le talent ne se partage pas, reconnaît Jean de Baroncelli. « Quant à Brel, nous avons beaucoup de peine à le croire aussi falot que son Léon tente de nous en persuader », écrit, en revanche, le chroniqueur de *La Croix.*

Pas de critique méchante, vraiment. Mais on sent bien que, tout en reconnaissant la filiation évidente avec les chansons, personne n'est vraiment entré totalement dans cet univers brélien pelliculé. Si on ne se laisse pas entraîner d'une manière inconditionnelle, on bute sur une insatisfaction. Inévitablement, la comparaison s'impose avec ses chansons si bien finies, cette maîtrise parfaite du verbe, de la musique et de l'interprétation. Voilà : nous sommes entrés dans sa maison. Nous sommes sûrs que c'est la sienne. C'est son style. On reconnaît ses goûts, son décor, ses couleurs, ses meubles. Mais pourquoi ce corridor interminable ? Pourquoi ces pièces sans porte communicante ?

Le résultat est comme le film : doux-amer. Sorti en novembre 1971, il réalise 100 000 entrées en exclusivité. Financièrement, c'est une opération blanche. Pour d'aucuns, c'est un demi-succès qui promet une meilleure suite. Pour Brel, c'est un demi-échec qui doit être rattrapé. On remarquera pourtant en passant un élément inquiétant : où sont passés tous les passionnés de Brel, tous ceux qui l'acclamaient pendant trois semaines à l'Olympia et pendant des mois dans toutes les salles de France et de Navarre ? Il existe bien une rupture entre Brel-chanteur et Brel-cinéaste. Comme si ce n'était pas la poursuite d'une même œuvre dans des moyens d'expression différents.

Brel, anxieux comme il l'a toujours été, avait pourtant pris le pouls de professionnels avant de procéder au montage définitif. Il avait projeté *Frantz* à l'équipe de *L'aventure c'est l'aventure,* lors du tournage avec Claude Lelouch, quelque temps plus tôt.

L'aventure, en l'occurrence, c'est la grande aventure, la bonne aventure, puisqu'il y rencontre ce à quoi il croit le moins, ce à quoi il ne veut plus croire : l'amour.

***

Cette fois, Jacques va pouvoir satisfaire, en partie, sa boulimie de voyages. Cette grosse production — un milliard de centimes — va entraîner l'équipe de tournage aux Caraïbes, aux États-Unis, en Afrique et en Italie, sans parler, bien sûr, de la France.

Claude Lelouch a réuni, outre Jacques Brel, une équipe solide, bien qu'assez hétérogène : Lino Ventura, dans un de ses trop rares rôles fantaisistes, Charles Denner et Charles Gérard, les vieux complices, Aldo Maccione, Johnny Hallyday dans son propre rôle, Nicole Courcel, Yves Robert, Gérard Sire et même, pour ses débuts d'acteur, le producteur Georges Cravenne. La distribution se complète de nombreux rôles secondaires dont quelques jolies filles. Pour être précis, c'est d'ailleurs Brel le dernier engagé. Lelouch n'avait songé à lui qu'après une défection... Le destin, n'est-ce pas !

Le scénario est lui-même fort amusant. On pense inévitablement à des Pieds-Nickelés modernisés : trois repris de justice, ayant constaté que les attaques de banque ne paient plus, montent une sorte d'agence pour coups de mains de toutes sortes. Mais, attention ! Pas l'affaire sordide pour quartiers populeux. Ce que visent les gangsters, c'est un marché international. Tour à tour, ils organisent et réussissent un faux enlèvement de Johnny organisé par lui à des fins publicitaires, provoquent une révolution, enlèvent l'ambassadeur de Suisse, rançonnent un guérillero et, finalement, décident de kidnapper le pape, lors de son voyage en Afrique. Sans être vraiment méchante, la satire éclabousse joyeusement tous les tabous, des « héros » à la religion, des femmes émancipées aux hommes politiques. Toute cette amoralité se déroulant à cent à l'heure sur fond d'exotisme.

Jacques Brel ne tarde pas à sympathiser particulièrement avec l'un des deux autres gangsters du film. Il a l'habitude de jouer les truands et cache sa générosité sous son physique de catcheur : c'est Lino Ventura. Volontiers bourru, fuyant comme la peste la publicité, les contacts avec la foule, les cocktails et tout ce qu'il considère comme la « frime » de la profession, il a, de ce fait, quelques affinités avec le dénommé Jacques Brel. De plus, il aime rigoler et, bien qu'homme équilibré, ayant un sens quasi bourgeois de la famille, il se plaît dans une bonne amitié virile, entre hommes.

C'est le tournage le plus joyeux auquel il participe. Et Brel partage cette même euphorie. On sent que le film sera drôle parce que chacun y exprime, en permanence, sa joie de vivre. D'autant que les conditions de tournage sont rendues agréables par l'ambiance géographique et ce qu'on peut appeler « l'environnement »... Plusieurs jeunes filles de couleur ont été engagées pour les besoins du scénario. Et c'est à Antigua, dans les Antilles anglaises, tout près de la Guadeloupe, que la rencontre des principaux protagonistes a lieu. Lelouch lui-même se charge de répartir les partenaires. L'une des jeunes femmes a déjà interprété un petit rôle aux côtés de Lino Ventura et Brigitte Bardot dans *Boulevard du Rhum* de Robert Enrico. Ancienne « claudette » de Claude François, elle s'appelle Maddly Bamy et peut se considérer comme une fille du pays puisqu'elle est née à la Guadeloupe.

Ses « références » la font désigner d'office :

— Tu seras la partenaire de Lino !

Et puis, cette distribution arbitraire ne plaît à personne, Lelouch compris. On redistribue les rôles. Maddly se retrouve, cette fois, avec Brel.

— Le mieux, ce serait de tirer au sort ! dit quelqu'un, pour rigoler.

Pourquoi pas ? Le soir, tous les noms féminins sont mis dans une boîte, les noms masculins dans une autre et, comme pour le tirage de la Coupe de France de football, une main innocente extrait les papiers.

— Maddly — Jacques Brel !

Rires. C'était déjà ce qu'ils avaient décidé. Le hasard, pour une fois, avait bien fait les choses.

Et sous les cocotiers, quand le vent, doucement, tempère la chaleur ambiante, Maddly et Jacques deviennent inséparables. Ce pourrait être l'éternité d'un moment. Mais ils sentent bien que ce sera plus encore. Jacques entre à pieds joints dans un rêve : les îles, une fille des îles qui l'écoute, semble le comprendre, répond pertinemment et même, avec esprit. Ils rient, de tout et de rien. Heureux ! Il lui donne un surnom qui lui restera : la Doudou...

Alors ?

« Les filles
C'est beau comme un fruit
C'est beau comme la nuit
C'est beaucoup d'ennuis... »

Et c'est pourtant pour les filles

« Qu'au moindre matin
Qu'au moindre chagrin
On renie ses chiens [1]. »

Jacques n'a pas de chien. Ou alors, il y a longtemps. Ou bien il a oublié.

Ils parlent de lui, beaucoup, d'elle, un peu, sûrement. Des îles, forcément. La Guadeloupe, comment est-ce ? Il aimerait visiter l'île de la Doudou. Ils la visiteront...

Qu'importe le film, qu'importe son box-office, comme on dit. Bien sûr, il y a *Frantz*. Cet enfant qu'il voudrait bien faire reconnaître comme le sien.

De retour en France, il projette le premier montage à toute l'équipe, guette les réactions comme un enfant à son premier dessin. Lino Ventura et quelques autres sont touchés par cette sensibilité à fleur de peau, par ce cri, sans violence, d'un homme écorché dont la douleur est discrète. Mais... On discute de quelques scènes, de quelques plans. Jacques écoute, note, toujours précis, toujours anxieux de l'avis des autres, même s'il veut donner parfois une impression d'indifférence.

*Frantz* suivra le chemin que nous avons vu. Quant à *L'aventure c'est l'aventure,* c'est le plus grand succès de la carrière cinématographique de Brel : 700 000 entrées à Paris.

Qu'importe si les pingouins du 26e Festival de Cannes ont fait la fine bouche. Le public, lui, est sensible à cette joie communicative, à cet esprit décapant. « Le film le plus drôle, le plus fertile en rebondissements qu'on ait vu depuis *L'Homme de Rio* », note un critique. « Un chef-d'œuvre de non-confor-

1. « Les filles et les chiens ». Éditions Pouchenel.

misme ! » s'écrie Georges Charensol qui s'est amusé de l'accent flamingant de Jacques Brel.

*L'aventure,* quelle aventure ! Jacques y a gagné l'amitié indéfectible de Lino Ventura et, ce qu'il attendait le moins : l'amour. Désormais, quelque chose est changé dans sa vie personnelle. L'amour lui donne encore plus de forces pour entreprendre son second film, sa revanche. Mais, en même temps, sans savoir encore si l'aventure durera un an ou des siècles, il est si bien qu'il ressent le désir de souffler, de s'évader sans autre idée que de découvrir le monde et les hommes qui l'habitent. De le regarder avec quatre yeux.

A Genève, il a achevé ses « études » de pilote. Il peut à présent, s'il le désire, être copilote d'un jet. Et, pour se le prouver, il décide de partir, avec un autre pilote plus chevronné, et avec Maddly, vers ces Antilles qui lui ont chauffé le cœur. Mais, bien entendu, il ne choisit pas la route la plus facile. Ils passeront par le Groenland ! Un défi qui aurait pu coûter cher. Mais, qui ne risque rien n'a rien, savez-vous ? Par suite d'une légère défaillance des instruments, l'avion se pose sur des congères et brise son train d'atterrissage. Il faudra attendre les pièces de dépannage, dans l'immensité glacée, sous le regard ahuri des Esquimaux et, surtout, avec des tenues légères prévues pour les îles du soleil. Ce n'est pas grave, puisqu'il a réussi à épater les vieux pilotes !

Retour en France. Il a signé pour le premier film d'Alain Levent. Une reconnaissance pour ce garçon qui était responsable des images de *Frantz.*

Le sujet du *Bar de la Fourche* ne lui déplaît pas non plus. Il se déroule au Canada, en 1917. Van Horst, joueur et coureur de filles, revient sur son passé, dans ce bar de la Fourche où il a abandonné, vingt ans plus tôt, celle qu'il aimait, en emportant toutefois ses économies. Il rencontre sur sa route un jeune homme parti à l'aventure et en qui il se reconnaît à dix-huit ans. Tous deux s'installent dans ce bar où Maria, la patronne, oublie vite les griefs passés pour retomber dans les bras de Van Horst. Mais celui-ci lui préfère la servante, aguichante, qui crée une rivalité entre l'homme et l'adolescent. Bagarres, duels débouchent sur la fuite des deux hommes qui préfèrent l'amitié virile et la liberté aux vilenies des femmes.

Décidément, on se demande si Brel choisit le scénario en fonction du sujet ou si les scénaristes sont influencés par l'image établie de Brel... La jeune fille qui interprète le rôle secondaire de la servante est une débutante qui fera son chemin : Isabelle Huppert. Quant à Maria, elle est interprétée par Rosy Varte. Sans dévaloriser cette excellente comédienne, le film repose entièrement sur la réputation de Brel.

Le tournage, qui utilise également des acteurs de la Comédie de l'Ouest, a lieu du 7 février au 18 mars 1972, dans la région de Paimpont, en Bretagne, où l'on a reconstitué l'atmosphère canadienne en construisant un saloon et en utilisant les décors naturels : la forêt, l'étang du Pas-du-Houx, et la rivière, l'Odet, pompeusement dénommée Saint-Laurent. Une évidente promotion!

Alain Levent le déclare à *Ouest-France,* le journal régional :

— Je veux réaliser un film gai, avec de l'amour et de l'action.

Jacques, lui, goûte surtout à l'inaction. L'attente entre les tournages lui a souvent pesé. Mais, là, il semble détendu, allongeant ses grandes jambes près de la cheminée du château de Comper qui accueille l'équipe, ou allant se promener à pied dans les environs.

Il lui arrive aussi de dîner à Rennes. C'est ainsi qu'un soir, il rencontre Julien Clerc en tournée. Le héros de *Hair* et celui de *La Mancha* partagent joyeusement un repas dans une brasserie. Jacques se laisse complaisamment photographier sans toutefois perdre son ton ironique ou sa brutalité dans le verbe. A un confrère photographe qui lui apporte des tirages des clichés pris quelques jours plus tôt, il redonne le paquet sans même le regarder :

— J'en ai rien à foutre, des photos de films...

Si son personnage l'intéresse, il est déjà dans *Le Far West* qu'il doit réaliser bientôt. Et si, à la sortie du film, il est jugé jovial, gouailleur, tonitruant, cynique, conforme à l'idée qu'on peut se faire de Van Horst, le film n'est pas couvert d'éloges. Conformisme, platitude, gratuité... Et, comble de malchance, il sort en plein été. C'est comme cela qu'une première œuvre passe pratiquement inaperçue et réussit, difficilement, 20 000 entrées à Paris.

Un peu oublié dans la carrière de Brel, ce film dont il a écrit la musique — avec Gérard Jouannest et les arrangements de Rauber — laisse une chanson, peu connue elle aussi : « La Chanson de Van Horst ».

« De Rotterdam à Santiago
Et d'Amsterdam à Varsovie
De Cracovie à San Diego
De drame en dame
Passe la vie [1]... »

1. Éditions Pouchenel-Hortensia.

Paul Andréota, qui collabora aux *Assassins de l'ordre* et à *Frantz,* retrouve Brel pour travailler avec lui sur le scénario du *Far West.*

— C'est l'histoire de types arrivés à la quarantaine et qui en ont marre de la vie moderne. Alors, ils cherchent à retrouver leur enfance...

Brel est ce « type » bien sûr. L'enfance, pour lui, n'a jamais été une période de la vie mais un état d'âme : celui où l'on croit à la pureté des sentiments, à l'intégrité des êtres. C'est l'audace. C'est l'espoir de réaliser ce dont on a envie :

> « L'enfance,
> Qui peut nous dire quand ça finit
> Qui peut nous dire quand ça commence
> C'est rien, avec de l'imprudence
> C'est tout ce qui n'est pas écrit[1]. »

C'est aussi tout ce qui a bercé sa jeunesse : les cow-boys, les Indiens, les chercheurs d'or, les aventuriers de l'Ouest, ces pionniers qui écrivent une histoire. Mais rechercher son enfance, ce peut être aussi de la mélancolie.

Brel ne veut surtout pas de cela. Son film — ça s'écrit presque comme « son fils » — il le veut tonique, simple, plein de tendresse. Cette tendresse dont il ne cessera jamais de parler.

Avec des comédiens peu connus, des vieux copains comme Édouard Caillau, il plante son décor dans les environs de Bruxelles. C'est là que vont vivre ses héros qui portent tous un peu de lui-même.

Le personnage principal se prénomme d'ailleurs Jacques. Ce quadragénaire à l'âme d'enfant rêve du Far West. Habillé en cow-boy, il se balade à travers la Belgique et rencontre le fakir Abracadabra qui lui transmet un pouvoir magique.

Avec un compagnon, Gabriel, déguisé en Davy Crockett, un colonel de l'armée sudiste, une jeune Indienne, une paralytique noire, tous croisés sur la route, Jacques voit son rêve prendre corps. Jusqu'à l'installation de leur « ville » dans une mine désaffectée. A la suite d'un dynamitage, l'étrange équipe découvre de l'or ! Un trésor, un vrai, caché ici depuis la guerre.

Ce trésor, Jacques va l'offrir au roi des Belges. Il se rend au palais en poussant la voiture de la jeune Noire paralytique... et se retrouve en prison. Ses compagnons profitent de ce moment

1. Éditions Pouchenel.

pour s'enfuir avec le fameux trésor. Ils ont cessé de jouer aux cow-boys et sont redevenus adultes. Donc prêts à trahir pour de l'argent. Qu'ils sont décevants, ces adultes, au regard impitoyable de Jacques !

Le héros, lui, s'évadera et finira comme un légendaire personnage de western : abattu par l'armée « régulière », les Nordistes, c'est-à-dire la troupe envoyée par le gouvernement...

Le moins qu'on puisse dire, c'est que cette sorte de conte ne possède pas les ingrédients habituels des recettes cinématographiques. Toutes ces idées un peu folles, il eût fallu qu'il puisse les discipliner dans le découpage, d'abord, puis dans une réalisation rigoureuse. Malheureusement, si un novice peut faire illusion avec un film banal, ce n'est guère possible avec un tel sujet.

Pourtant, il se donne à fond, se multiplie, dirigeant les prises de vues et interprétant son rôle. La présence de Maddly à ses côtés pendant la préparation a d'ailleurs eu une incidence : l'intrusion dans le récit de cette jeune Noire. Il avait même voulu confier le rôle à Maddly elle-même. Puis, il avait renoncé à la « diriger ».

Pour elle, comme pour lui, il souhaiterait de tout cœur réussir cette seconde tentative. Pourtant, il sent bien qu'une grande partie de ses intentions s'échappe, que toute cette technique est trop lourde et prend le pas sur la liberté de créer.

Le nom de Brel contribue pourtant à sélectionner le film pour le Festival de Cannes où il représente la Belgique.

*Le Far West* est projeté le 22 mai 1973. La veille, crevant d'angoisse, Jacques participe à une « Radioscopie » de Jacques Chancel sur France-Inter. A la fin, Chancel lui pose la question :

— Vous pouvez prendre un bide, vous, Brel ?

— Bien sûr, j'en ai pris des paquets ! Oh ! oui, oui, je connais bien. Non, ça (pour le film) je prendrais une bonne claque dans la gueule...

— Vous avez pris les devants. Vous avez dit : Pour faire un bon film, il faut d'abord en faire quinze. Vous en êtes au deuxième...

— Je n'ai pas dit quinze. Je crois n'avoir jamais dit ça [1]. Il faut peut-être au moins en faire quinze. Oui, au moins...

C'est le second, en effet. Et, le 22 mai, il prend sa claque dans la gueule. L'accueil des festivaliers est plutôt glacial. Quelques

1. Dans une interview précédente, il avait avancé, en effet, le nombre de dix. Ce qui ne change pas grand-chose...

sifflets, même, doivent lui percer le cœur comme des flèches d'Indiens. Les professionnels — qui ne l'ont pas admis dans leurs rangs — n'ont que faire des rêves d'enfant de M. Brel. Cinématographiquement parlant, c'est raté, voilà tout.

La presse, réservée pour *Frantz*, n'est pas tendre cette fois : « Une leçon de morale qui nous a semblé bien banale. » « Encore un film décevant. Brel fait joujou. On aimerait bien pourtant que Brel cinéaste ressemble au Brel des chansons... »

Mais le pire vient de Belgique où il est accusé de « racisme ». Il se moque des siens. Et ça — une fois — ce n'est pas très beau, savez-vous ? Racisme ! Qu'on dise n'importe quoi, mais pas cela. Il ne le digérera jamais et l'ajoutera à l'addition entamée par Knokke-le-Zoute !

La seule note positive est accordée pour la chanson (« L'Enfance ») qu'il interprète au début du film :

« L'enfance
C'est encore le droit de rêver
Et le droit de rêver encore[1]... »

Hélas, les producteurs, très adultes, ne rêvent pas. L'exclusivité parisienne totalise 20 000 entrées. Le même résultat que *Le Bar de la Fourche*. Seulement, cette fois, il est le seul et unique responsable. Responsable ! Un mot qui va toujours avec échec. Quand il s'agit de réussite, ce n'est qu'un « artisan du succès ».

La remarquable partie musicale du film — réalisée avec les moyens d'une super-production — passe même inaperçue. Et c'est bien dommage...

Sans doute est-il mortifié. Il est, à coup sûr, déçu. *Le Far West*, c'était son Far West. Et il sait bien qu'après le fiasco financier, personne ne voudra lui accorder une troisième chance. Il le déclare lui-même :

— Il ne serait pas honnête de demander à qui que ce soit de rejouer avec moi. Plus tard, peut-être...

***

Peut-être... En attendant, son Far West il va le vivre. Ces envies de voyages qu'il a dû étouffer jusqu'ici, sauf en de rares exceptions (mais il y avait quand même du boulot)[2], il va se les

1. Éditions Pouchenel.
2. Dans l'année 1972, il a, ainsi, effectué un aller-retour Paris-New York pour assister au cinquième anniversaire de *Brel is alive*. C'est le dernier contact avec le Carnegie Hall retenu pour l'occasion.

offrir, avec son avion, ou encore, avec un bateau. Quitter un moment ce monde où il se sent mal à l'aise, faire le point, s'offrir des plaisirs au jour le jour...

Il reste pourtant un obstacle à franchir. Il a accepté un rôle dans un film d'Édouard Molinaro. Peut-être un peu pour des raisons financières — encore que le besoin d'argent n'ait jamais guidé ses actes —, peut-être aussi pour Édouard Molinaro qui réalisa *Mon oncle Benjamin.* Sûrement parce que son partenaire n'est autre que son pote, Lino Ventura.

Bref, cela ne l'enchante guère. Et, pour lui, jamais film n'a été aussi bien nommé : *L'Emmerdeur.*

Le scénario, amusant, est tiré d'une pièce drôle et à succès de Francis Weber qui s'appelle *Le Contrat.* En langage du milieu, un « contrat » c'est une commande que doit exécuter un tueur. Celui-ci a les traits de Lino Ventura. Sa cible, un certain Randoni, doit être le témoin gênant d'un procès. Pas de problème. Il le descendra à 14 heures, lors de son arrivée au palais de justice. Et, pour cela, il loue une chambre bien placée et installe tranquille son fusil à lunette.

Dans la chambre voisine, un minable représentant en cravates vient d'être plaqué par sa femme. Il décide d'accomplir le seul geste audacieux qu'il ait jamais tenté : se pendre. Pour cela, il accroche des cravates au tuyau de la chasse d'eau, se passe le nœud autour du cou et s'élance... Mais son poids arrache la tuyauterie et entraîne une énorme fuite d'eau...

Et voilà la mare qui, tout doucement, se glisse sous la porte du tueur qui n'a qu'une issue pour éviter l'intrusion de la police : sauver ce pauvre type et tenter de le réconforter.

C'est le ressort du film, évidemment : pitoyable, attendrissant, mais surtout collant, le représentant cocu va s'accrocher à son « sauveur ». Il fera rater le contrat et les deux hommes se retrouveront en prison. Inséparables !

Jacques Brel, en opposition avec le « dur » Lino Ventura, campe un irrésistible ahuri. Personnage lunaire, gaffeur, pleurnichard, tendre... Toute une palette de sentiments pour valoriser un rôle.

La critique sera d'ailleurs unanime, pour une fois. C'est une excellente comédie, et Brel confirme un remarquable talent. Certains ne manquent pas le parallèle entre cette réussite d'acteur et l'échec récent de réalisateur.

« Génie de l'état naturel dans la chanson, il a besoin, au cinéma, d'être jugulé, dirigé par les autres... »

600 000 entrées lors de l'exclusivité parisienne en septembre 1973 ! Brel est redevenu une valeur sûre. Les propositions vont tomber et chacun lui prédit une carrière à la Montand.

***

Il est pourtant bien loin de toutes ces suppositions. La déchirure du *Far West* n'était pas guérie. Le cinéma était devenu pour lui un cauchemar.

Pendant le tournage, Maddly venant le chercher avait eu un choc. Les cheveux de Jacques avaient blanchi. Réellement, il s'était fait des cheveux blancs :

— Mais que t'arrive-t-il ?

— Je ne me supporte pas dans ce film...

Seules la présence de Ventura et la sympathie de Molinaro lui avaient donné la force d'aller jusqu'au bout, sans trop de dégâts.

Peu importe que ce soit un succès commercial. Que son nom soit coté au box-office. Il s'est tourné vers la Doudou :

— Pourquoi s'embêter avec tout ça ? On va aller vivre ailleurs. Et vivre bien.

# 9

# *Une île*

*Capitaine de l'« Askoy » – Jojo, tu frères encore – Une douleur fulgurante – Un confrère indiscret.*

« Voici venu le temps de vivre
Voici venu le temps d'aimer[1]... »

— Tu vois, l'Angleterre, d'abord. Puis les Açores, les Canaries, les Antilles... Un tour du monde, tu te rends compte ! De temps en temps, on poserait le sac, on se baignerait, on rencontrerait des gens. Puis on remettrait les voiles... Alors ? Tu pars avec moi ?

La Doudou a dit oui, avec enthousiasme. Elle le suivra jusqu'au bout du monde...

Comme il l'a fait pour l'aviation, et comme il a agi dans sa carrière, il ne s'embarque pas sans biscuits, comme on dit. S'il aime l'imprévu, on a vu précédemment qu'il doit s'inscrire dans un schéma bâti d'avance.

L'apprentissage de la voile effectué jusqu'ici lui permettait de petites croisières. Pour parfaire ses connaissances, il avait donc embarqué sur un charter — sorte d'école du large — et avait ainsi traversé l'Atlantique.

A partir de là, il s'était mis en quête d'un bateau. Pas une coquille de noix. Mais une bête capable de parcourir les océans du monde. Il avait couru les salons de la plaisance, en France, en Allemagne, en Belgique. Et s'était arrêté sur une magnifique occasion. Le propriétaire avait accepté de la lui vendre en

1. « Une île », éd. Caravelle-Pouchenel.

sachant que ce n'était pas pour rester au port. Oh! Non! Il n'imiterait pas ces yachtmen d'opérette qu'il fustigeait dans les ports méditerranéens!

Le bateau, un ketch (ou dundee) de 18 mètres, a une fière allure avec ses deux mâts, le plus grand à l'avant et l'autre — mât d'artimon — devant la barre. De couleur noire, il porte le nom d'*Askoy II.* A Anvers, Maddly et Jacques le visitent, le tripotent, le jaugent, s'amusent à ouvrir tous les placards, les tiroirs, afin de le « sentir », de savoir qu'ils s'entendront bien pendant des semaines, des mois, et, qui sait, des années!

Mais Jacques a appris que le plaisir ne s'acquiert vraiment qu'après une maîtrise de la technique. S'il l'avait oublié, le cinéma le lui aurait rappelé. Alors, toujours étudiant dans l'âme (les chers Pères n'en auraient pas cru leurs yeux!), il prend des cours en grande partie par correspondance. Et faut-il qu'il en veuille, Jacques Brel, car les leçons sont dispensées en langue flamande! Trois mois mis à profit pour les formalités. Et elles ne manquent pas.

Enfin, diplômé, agréé et tout ce qu'on voudra, le « capitaine » Brel est prêt pour l'appareillage. Il reste à réunir l'équipage : le second (par protection) Maddly Bamy, le quartier-maître, marin authentique, et hollandais de surcroît, qui connaît bien le bateau puisqu'il était au service de l'ancien propriétaire. Et le « mousse », France Brel, sa propre fille.

Ceux qui ont suivi de près les méandres du fleuve Brel peuvent s'étonner de trouver là un de ses affluents. Sans doute éprouve-t-il, maintenant que le temps s'offre à lui, le besoin d'apprendre un peu mieux ses enfants à travers leur déléguée. France vient d'achever ses études. Elle est disponible et enchantée par cette longue croisière. Et puis, avec un tel bateau, deux bras supplémentaires ne seront pas de trop.

L'avitaillement est effectué, le tracé sur la carte achevé. Les formalités aussi. *Askoy* va pouvoir lever l'ancre en laissant derrière lui beaucoup de joies, quelques amitiés et autant d'amertumes. Pas de regrets véritables. Sauf un : l'ami, le frère, Georges Pasquier dit « Jojo » n'est pas en forme. Il a maigri, il traîne un de ces sales trucs qui baignent dans l'inquiétude. Surtout, on se donnera des nouvelles, dans les ports.

Ils sont partis sans bruit, sans journaliste, sans photographe. Qui se soucierait de Brel? Surtout pas la presse à scandales pour qui il n'est pas un sujet vendable. Non, Brel peut aller où il veut, avec qui il veut. C'est son problème. Et ce n'est quand même pas Brigitte Bardot au temps de sa splendeur. Il est un acteur, parmi d'autres...

Sans que ça passionne les gazettes, Brel a trouvé son plus beau rôle. Il tient du capitaine Fracasse et de Jean Bart réunis. Demain, ou plus tard, avec son équipage, il découvrira un trésor enfoui au pied d'un cocotier ou sauvera, *in extremis,* quelques naufragés perdus sur une île déserte.

En fin de journée, le 24 juillet 1974, l'*Askoy* quitte le port d'Anvers. Le moins rassuré est encore le vrai marin. Jamais il ne s'est aventuré au-delà du canal Escault-Rhin ! Rapidement, ils le débarquent. Dans une escale anglaise. Le capitaine Brel a mis, en effet, le cap sur Albion, pas si perfide que ça, l'île de Wight, puis les merveilleuses Cornouailles. Pendant un temps, *Askoy* va accueillir à son bord deux Anglais qui ont donné un coup de main et qui font du bateau-stop.

A bord, le cuisinier est chef jusque dans l'office. Amateur de bons petits plats depuis longtemps, il a décidé de les réaliser lui-même. Une vieille envie. C'est maintenant qu'il peut se livrer à des joies qui lui étaient interdites dans cette vie imbécile.

Sûrement qu'il y songe, en mitonnant une viande en sauce — évitons les conserves, s'il vous plaît ! — ou en tenant la barre, quand les embruns viennent lui fouetter le visage. Alors, en humant comme un gourmand des bouffées de sa cigarette qui se consume au vent, peut-être songe-t-il à toutes ces années qui se sont additionnées depuis sa seconde naissance, à Paris.

La chanson, que ce fut dur pendant cinq ans ! Lui, le timide, le complexé, avait, chaque jour, pris sur lui-même pour frapper aux portes des cabarets. Lui qui se voyait laid avait serré ses dents cariées quand on se moquait de son physique. Et de ses pauvres petites chansons qui criaient, naïvement, l'amour des hommes. Et puis, marié avant d'être né, père avant d'avoir vécu, il avait cru en l'amour-passion. Et il s'était braqué contre la femme. Donc, les femmes. Il avait pleuré, sinon par ses yeux, du moins par son cœur. Et, sans le savoir vraiment, il avait accouché, lui aussi, et dans la douleur, des chansons qui avaient d'abord fait sourire et puis qui avaient soulevé les foules. Parce qu'il existe un fil de souffrance et de tendresse qui relie les hommes, même s'ils l'ignorent.

Et il était devenu ce qu'on appelle une vedette. Ceux qui, la veille, le regardaient avec compassion, ceux qui le laissaient croupir dans les vestibules et lui intimaient l'ordre d'essuyer ses pieds avant d'entrer dans leur bureau-sanctuaire, ceux-là, les mêmes, le serraient dans leurs bras en lui décernant des kilos de compliments.

Et cette foule avec ses « bravos! », ses « encore! », ses « bis! » et ses « une autre! ». Ces interviewes, ces articles, ces flashes, ces autographes distribués comme des bénédictions du Saint-Père... Il n'avait pas rêvé. Tout cela, il l'avait vraiment connu. Et apprécié d'une certaine manière. Oui, il avait appris à vivre avec ses chansons...

Et puis, les millions de kilomètres, la bagnole, la chaleur des copains musiciens, de Jojo. Mais aussi les chambres d'hôtel, les boîtes, les putes, les discussions, les organisateurs pas toujours comme il aurait voulu, les cachets, le fric... Les critiques dans le journal, bonnes ou mauvaises. Une fatigue soudaine, comme après une longue marche exaltante. D'un seul coup, on se demande où l'on est, où les pas vous ont mené. On a brusquement envie de s'asseoir. Oh! bien sûr, il suffit de se relever! On sait, à la perfection, mettre un pied devant l'autre et ce geste qui semble simple est applaudi à tout rompre. C'est facile quand on s'appelle Brel. Même si l'on bute sur un caillou, le public est persuadé qu'on l'a fait exprès.

Il avait maîtrisé son écriture, dompté les mots. Il pouvait même en inventer : « bruxeller », ou « elles cimetièrent à petits pas » ou « qu'on m'épitaphe ». C'était facile, ça semblait facile. Comme de jouer avec les consonances, de faire rimer « maîtresses » avec « fesses ». On avait parfois crié au génie, mais oui, à propos d'une trouvaille, d'une élipse. De cette façon qu'il a de poser les éléments d'une histoire dans une simple phrase comme : « Nous étions deux amis et Fanette m'aimait... » Mais lui savait combien ces mots, ces strophes, représentaient de transpiration, pour les écrire d'abord, pour les gueuler ensuite.

On disait aussi — mais chez ces gens-là, on ne dit pas, monsieur, on prétend — on prétendait donc qu'il crachait sa rancœur sur les femmes. C'était sûrement vrai pour certaines. Elles le lui avaient bien rendu, en payant d'avance. Elles lui avaient sucé la moelle épinière, ces femmes possessives qui passent leur temps à guetter leur homme. Tu es en retard, je t'attends depuis des heures! et elles fondent en larmes. « Dis-moi où tu étais » leur est dix fois plus important que « dis-moi qui tu es ». De cela, elles s'en foutent. Mais peut-être que les femmes sont, en bien comme en mal, l'exaspération du genre humain. Lui, l'homme des chaleurs amicales, des ambiances fraternelles, il avait connu quelques spécimens de mâles propres à vous envoyer dans une île déserte ou dans un couvent. C'est selon.

Et ces flamingants avec lesquels il n'avait pas encore fini de rendre des comptes. Pourquoi ? Était-ce la peine ? Quelle importance à côté de tous ces pauvres gens dont la vie se résume à bosser pour payer leur pavillon de banlieue. Tous ces êtres, de chair et de sang, comme lui, qui vivent à l'horizontale et dont la seule audace est d'aller, en achetant des cigarettes, avaler un pastis en douce de Bobonne. Toutes ces foules grouillantes et piétinantes, comme des fourmis autour de la fourmilière, qui sortent une fois de temps en temps, en procession, pour ramasser quelques miettes de soleil dans une vie à la con ! Qui gueulent à longueur de jour contre leur gouvernement, leurs impôts, leur télé, votent pour les mêmes et passent leurs soirées le cul dans un fauteuil, l'œil vissé devant Guy Lux, ou d'autres. Il n'a rien spécialement contre Guy Lux. Il fait bien son boulot dans un système. Le problème, c'est le système. Si tu refuses ou si tu n'arrives pas à te glisser dedans, tu es rejeté impitoyablement, comme une merde par une balayeuse municipale.

Lui, il était entré dans ce système. Avec lucidité. Sans fermer les yeux devant ses injustices et ses compromissions. Il avait gagné sans jamais montrer ses fesses au public. Et puis, comme il avait gagné, il a salué et il est parti. Trop tôt ou trop tard ? Parfois, il se le demande. Dix ans au « top niveau », comme on dit au « Palmarès des chansons ». Il s'est usé de Don Quichotte. Il s'est squelettisé. Mais il a gagné.

Et puis, il a fait joujou devant les caméras. Ça l'amusait de faire semblant. Il n'en avait pas l'habitude. Il s'en est bien sorti. Et il s'est laissé embarquer par ses pensées, par son audace. Il a voulu écrire des chansons avec une caméra et il a perdu.

Perdu ? Pas tant que cela puisqu'il a fait ce qu'il avait envie de faire. Certains répètent toute leur vie « je ferais bien ». Lui, il n'aime pas le conditionnel. Il agit !

Les gens ont-ils compris un jour quelque chose à ses chansons ? Y a-t-il à comprendre ? Peut-être que lorsqu'il criait « tendresse ! », ils pensaient à une histoire de cul... Quand il hurlait « amour », ils disaient « comme il est malheureux ». Ils ne comprenaient pas ce qu'il voulait leur dire : Qu'eux aussi étaient malheureux. Que sa vie, c'est celle des autres. Ou, du moins, il le croyait. Sans doute n'avait-il pas su se faire comprendre...

Un jour, à force de crier, à force de marcher, la fatigue s'insinue dans votre corps, dans vos veines, dans votre âme.

Enfin, dans cette chose qu'on appelle comme ça et qui est esprit. Et puis, comme lui, Jacques Brel, on fait « Zop ! ».

***

— Jacques ? Tout va bien ?

— Tout va bien, la Doudou !

L'*Askoy* creuse un long sillon d'apparence. Il ne laissera aucune trace. Mais quel homme peut prétendre laisser une trace indélébile sur la terre ? Seul, le vent est éternel. Il apporte avec lui des postillons salés qui éclaboussent le visage déjà hâlé et coulent sur le front, les joues, comme les stigmates de l'Olympia. Mais ce n'est pas l'Olympia. C'est l'Atlantique et c'est superbe.

L'été s'achève avec des soirs où rouge et noir s'épousent en embrasant le ciel. L'escale des Açores est proche. Quand on pense Açores, on pense anticyclone. C'est aussi le lieu où, en 1949, s'écrasa l'avion de Cerdan sur la route des États-Unis. L'amour de Piaf ! On a souvent comparé Jacques Brel et Édith, parce que l'un et l'autre vivaient intensément leurs chansons. Comme si ce n'était pas la moindre des choses. Piaf ! Il n'a pas eu beaucoup de contacts avec elle. Sinon une fois où elle n'a pas trouvé autre chose à dire à propos de « Ne me quitte pas » que :

« Un homme ne devrait pas chanter des trucs comme ça ! »

Pourtant, en 1963, les circonstances ont voulu qu'il écrive un texte pour Édith avec musique de Charles Dumont. Cela s'appelait « je m'en remets à toi ». Mais elle n'aura pas eu le temps de l'interpréter. Et la chanson n'a jamais été chantée.

Les Açores constituent aussi l'arrêt habituel dans l'Atlantique Nord. A San Miguel, les passagers d'*Askoy* vont pouvoir prendre un peu de repos et questionner l'Europe. Oui, nous sommes ici pour quelque temps. Oui, on peut nous joindre, comme prévu. Car Jacques s'était fait fort de déterminer la date probable d'arrivée.

Deux informations vont leur tomber dessus presque en même temps. La première, souriante, concerne le mariage de l'aînée de Jacques : Chantal. Une noce à laquelle il n'aura pas participé.

La seconde nouvelle arrive le 2 septembre 1974. Comme un coup derrière la tête, brutale dans sa sécheresse : Jojo est mort ! Le gros Georges, le secrétaire, le confident, le copain de tous les instants, l'ami, le frère, vient de succomber à cette pourriture de maladie qu'on appelle cancer. Jojo ! Avec sa force tranquille, sa bonhomie, ses rires. Voici venu le temps où « nos amitiés sont en partance ».

> « C'est même pas toi qui es en avance
> C'est déjà moi qui suis en retard[1]...

J'arrive ! Bien sûr, j'arrive. Jacques laisse le bateau à la garde des femmes et, d'avion en avion, rejoint Paris pour ne pas le laisser partir comme ça, sans lui.

L'enterrement a lieu à Saint-Cast-le-Guildo, berceau familial, dans les Côtes-du-Nord. Et Jacques, profondément ému, ayant perdu un morceau de lui-même, revient par la voie des airs jusqu'aux Açores.

Cap sur Madère. Le cœur est triste. Le chœur des mouettes accompagne quelque temps l'*Askoy,* et puis c'est de nouveau le faux silence de la mer. Le visage de Jojo ne parvient pas à s'effacer. Est-ce le coup reçu dans sa tendresse ? Jacques est fatigué. Il souffre de brusques maux de tête et doit s'allonger dans la cabine.

Madère. Le ketch s'approche de la côte africaine. Quel dommage que ces migraines inexplicables viennent gâcher le plaisir ! Et cette lassitude... Si l'on s'arrêtait un peu ? Sans doute, Jacques paie-t-il ces derniers mois de tensions, de déceptions...

Finalement, le capitaine décide de pousser jusqu'aux Canaries toutes proches où le climat, en novembre, est, dit-on, fort agréable, à cause de ce sacré Gulf Stream... Là, c'est promis, ils s'accorderont quelque temps à terre. L'air de la montagne remettra le capitaine d'aplomb.

L'île de Tenerife, volcanique comme tout l'archipel, est dominée par le pic de Teide, au cratère éteint depuis deux siècles. D'une couleur ocrée comme les montagnes du Colorado, il s'élève à 3 700 mètres par une route de lave stratifiée. On se croirait un peu au Far West et, avec de l'imagination, on peut s'attendre à une attaque des Indiens au virage suivant.

Jacques Brel serait le premier à s'en amuser s'il ne ressentait pas des problèmes pour respirer. Sans doute faut-il s'habituer à l'altitude, en s'installant dans l'auberge, à flanc de cratère. Les navigateurs s'offrent des marches dans les environs, ravis de fouler ainsi un sol ferme, sans tangage ni roulis. Même en aimant la mer, ça fait du bien.

Soudain, Jacques blêmit et porte la main à son cœur. Une

1. « J'arrive », Éditions Pouchenel.

douleur atroce, fulgurante. Il s'assied. Le cœur ! Sûrement le cœur ! Peut-être un infarctus ?

Quand la douleur semble atténuée, ils se font redescendre vers Santa Cruz de Tenerife, la ville principale. Là, Jacques passera un électrocardiogramme et sera fixé.

L'électro ne donne rien. Ou plutôt, le cœur semble fonctionner normalement. Pourtant, cette oppression, là, sur le côté gauche...

Voyons la radio... On patiente en attendant le développement de la graphie... Un médecin s'avance. Il lâche une grimace et, sans plus de précaution :

« C'est la tuberculose. Ou, plutôt le cancer ! »

Cancer ! Comme Jojo ! Peut-on se fier à ces médecins qui ne sont même pas foutus de reconnaître un cancer de la tuberculose ?... Le mieux est de partir en Suisse. Là, au moins, on trouvera des compétences.

L'*Askoy* est mis en cale sèche, ce qui permettra d'effectuer quelques travaux nécessaires. France restera sur place pour garder le bateau. Et avec Maddly, Jacques part pour Genève.

Une clinique silencieuse, toute blanche. Jacques a été accaparé par médecin et radiologue. L'attente, encore. Interminable. Avec cet indicible malaise des belles journées interrompues. Brusquement, aux Canaries, le film s'est cassé, pendant la projection. Il était gai, avec des images pleines de soleil, de sourires, de chants d'oiseaux. Et l'opérateur va coller une autre bande.

Jacques Brel est fixé, avec précision. Il sait désormais ce qu'il lui reste à faire. A l'hôtel, pour éviter de céder à l'accablement, il fait face : C'est un cancer du poumon gauche. En étant opéré maintenant, il peut s'en tirer. Et pour cela, autant aller à Bruxelles, il y connaît un chirurgien...

Radios et examens ne peuvent que confirmer le mal. Il est nécessaire de procéder à l'ablation du poumon.

La famille est prévenue, bien sûr, mais la discrétion doit être de rigueur. Jacques Brel n'est pas alors, il faut le préciser, au faîte de l'actualité. En dépit de son dernier rôle au cinéma, les Français comme les Belges ne se réveillent pas chaque matin en se posant la question : où est Brel ? L'intérêt du public, on le sait, est conditionné par les médias, presse écrite ou télévision. Si le nom de Brel n'est pas prononcé, on n'y songe pas. Il y a tant d'autres sujets qui accaparent chaque jour l'attention.

Ses disques se vendent toujours très bien. Pour le reste, qu'il fasse ce qu'il veut... Mais, si l'on apprenait qu'il a un cancer, alors, du coup, ça intéresserait une certaine presse friande de ces nouvelles morbides que les lecteurs dévorent avec une passion malsaine.

L'information transpirera pourtant. Jacques Brel subirait un traitement, en Suisse ou en Belgique... Jacques Brel serait gravement malade. Démentis très secs de Miche, de Marouani, de Pierre, son frère : Ridicule ! Il navigue actuellement, quelque part dans l'Atlantique. Bon ! L'affaire n'ira pas plus loin.

L'opération de Jacques — et c'est autrement important — s'est bien déroulée. Il lui reste une base du poumon gauche. Il ne semble pas qu'il y ait à craindre des métastases. La maladie ayant été prise assez tôt, il a de très bonnes chances de s'en sortir. Seul l'avenir proche le dira. Dans quelques mois, dans un an au plus. S'il ne ressent rien, c'est gagné ! Qu'il fasse bien sûr effectuer des examens de contrôle. De toute façon, si le cancer doit encore se manifester, ce sera sur l'autre poumon et il n'y aura plus rien à faire...

Convalescence. Jacques qui a, évidemment, renoncé à la cigarette, manifeste une volonté farouche. La vie est trop belle, il doit s'en tirer. Très vite, il se lève, marche et peut aller reprendre des forces dans un endroit bien caché avec Maddly.

C'est insensé, mais il a décidé de repartir sur la mer au plus tôt. Avant, il effectue une tournée des amis, en téléphonant ou en rendant visite. A Georges Brassens, à Charley Marouani et à quelques autres. Pas trop. Pour éviter les fuites, même involontaires. Il passe aussi chez Lino Ventura. Il va repartir sur l'*Askoy*. Après, on verra bien. Dans un an, on en reparlera, ou alors, il sera mort... L'au revoir est peut-être un adieu... Toujours lucide, il n'a jamais craint d'évoquer la mort, puisqu'elle est inéluctable, quel que soit le délai... Parfois, en compagnie de Brassens, il lui était arrivé de plaisanter sur ce sujet, au grand désespoir de Georges que le mot même effrayait. Il ne réservait une place pour la camarde que dans ses chansons.

***

Cinq semaines après l'opération, Jacques et Maddly retrouvent France et l'*Askoy* aux Canaries. C'est la fin de l'année, les fêtes approchent et la petite équipe reste un peu sur place pour se réhabituer à la vie à bord. Et Jacques, qui porte une énorme cicatrice dans le dos, souffre énormément pour effectuer le moindre mouvement. Son bras gauche, en particulier, est comme paralysé. Mais il s'accroche. Ils partiront comme prévu pour traverser l'Atlantique, jusqu'aux Antilles. Ce sera peut-être une première du genre !

La veille de ce Noël 1974, ils achèvent les préparatifs lorsqu'ils rencontrent, sur le quai du port, un visage connu : l'ex-chanteur — et confrère en navigation — Antoine. Architecte, il était venu à la chanson à l'époque des yéyés avec des « Élucubrations » plus amusantes que les débilités des « copains ». Il en avait eu marre, lui aussi, avait acheté un bateau et était parti oublier le music-hall dans le vent du large.

Évidemment, on se congratule, et Antoine est invité à la table de l'*Askoy*. On parle beaucoup bateaux et un peu maladie. C'est trop frais pour le cacher. D'ailleurs, Jacques a toute confiance et c'est sans contrainte qu'il pose pour des photographies. Antoine aimerait tant garder des souvenirs de cette rencontre !

Le lendemain, c'est le réveillon de Noël. Tout naturellement, on le passe ensemble, joyeusement. Et c'est la séparation. Chacun appareille de son côté. Antoine vers la France, l'*Askoy* vers les Caraïbes.

Une longue et pénible traversée. Jacques Brel est encore trop diminué pour effectuer toutes les manœuvres et les deux femmes doivent suppléer à ses carences, sans trop le montrer. Car, bien sûr, avec son amour-propre — et le désir de retrouver rapidement tous ses moyens — il supporterait mal de passer pour un handicapé.

Son moral en a également pris un coup en écoutant la radio (il adore chasser les ondes) certain jour : Jacques Brel, malade, serait perdu en mer ! On annonce même qu'il serait mort. C'est au conditionnel, mais quand même. Où et comment a-t-on appris qu'il était malade ?

Le 26 janvier 1975, après quatre semaines de mer et de vie collective un peu difficile, l'*Askoy* arrive enfin à Fort-de-France, en Martinique. Là, une surprise de taille attend capitaine et équipage : la presse s'est fait l'écho de son mal et, pis encore, certain hebdomadaire spécialisé dans le sensationnel publie — en exclusivité — les photos du convalescent sur son bateau !

« Putain de bordel de merde ! »

Jacques part dans une colère dont il a le secret. Mais elle fait vite place à l'abattement. Il n'est pas tant furieux après ce canard (il raconte ce qui est, hélas, vrai) que déçu par l'auteur des photos. Pas besoin de chercher l'origine, en effet. Qui a pris des clichés, sinon l'invité de Noël ?

« Mais pourquoi a-t-il fait ça, ce garçon ? »

Il est accablé, honteux pour lui. Les hommes sont-ils tous à vendre ? C'est cela qui le tuait déjà quand il se produisait. La confiance trahie. Après des coups comme ça, on est amené à se méfier de tout le monde et c'est dommage.

Là-dessus, et bien que cela n'ait aucun rapport, sa fille France fait ses valises. Elle va rentrer en France. La vie à bord est difficile à trois. Quand on est ensemble vingt-quatre heures sur vingt-quatre, il faut un tempérament sur mesure. Ou du moins des tempéraments différents. Et, sur ce point, Jacques et France ont un caractère aussi entier l'un que l'autre.

Jacques et Maddly vont donc continuer leur tour du monde tous les deux. Par étapes. Ainsi, ils pensent rester, quatre mois ou plus, dans ces Antilles accueillantes où Maddly naquit et où vit encore sa famille. Seulement voilà... Leur hôte indiscret n'a rien facilité et les résultats ne tardent pas. Des mouvements suspects sont repérés autour du bateau. Et quand ils sortent à terre, ils surprennent des « clic-clac » édifiants. Bientôt, Jacques est contacté directement. Non, il ne veut pas parler. Il est en vacances. Il n'a rien à dire, simplement, qu'on lui foute la paix ! Quand il chantait ou quand il tournait, ça pouvait encore se comprendre. Mais, là, c'est une atteinte à sa vie privée et c'est intolérable.

Évidemment, il aurait pu réagir autrement, se fendre de quelques bonnes déclarations du genre : « Oui, j'ai été malade mais maintenant tout va bien. Non, je ne regrette pas la carrière. Je l'ai déjà expliqué. J'ignore quand je reviendrai. Je suis heureux comme ça et j'entends bien continuer longtemps. Bonjour à tous et à un de ces jours. » Quelques photos complaisantes avec un gros sourire hollywoodien, et la grosse bête curieuse, rassasiée, serait rentrée dans sa ruche. Le sujet Brel n'aurait quand même pas alimenté les gazettes pendant des mois. Il y aurait bien eu une autre maladie ou une grosse peine de cœur pour prendre le relais.

Seulement, c'est Brel. Et il déteste, il abhorre les compromissions. Il estime qu'il a droit à la paix et que ça ne regarde personne d'autre.

L'*Askoy* lève l'ancre et va se balancer quelque temps dans la jolie et calme baie des Saintes. Mais Jacques n'est plus tranquille. Ces gens qui le dévisagent sont peut-être des photographes déguisés en pêcheurs ? Des journalistes habillés en touristes ?

Ils auraient été bien à la Guadeloupe, s'il n'y avait cette idée fixe : fuir !

Et ils fuient, en effet, plus qu'ils ne naviguent, évitant les territoires français des Antilles où ils craignent d'être trop vite repérés. Ils récupèrent pourtant un passager, pas encombrant et discret : un canari. Jacques le prénomme César.

Et, au bout de trois mois de cabotage, le capitaine décide d'aller plus loin. Tant pis, ils ne connaîtront pas la Guyane où ils comptaient pourtant s'arrêter et ils se contentent d'une escale au Venezuela avant d'atteindre Panama. Le canal et c'est la grande aventure du Pacifique. Ils savent que la prochaine étape sera longue car Jacques n'a pas tellement envie d'aller aux Galapagos qui appartiennent à l'Équateur. Tous ces pouvoirs militaires d'Amérique du Sud, très peu pour lui. Cap sur les îles françaises du Pacifique !

Pendant ce long voyage, Jacques, qui recouvre peu à peu ses moyens physiques, ne reste pas inactif d'esprit. Il réfléchit, évoque avec Maddly toutes ces années passées [1]. Et il note, de temps en temps, des idées qui lui viennent, comme ça. Sans trop savoir quelle sera leur destination. Rien du tout, peut-être. Ou des textes de chansons. Ou un roman. Sans doute le projet d'un roman lui a, un jour ou l'autre, effleuré l'esprit. Mais un tel moyen d'expression, de longue haleine, lui aurait-il convenu ? Jusqu'ici, il a plutôt été sprinter que coureur de fond. Des nouvelles lui auraient sans doute mieux convenu. Ce n'est pas par hasard qu'il a une prédilection pour Maupassant.

Mais, petite poussière dans cette immensité liquide, on deviendrait volontiers philosophe... Alors, s'il prend des notes c'est sans intention préconçue. C'est sans doute pendant ces longs jours en mer qu'il conçoit « Jojo » et que naissent des bribes d'autres chansons...

Un mois sans voir la moindre terre. Un mois et demi. Jacques s'offre régulièrement le plaisir de cuisiner des plats raffinés dont Maddly profite. Heureusement, les stocks ne manquent pas. Il pourrait aussi pêcher quelques poissons. Mais, sur ce point, il est formel : Pas plus de pêche que de chasse. Laissez-les vivre !

Depuis le lointain départ, il s'est aussi livré à son goût de la pédagogie (qu'il ne possède guère !). Il tient à ce que toute personne montant sur l'*Askoy* apprenne son maniement. Dès l'Angleterre, il avait fait profiter ses passagers de ses connaissances récentes. Maddly, désormais, pourrait se débrouiller seule si, par malheur, il n'en était plus capable.

Heureusement, il n'en est rien. Ses forces reviennent, il mange de bon appétit et a retrouvé totalement sa truculence et

1. On lira à ce propos l'ouvrage de Maddly Bamy : « Tu leur diras », Éditions du Grésivaudan.

sa jovialité. Pour un peu, il en oublierait ses déceptions et ses tracasseries. Qu'est-ce qui les attend dans les îles du Pacifique ? Une meute de photographes ? Des gens curieux ou discrets ? Les gens ! Il aime bien imaginer comment ils seront, ceux-là, à l'autre bout du monde.

Penché sur ses cartes, il se livre aussi à des estimations. C'est peut-être ce qui lui plaît le mieux dans la navigation : les calculs. Se dire j'arriverai à tel endroit, tel jour à telle heure.

C'est parfois être optimiste quand on ne demande pas l'avis de l'océan. En plein dans la grande mare, les vents s'abaissent jusqu'au calme plat. L'*Askoy* reste là, immobilisé, se balançant doucement dans une mer d'huile. C'est le moment que choisit César, le canari, pour dramatiser la situation : il meurt, comme ça, bêtement.

Le capitaine et l'équipage au grand complet décident, dans la plus pure tradition, de lui faire des obsèques de marin. César est balancé par-dessus bord. Minute de silence.

Deux jours après, alors que le ketch progresse à la vitesse d'un caméléon, Jacques voit soudain une toute petite tache jaune qui avance, avance le long d'*Askoy*. Merde ! C'est César ! Il réussit à doubler le bateau...

Et les vents reviennent, redonnant vie au grand voilier noir.

Le 19 novembre 1975, au cinquante-neuvième jour de Pacifique, retentit le cri de la vigie : Terre ! terre !

Le capitaine a le sourire du triomphe modeste. Allons, il ne s'était pas trompé. Madame, voici les Marquises...

C'est inévitablement, pour tout navigateur, la première escale dans le Pacifique. L'île d'Hiva Oa se précise, tache verte avec son sommet pointu que taquinent les nuages. La capitale, si l'on peut dire, s'appelle Atuona. Elle se dissimule sans doute derrière les innombrables cocotiers, au loin. Ils iront en exploration plus tard. Jacques Brel, prudent, préfère mouiller dans une petite baie à bonne distance, pour éviter d'être trop remarqué.

Encore que l'endroit semble bien sauvage. Des arbustes, des broussailles courent sur une roche volcanique un peu rougeâtre. Et pas âme qui vive. Ah ! si, un petit rafiot avec un pêcheur. Quand il passe à proximité, il regarde ce bateau noir et son pavillon belge qui se balance au vent. L'homme salue, Jacques et Maddly répondent. Et il s'en va un peu plus loin continuer son activité.

— C'est calme ici, dit Jacques. On pourrait peut-être s'y reposer un moment...

# 10

# *Les Marquises*

***Le souvenir de Gauguin – Ces chères bonnes sœurs – Un avion nommé « Jojo » – Cinéma aux étoiles – Écoutez-le chanter !***

— Dis donc, le propriétaire du yacht voudrait te voir. C'est M. Brel...

Marc Bastard revient de la pêche quand le gendarme l'accoste pour lui transmettre cette invitation singulière. Bien sûr, il l'a vu, ce grand voilier battant pavillon belge. Mais comment dites-vous ? Brel ?

— Ce ne serait pas Jacques Brel, le chanteur ?...

— Je crois bien que si ! répond le gendarme.

C'est ainsi que le premier contact est pris entre la population d'Atuona et les nouveaux arrivants. Marc Bastard est un Européen, installé dans l'île depuis cinq ans et en Polynésie depuis plus longtemps. Ancien officier de marine, auteur de bouquins, il donne aussi des cours de mathématiques à l'école des bonnes sœurs.

Il se rend donc jusqu'à l'*Askoy* et, à leur demande, informe les voyageurs de la situation à Hiva Oa. La vie rude, le calme. Dame, ici, c'est la paix totale.

Voilà qui est bien. Le problème c'est atteindre le village. L'*Askoy* a jeté l'ancre un peu loin. Maddly et Jacques vont suivre une petite route au flanc de l'île volcanique pour atteindre Atuona, distant de cinq kilomètres. Jacques Brel, avec son unique poumon, a quelques difficultés pour respirer. Mais le temps ne compte plus. On peut s'arrêter sur le bord de la route en terre battue et sentir les odeurs mêlées des hibiscus, des frangipaniers ou des tiarés, ces fleurs blanches au parfum violent qui servent pour confectionner les colliers à Tahiti, là-bas, à mille cinq cents kilomètres.

Ici, ce n'est pas le haut lieu touristique. Tout juste quelques yachtmen, de temps à autre, surtout des Américains. Et, plus rarement, deux ou trois amateurs de découvertes qui profitent de l'avion hebdomadaire reliant à Tahiti depuis 1972.

C'est la France lointaine ! Un millier d'habitants sont disséminés dans les vallées, trois cents d'entre eux se concentrent à Atuona. Une rue traverse le village, avec une épicerie tenue par un Chinois. C'est la « factorerie ». On y trouve aussi bien des accessoires pour navigateur que du beurre d'Australie en boîte, en passant par des lessiveuses, des outils, des bières tahitiennes et des conserves diverses venant de Nouvelle-Zélande ou des États-Unis. Les denrées fraîches sont rares. Lorsqu'on connaît un autochtone, on peut obtenir du poisson ou des langoustes. Mais la pêche n'est pas une industrie, ici. Tout juste une activité artisanale. D'ailleurs, on se demande de quoi vivent ces Marquisiens quand ils ne sont pas employés communaux ou fonctionnaires.

Des fonctionnaires français, il y en a quelques-uns : des enseignants presque essentiellement. Deux ou trois gendarmes, aussi...

Jacques Brel et sa compagne ont vite repéré les lieux. On est loin de l'image paradisiaque des dépliants touristiques vantant la Polynésie. Ce qui limite, évidemment, le passage des « popas » (les étrangers au pays).

Il existe aussi un boulanger qui fournit un excellent pain qu'on va chercher tout chaud, si chaud qu'il vous brûle les mains. Puis, une autre petite épicerie. Une église, bien sûr. Mais il n'y en a qu'une. Seul le catholicisme s'est installé dans ces îles lointaines. Et, corollaire inévitable, l'école des bonnes sœurs. Elle accueille, en pension, quelque trois cents filles de toutes les îles voisines, les garçons étant dirigés sur Nuku-Hiva, l'île principale de l'archipel.

Et puis, il y a un souvenir qui plane, ici : celui du peintre Paul Gauguin. Fuyant Tahiti pour chercher la paix — lui aussi — il s'est installé à Atuona en 1901. On peut encore voir le terrain sur lequel s'élevait sa maison. Il est infesté de nonos, ces moustiques minuscules mais terriblement efficaces. En cherchant bien, on peut aussi trouver les ruines du puits dans lequel il mettait l'eau, et surtout l'absinthe, à rafraîchir.

Les histoires sur Gauguin courent encore à Atuona et Brel s'intéressera beaucoup à ses démêlés avec l'évêque qui vivait alors dans le village avec — paraît-il — deux concubines. Le peintre, sorte de Don Quichotte éthylique, tracassé par les gendarmes, par l'Administration, mourra en 1903 et sera enterré au-dessus du village, dans un cimetière qui mériterait d'être appelé « cimetière marin ». La vue du visiteur y plonge sur la baie des Traîtres vers laquelle descendent les cocotiers.

La fille de Gauguin vit d'ailleurs encore, à Puamau, dans la vallée extrême de l'île. Elle est facilement repérable, c'est la seule Marquisienne qui ait les yeux bleus. Et, chez les sœurs, il y a toujours des descendantes du maitre de Pont-Aven : aujourd'hui ses arrière-arrière-petites-filles. Elles sont connues pour être nulles en dessin !

Jacques Brel, ayant ainsi pris le pouls d'Hiva Oa, excursionne dans les environs. Il se rend aussi à Tahiti pour « voir » et surtout pour passer quelques examens de contrôle après son périple sur la mer.

Tahiti, c'est la caricature de notre civilisation. Les plages n'y ont pas cette blondeur qu'on leur accorde en Europe. Et les Tahitiens se laissent un peu tourner la tête par les touristes américains, australiens ou français. A Papeete, la circulation semble incongrue. On y crève de gaz d'échappement et de superficiel. Brel n'appréciera jamais, même en nouant quelques relations solides.

A Atuona, c'est tout le village ou presque qu'il va rencontrer d'un seul coup, le 1er janvier 1976. Pour fêter le nouvel an, le maire, Guy Rauzy, invite sur une plage de sable noir les résidents comme les touristes de passage. On mange, on boit, on lie connaissance. Guy Rauzy est un jeune maire d'allure très européenne qui bouillonne d'idées pour son île (toutes les vallées sont, en effet, rattachées administrativement à Atuona). Il veut donner à ses jeunes concitoyens l'envie de rester là plutôt que d'aller se brûler aux lumières de Papeete, le « Paris » de la Polynésie française. Il sympathise aussitôt avec Jacques, tout comme Marc Bastard, tout comme Raymond, un ancien viticulteur de Bourgogne qui en a eu assez, un jour, de cette vie idiote où tout est basé sur le profit. Heureusement, il existe encore quelques parcelles de terres perdues dans l'océan pour accueillir les déçus de la civilisation avancée. Les religieuses, le curé, le postier, des enseignants sont là aussi, et Jacques est aimable avec tous, discutant du pays, des conditions de vie...

Les Marquisiens, dans l'ensemble, ne se lient pas facilement. Jamais hostiles, plutôt indifférents. Ou ils en donnent l'impression. En fait, ils observent les nouveaux venus et c'est seulement avec le temps qu'ils accordent éventuellement leur amitié. Une amitié toute simple car le niveau intellectuel, ici, est modeste. Le langage est rudimentaire, les connaissances générales plus encore. Une certitude, en tout cas : ils ne demanderont pas d'autographes à M. Jacques Brel dont ils ignorent totalement le passé. Et, quand bien même ils l'apprendraient, ça ne leur ferait ni chaud ni froid. Les chansons à texte ne les concernent pas. A la radio, en dehors des chants polynésiens, plus ou moins modernisés, ils écouteraient plus volontiers Tino Rossi. Ah ! si Tino était venu échouer ici, il aurait trouvé des admirateurs ! Mais, Brel, ce n'est que le popa arrivé avec son gros voilier et qui repartira sûrement un de ces jours comme il est venu...

Il repart en effet vers la fin janvier mais en laissant le bateau ancré. Un voyage rapide vers la France, sans doute pour y passer des examens de contrôle et régler quelques affaires. Les journaux consacrent une « brève » à ce passage éclair : « Selon ses amis locaux, il pourrait revenir dans quelques semaines en Polynésie et, peut-être, s'y installer définitivement. »

Ce n'est pas faux. Il y songe en rentrant par le chemin des écoliers : une visite aux Antilles. A Haïti, Joël Le Theule, ancien ministre gaulliste et député-maire de Sablé (Sarthe), déjeune même avec lui. Il rapporte la nouvelle dans quelques gazettes : Brel va bien !

« J'ai été très impressionné par l'analyse qu'il fait de questions fondamentales qu'il pose d'ailleurs dans une perspective très spiritualiste. J'ai l'impression qu'il revient de lui. Il était prisonnier d'un genre de vie brillante et éreintante. »

Et Joël Le Theule[1] conclut :

« Voilà au moins un homme qui a fait un pas ! »

Le second pas, il ne va pas tarder à le franchir en retrouvant les Marquises. Il n'est pas encore vraiment fixé sur Hiva Oa et rayonne un peu dans le secteur pour avoir une idée des autres îles. Des douze qui composent l'archipel, la moitié est habitée. La « capitale » en particulier, Nuku-Hiva avec son village principal, Taiohae, accessible seulement par la mer. Le voyageur arrivant par avion à l'aérodrome de Terre-Déserte — la bien nommée — doit emprunter un truck (petit bus) puis un bateau.

Quelque temps après son arrivée à Hiva Oa, Jacques Brel — dont la présence a été évidemment signalée — est invité à Nuku-Hiva. Il visitera l'île. C'est beaucoup mieux desservi, on y

1. Aujourd'hui décédé.

trouve du ravitaillement plus facilement. Il verra, il se plaira ici...

Quand Maddly et Jacques arrivent à Taiohae, Jacques serre le bras de sa compagne : tous les notables du coin sont là, avec les fonctionnaires et les responsables administratifs en tenue de gala. Une marque de déférence qui manque de psychologie ! On croyait lui faire plaisir, à M. Brel ! Lui, il a compris. Il reste poli, salue gentiment et, au retour, dit à Maddly : « On est quand même plus tranquilles à Atuona... »

L'idée de rester ici a commencé à se faire jour dans son esprit. Petit à petit, matin après matin, il apprécie ce calme, cette absence de curiosité malsaine qu'il ne connaît que trop, ces rapports simples avec les habitants. C'est une joie d'aller chercher le pain brûlant, de faire la queue chez le Chinois où chacun le salue, maintenant. Les chemins, les maisons de bois, les arbres lui sont familiers. Il s'en ouvre au maire :

« Trouve-t-on des locations, ici ? »

Difficile ! Le nombre de constructions correspond au nombre de foyers. Ou alors, les propriétaires sont loin, à Tahiti, et préfèrent laisser la maison tomber en ruine plutôt que de la louer.

On approche du printemps. Enfin, de la moitié de l'année. Car, ici, la notion de saison est plutôt floue. S'il n'y a pas d'hiver, cela n'est pas l'été non plus. Toujours des fleurs, de la verdure. Simplement une période particulièrement pluvieuse. Le pic Feani se couvre de gros nuages et, soudain, c'est l'averse. Des gouttes énormes qui traversent les vêtements légers. Mais, au bout d'une heure, le soleil revient, brûlant, pour sécher aussitôt la chemise comme le sol.

C'est en mai qu'une possibilité s'offre aux navigateurs : un gentil bungalow en bois, perdu dans la verdure, légèrement au-dessus du village. C'est simple. Le chemin continue vers le cimetière. Un excellent voisinage : d'un côté Gauguin, de l'autre les religieuses. Leur institution est juste au-dessous de la maison et, en prêtant attention, on peut entendre les fillettes apprenant leurs cours à haute voix.

La maison leur plaît. Ils vont poser leur sac. Elle est vert pistache, couverte de tôle ondulée de couleur, comme la plupart des habitations du village. Le propriétaire, croyant leur faire plaisir, propose aussitôt de faire monter des murs en parpaing, plus consistants que le bois. Surtout pas ! Jacques décide simplement de faire repeindre l'extérieur en blanc. Le blanc, c'est la couleur des pays exotiques. Il protège des rayons du soleil, tous les ouvrages vous le diront. D'ailleurs, a-t-on vu des Pères noirs dans les territoires d'outre-mer ?

C'est tout vêtu de blanc que le couple descend au pays, à l'étonnement des Marquisiens, peu habitués aux efforts d'habillement. Mais ils les ont acceptés, ces deux-là, surtout les gosses que Jacques amuse avec des mimiques. Les femmes aussi apprécient les deux popas. Maddly a entrepris de décorer l'intérieur de la maison et, mine de rien, elles prennent des leçons pour habiller un mur avec du tissu ou pour installer des rideaux.

« Ces gens-là ont besoin qu'on les aide, dit Jacques, mais sans les contraindre. »

Les Blancs ont toujours voulu imposer leur civilisation. Il est plus important de leur donner le goût des choses.

Petit à petit, la vie s'organise ainsi dans la maison blanche qu'on devine tout juste de l'extérieur. Jacques a apporté les livres qu'il avait sur le bateau [1]. Il en fait venir d'autres, ainsi qu'une chaîne stéréophonique, un réfrigérateur. Puis des éléments de cuisine. Le confort s'installe. C'est la sagesse de Brel. Il sait bien qu'il ne pourrait vivre comme eux, d'autant qu'il est diminué physiquement. Il peine pour respirer quand l'atmosphère est trop lourde. Alors, il fait installer la climatisation.

Tout ce matériel arrive par la goélette. Un joli nom pour l'affreux cargo qui assure le service maritime une fois par mois. Par habitude ou par coquetterie, il est resté « goélette ».

Et Jacques apprend à vivre. Pendant des années, de sa jeunesse à sa maturité d'homme, il a vécu sans rien voir autour de lui. La route, la scène, les restaurants, les hôtels, les bars avec ces nuits interminables, pleines d'alcool et de fumée qui lui ruinaient la santé. Il ne sait même pas comment poussent un légume, une fleur. Et là, au cœur de ce jardin naturel, il a envie de semer, de planter, de voir rougir des tomates, d'arracher un radis, de repiquer des salades. Il est plein d'idées, de projets. Mais, comme toujours, il les canalise. Chaque jour, il dresse un programme qu'il suivra, sauf imprévu prioritaire.

Il est loin, le couche-tard ! A Atuona, l'électricité communale fonctionne jusqu'à 22 heures. Après, c'est l'extinction des feux ! Une raison supplémentaire pour aller tôt au lit. Parfois, Jacques s'amuse à chercher une station sur son poste à transistors pour écouter les informations et savoir « s'il n'y a pas la guerre ». Et le matin, à 6 heures, il est debout, prêt à

1. L'*Askoy* sera d'ailleurs vendu à un jeune couple américain parce que Jacques le trouve sympathique...

remplir son emploi du temps. Les coqs, les innombrables coqs d'Atuona se répondent, de maison en maison. Ici, la volaille vit à l'état naturel. Elle compense la faiblesse de la faune. Les oiseaux, en particulier, se réduisent à peu près aux merles des Moluques.

C'est le postier, « Fiston » Amaru, avec qui il entretient une bonne amitié, qui va lui offrir des perruches. Sans doute, la cage est-elle rudimentaire puisqu'elles ne tardent pas à s'échapper et vont se réfugier dans la cour de l'école des sœurs. Du coup, Jacques installera une grande volière à l'entrée de la maison.

Avec les sœurs, il entretient aussi des relations qui vont plus loin que le simple voisinage. Quand il va chercher son pain à la boulangerie qui fait face à l'institution, il va souvent saluer les « bonnes sœurs », comme il dit, et s'amuse à les taquiner un peu. Elles rient de bon cœur, surtout quand il leur raconte une histoire en mimant chaque phrase. Avec le curé, les rapports sont cordiaux. Quelquefois, Jacques s'accroche — gentiment — avec le prêtre.

« Les religions détournent les hommes des choses importantes », lui dit-il, en reprochant le conservatisme des missions. Voilà peu, les filles ne devaient pas regarder les garçons... On en était là. Et, aujourd'hui encore, les gamines n'ont pas le droit de porter le paréo qui est pourtant la tenue polynésienne par excellence. Et c'est en jupe ou en robe qu'elles vont se baigner, ou du moins barboter, sur la plage de la baie des Traîtres où des rouleaux incessants drainent des résidus volcaniques, comme du sable noir, qui entrent dans les vêtements.

Il n'empêche que M. Brel n'a pas oublié son éducation religieuse, quoi qu'il dise. Même sur ce sujet, il veut être le meilleur. La supérieure s'en aperçoit quand, parlant des « dix commandements de l'Église », elle est reprise prestement :

— Vous voulez parler des dix commandements de Dieu ? dit-il.

Et le curé à qui la supérieure rapporte l'anecdote remarque, admiratif :

— Il a raison, bien sûr. Ses connaissances sont solides !

Brel est d'ailleurs le premier à proposer ses services aux religieux s'ils ont besoin d'un coup de main. D'autant qu'il s'est acheté une voiture Toyota verte à quatre roues motrices. Ce n'est pas un luxe, c'est indispensable pour circuler sur les chemins que les pluies transforment en bourbiers.

Pour se rendre à la piste d'aviation, c'est, à certaines

époques, une véritable expédition. Les treize kilomètres de virages, de pentes, en bordure de précipices, en représentent soixante quand le déluge érode la terre instable et crée des trous énormes.

L'aviation, Jacques ne l'a pas oubliée. Il aimerait bien piloter, acheter un petit zinc. Mais, pour cela, il lui faudrait passer un examen de contrôle, faire valider ses brevets et trouver un coucou d'occasion. Tous les Européens poussent de grands cris : ce qu'il demande là est impossible. Jamais il ne trouvera un avion potable en Polynésie. Il ferait mieux de renoncer à cette idée...

Lui, renoncer ? Ils ne le connaissent pas le « vieux Brel ». Il ne dit rien mais prépare son coup tout en mijotant de bons petits plats.

Dans cette île de quarante kilomètres sur dix-neuf, le bruit a vite couru que la table de Brel valait un détour. Avec cuisine ultra équipée — il faut ce qu'il faut ! — il se lance, livre en main, dans des recettes compliquées, allant jusqu'à Bocuse. Et la cave ne cède en rien, avec une bonne provision de champagne dont il aime faire péter le bouchon :

« Il ne faut pas que ça vieillisse ! » dit-il.

Régulièrement, il invite à sa table les relations : maire, gendarmes, enseignants, Marc Bastard ou Raymond le viticulteur.

— Salut, le paysan ! lui dit-il.

Et l'autre de répliquer :

— Tais-toi, l'artiste !

Tous apprécient les qualités du « chef ».

« Le meilleur de la région ! » affirme-t-il, en étant sûr de ne pas se tromper.

Les religieuses figurent aussi parmi les invités occasionnels. L'une d'elles, originaire des îles Cook, en garde un souvenir ravi : c'est M. Brel qui lui a fait manger, pour la première fois, du caviar. Au menu, ce jour-là, il y avait du bœuf braisé et, comme dessert, des délicieux gâteaux, spécialité de Maddly.

Et puis, il y a les pilotes d'Air Polynésie. Lors de la liaison hebdomadaire, le pilote du petit avion de huit places vient passer la soirée chez ce « confrère » qui lui parle d'aviation comme un professionnel.

Il a la cote d'amour avec ces « Mermoz » du Pacifique, ces habitués des pistes impossibles. Souvent, ils profitent de la liaison pour apporter des légumes (une richesse), des produits frais ou quelque accessoire indispensable. Avec eux, il pourrait sans doute dénicher le vieux coucou qui serait encore capable de voler.

En novembre de cette année 76, peu de temps après sa visite de contrôle, il se rend, de nouveau, chez le médecin qui le connaît bien, maintenant. Il doit vérifier son état physique pour être apte à piloter. Émotion : sa capacité thoracique est insuffisante. Adieu les escapades dans le ciel ? On s'aperçoit heureusement à temps que le spiromètre ne fonctionne pas. Eh ! Tahiti, ce n'est pas Paris ! Et les conséquences de ce sous-équipement qui semblent une blague aujourd'hui seront, hélas, dramatiques un peu plus tard.

Pour l'instant, il peut voler. Mais encore faut-il triompher des difficultés administratives, plus dures à surmonter qu'un handicap physique. D'abord, il est belge et nous sommes en territoire français. Ensuite, il ne veut pas se contenter de « vol à vue » avec un vulgaire coucou, mais tient à trouver un gros zinc, capable de transporter des passagers. Les démarches succèdent aux démarches. Seule son obstination vient à bout des fonctionnaires. Il reste à trouver l'avion.

Il le découvre enfin. C'est un ancien « transporteur » déclassé, à l'aspect plutôt miteux. Un bimoteur américain Tween Bonanza. La liste des réparations s'allonge à chaque visite. Jusqu'au jour béni où le certificat de conformité est délivré. L'année 1977 vient d'être entamée. Aucun Olympia ne le rendrait plus heureux que le jour où il revient de Tahiti aux commandes et se pose sur le terrain d'Hiva Oa.

Avec cet avion — qu'il va appeler « Jojo », en souvenir de son ami — le prestige Jacques Brel est monté de plusieurs crans à Atuona. Pensez, un avion à lui, alors que, cinq ans plus tôt, on ne savait même pas que ça existait !

C'est d'autant plus apprécié qu'il compte bien en faire profiter les autres. Dans cette île où il a enfin trouvé la paix, il réalise directement ce qu'il ne pouvait tenter qu'indirectement avec ses chansons : aller vers les autres.

Rendre service, c'est aussi un moyen de communiquer avec ces gens que des discussions philosophiques ou artistiques laisseraient froids. Désormais, quand Maddly et Jacques se rendent à Papeete, ils font d'abord un tour du voisinage :

« As-tu besoin de quelque chose ? »

Ils prennent note consciencieusement et reviennent avec leur liste de commissions. Parfois, ils emmènent aussi un passager qui ne peut attendre la liaison régulière. Un Européen souvent, un Marquisien parfois. Ce n'est pas un choix délibéré, bien sûr. Mais les autochtones ont des réactions qui déconcertent Brel, homme organisé à l'esprit plutôt cartésien. Ils ont une tout autre philosophie de la vie et, comme ils n'attendent rien, le temps n'est pas une notion très précise pour eux.

Ainsi, il est arrivé qu'un Marquisien vienne le relancer trois ou quatre fois pour partir dans une autre île ou à Papeete.

« D'accord, dit Jacques, nous irons jeudi. »

Le jeudi, plus personne. Un bateau est passé entre-temps. Le Marquisien l'a pris sans hésiter. Peu importe qu'il mette quatre jours au lieu de quelques heures. L'essentiel, c'est qu'il soit parti !

« Ça, c'est très marquisien ! » dit simplement Jacques en riant.

Bientôt, il poussera plus loin la notion de service en assurant, une fois par semaine, le vendredi, la liaison avec Hua Pou, abandonnée par la compagnie officielle pour cause de rentabilité.

Le vendredi matin, il se lève à 5 h 30 et embarque courrier et passagers vers l'île voisine où des roches s'élèvent comme des tours de cathédrale. La piste mérite à peine ce nom. Elle est cabossée et très courte. Une erreur et c'est le plongeon dans la mer.

Songe-t-il à Saint-Exupéry, ce Don Quichotte de l'aviation, quand il survole les nuages et s'offre, de temps à autre, une bonne petite peur ?

Un matin, en s'alignant sur la fameuse piste, il voit brusquement des ouvriers avec une brouette. Trop tard pour remettre les gaz ! Les ouvriers s'enfuient à toutes jambes, mais laissent la brouette.

— J'ai dû sauter par-dessus ! raconte-t-il un peu plus tard aux bonnes sœurs qui s'offrent leur crise de fou rire quotidienne. Car, lorsqu'il raconte, tout son corps s'anime. C'est la scène, un peu exagérée, qui revit devant ses interlocuteurs. Les bonnes sœurs, quand elles l'entendent, se précipitent pour « ne pas manquer Monsieur Brel ! » Elles ont droit, elles aussi, à des promenades en avion.

Un jour, il se précipite à l'école.

— Mes sœurs ! Le ciel est si clair que j'ai vu cinq îles en même temps. Il faut que vous en profitiez !

Et le voilà parti avec sœur Rose et sœur Elisabeth, dans la Toyota, jusqu'à la piste.

— Vous voyez ? C'est beau, n'est-ce pas ! crie-t-il, lorsqu'ils sont assez haut dans le ciel. En bas, tout en bas, sur la mer tendrement bleue, on distingue, autour d'Hiva Oa, Tahuata, Fatu Huku, Motane (l'île aux Moutons) et plus loin, Fatuiva.

Si ce n'était la présence des sœurs, je dirais que Brel est heureux comme un dieu.

— Je vais vous emmener à Ua Huka !

L'avion vire brusquement. Les sœurs poussent de grands cris.

— Vous n'avez quand même pas peur de la mort, mes sœurs ?

Il lui arrive aussi, plus sérieusement, d'évacuer un malade en cas d'extrême urgence. C'est qu'ici, au-delà du petit bobo, il n'y a rien pour vous soigner. Mais, contrairement à ce qu'on racontera plus tard, Jacques Brel ne s'est pas fait une spécialité des évacuations sanitaires ! Il n'aurait pas voulu empiéter sur les services officiels. Il gardait simplement un stock d'essence en réserve, pour un éventuel besoin.

L'essence, en effet, est une denrée rare à Atuona. Pour l'avion, bien sûr, mais aussi pour les automobiles. Pas de distributeur. Chacun possède sa réserve dans des fûts et veille à ne pas se laisser démunir entre deux goélettes.

***

Avec l'intrusion de « Jojo » dans sa vie quotidienne, Jacques Brel doit, plus que jamais, s'imposer un emploi du temps. Il veut réaliser tellement de choses diverses, comme si la vie lui était comptée.

Quelque temps auparavant, il s'était entretenu avec Guy Rauzy, le maire. Ces gens-là n'ont pas de distractions. C'est pour ça que les jeunes ne pensent qu'à partir. Un langage qu'il tiendra aussi à Paul Causseran, commissaire français à Tahiti, lorsqu'il le rencontrera au cours d'une réception sur un bateau militaire. Ils se reverront fréquemment et Jacques tiendra un langage de parlementaire :

« Il n'y a que Papeete qui compte. Les gens peuvent crever, ici, personne ne s'en soucie. »

Il a des projets à foison et parle même de créer une compagnie d'avions-taxis !

Pour en revenir au maire d'Atuona, il est bien d'accord avec Brel. Mais c'est toujours ce problème d'argent ! La seule distraction « moderne », c'est le cinéma du curé, de temps en temps, quand le projecteur 16 mm veut bien marcher et quand on peut obtenir des films. Le cinéma ? Ça le connaît un peu. Il a touché à ça « dans le temps ». Il a été acteur, auteur, réalisateur, mais pas encore opérateur. Pour remédier à cette lacune, il fait venir un projecteur 35 mm, un appareil de professionnel. Carrément !

Un grand écran pour cinémascope est tendu, deux fois par semaine, en plein air, à côté de la Maison des jeunes (un nom pompeux pour désigner des sortes de halles). Et c'est Jacques ou Maddly qui se chargent de la technique. Plus tard, ils « formeront » un jeune Marquisien.

Et, comme de juste, Brel ne fait pas les choses à moitié. Les films, il les veut récents, de qualité. Il téléphone, use d'amitiés pour obtenir des copies que les copains aviateurs apportent en oubliant parfois de faire payer. Car le transport coûte cher et les films pèsent quelques dizaines de kilos.

Et il est ravi du bon tour joué à Tahiti quand il obtient une copie avant Papeete, comme *Grease* avec Travolta, par exemple. Autres succès qui marqueront l'histoire du cinéma à Atuona : *Le Jour le plus long* et *Bonnie and Clyde*. Une rare infraction au règlement édicté par Jacques qui se veut aussi le défenseur moral des Marquisiens : les films, il les choisit lui-même, sans histoires de fesses (d'abord les bonnes sœurs seraient outrées) et sans violence. Il considère que la violence est déjà en eux à l'état latent, certaines fins de semaine, quand ils ont ingurgité force bières. Alors, il ne les encouragera pas dans cette voie ! Par principe, les spectateurs paient une petite participation : 100 francs Pacifique par personne (environ 5 de nos francs). Un tarif modeste. A tel point qu'une religieuse qui profitait d'un séjour à Tahiti a été outrée de payer 400 francs.

« Je préfère aller aux Marquises. C'est moins cher ! »

La caissière en est restée toute songeuse.

Le cinéma, l'avion occupent déjà une bonne partie de la semaine. Et Jacques tient à se réserver une bonne part de farniente. Il a fait installer une petite piscine dans laquelle il adore faire trempette. Au fond, il ne s'est jamais beaucoup baigné. En bateau ? Pas le temps. Il se mouillait quand il fallait nettoyer la coque. Et, à Atuona, la plage ne permet pas de nager avec ses énormes vagues qui viennent mourir aux pieds des cocotiers.

Des cocotiers, justement, il veut en planter tout autour de la piscine. C'est facile, il suffit de ramasser une noix germée. Et aussi des hibiscus, des frangipaniers, des cannas, des bananiers. Des fleurs, de la verdure partout. Le calme dans l'exubérance. Avec de la musique en fond sonore. Même ces bons dieux de coqs qui ignorent complètement les horaires ne couvriront pas Mozart ou Debussy.

La chaîne stéréo tourne pratiquement en continu. De la

musique classique, presque exclusivement, avec aussi des chants antillais ou polynésiens. Mais pas de chansons ! Sauf une petite exception : il a incorporé dans une bande un air sympa que lui a dédié Pierre Perret :

« Notez sa nouvelle adresse
Il vit dans le vent sucré
Des îles nacrées [1]... »

La chanson ! Il s'était promis, en partant de France — comme c'est loin, déjà — d'enregistrer un disque tous les dix-huit mois. Il a même signé en 1972, avec Barclay, un contrat unique dans les annales : trente-trois ans renouvelables. En fait, ils avaient songé à se lier professionnellement pour la vie, mais c'était juridiquement impossible. Le résultat était le même : dans trente-trois ans, il en aurait quatre-vingts ! Un vieillard vénérable. Ou tonitruant...

Et puis, les jours passent. Les semaines. Les mois. Au début, il travaillait régulièrement et cette sale maladie était arrivée...

Depuis, il a noté plein d'idées, de mots, de phrases même, sur des bouts de papier, des cahiers. Mais rien de concret.

Et puis voilà que, ce nouveau rythme établi, il a laissé les idées envahir son imagination.

Il a sûrement réfléchi longtemps avant de poser la question à Maddly :

— Dis, la Doudou, ça te plairait que je fasse un disque ?

Elle a sauté de joie. D'abord, parce qu'elle avait envie de voir naître des œuvres, de voir au travail cet auteur-compositeur qu'elle n'a jamais connu. Et, surtout, parce que c'est la preuve que la santé n'est pas si mauvaise.

Il a repris sa guitare. Mais il se sent un peu limité avec le seul instrument de ses débuts. Alors, il n'hésite pas à faire venir un orgue électronique par la goélette.

C'est l'étonnement et la joie chez les Marquisiens, fous de rythme, quand ils voient débarquer ce magnifique jouet. Ils poussent des « Ahi ! » ravis en battant des mains.

Mais personne ne s'avisera jamais d'aller déranger Jacques Brel pour écouter sa musique. Le matin, il s'enferme dans son bureau et essaie d'oublier ce qui l'entoure : les perruches qui jacassent, les coqs qui disputent leur concours permanent, les fleurs qui embaument, le soleil qui miroite sur l'eau bleue de la piscine.

Désormais, plus rien ne compte. Il compose.

1. « Ma nouvelle adresse ». Éditions Adèle.

Et, juste au-dessous, des mélodies s'insinuent, couvertes par une voix puissante et mâle.

« Ce Jacques Brel, dit une sœur, il est toujours de bonne humeur... Écoutez-le chanter !... »

# 11

# *Ces gens-là*

*Le grand retour – Vous n'avez pas vu un poumon ? – Lancé comme une lessive – Le technicien des religieuses.*

« Et la fatigue plante
Son couteau dans mes reins... »

Depuis bientôt neuf années, l'auteur-compositeur s'est tu. Tout juste l'a-t-on aperçu interprétant « Ne me quitte pas » dans un décor de bistrot pour le film du Canadien Denis Héroux. Film tiré de *Brel is alive.* Mais la sortie tardive en France [1] est pratiquement passée inaperçue.

Et là, brusquement, le créateur se réveille. Enfermé dans son bureau, il travaille plusieurs heures par jour. C'est assez pénible avec un seul poumon. Parfois, cette fatigue dont il parle dans « La ville s'endormait » l'oblige à s'arrêter, à s'allonger avec un bouquin dans les mains. Ou avec la chatte Mimine sur ses genoux. Car il y a aussi une gentille minette que Maddly et lui ont recueillie et qui a une attirance certaine pour le « patron ».

Il arrive aussi que Brel et sa compagne effectuent une petite promenade en discutant des créations en cours. Jacques, qui s'appuie sur une canne pour se ménager, s'est laissé pousser la barbe. Quelques taches blanches apparaissent ici et là dans les poils sombres. Hé ! il atteint les quarante-huit ans ! Bientôt le demi-siècle ! C'est l'âge de la sagesse, sans doute, mais pas tout à fait celui de la sérénité. La barbe, c'est en prévision du

1. Par amitié pour Mort Shuman, Jacques avait tourné cette séquence en 1974 avant de partir. Le film, apprécié aux U.S.A., ne sortit qu'en 1976 à Paris.

débarquement à Paris, pour tenter d'échapper plus facilement aux journalistes qui ne manqueront pas de le pourchasser. Il n'a jamais été extrêmement attiré par les représentants de cette profession mais, métier oblige, il avait bien été obligé de composer avec eux pendant une longue période.

Il avait même eu de bons rapports avec quelques-uns d'entre eux. Mais il en est d'autres dont il ne peut accepter les méthodes. Ceux qui, sachant qu'il désire être en paix, viennent quand même violer sa tranquillité. Bien sûr, il pourrait laisser faire. Dix images de lui en plus ou en moins, qu'est-ce que cela change ? Mais il sait bien que ce n'est plus l'auteur-compositeur qui les intéresse. Seulement le malade. Ses traits laissent-ils deviner les ravages du cancer ? Est-il oui ou non sauvé ? Cela, il ne peut l'accepter.

« Il faut toujours s'indigner ! dit-il. Sinon c'est de la soumission. »

Déjà, lors de son dernier passage rapide à Paris, il a été pris en filature par des « paparazzi » et a failli devenir violent. Autant éviter les heurts en croyant, naïvement, passer inaperçu derrière la barbe poivre et sel...

Deux ou trois chansons devaient être déjà fortement élaborées avant son départ sur *Askoy*. Les thèmes n'ont rien à voir avec son nouveau paysage, sinon « Les Marquises » qu'il mijote en regardant autour de lui. Et il y a aussi une inspiration locale avec « La Cathédrale ». C'est le grand rocher pointu de Hua Pou qui l'a mis sur la voie.

« Et voici le Pacifique
Longue houle qui roule au vent
Et ronronne sa musique
Jusqu'aux îles droit devant[1]. »

Il y associe le long périple nautique, évoquant l'Angleterre, les Açores, Madère, les Canaries — de triste mémoire —, Panama et, au passage, l'endroit où il aurait bien aimé s'installer :

« Putain, les Antilles sont belles
Elles vous croquent sous la dent[1]... »

Mais sa mouture ne le satisfait pas. Il s'en ouvre à quelques proches dont Marc Bastard :

« Je ne la sens pas bien. Elle n'est pas au point... »

En fait, son « matériel » pour le prochain disque — qui

1. Œuvre intégrale. Éditions Robert Laffont.

pourrait être un double album — tourne autour du souvenir de « Jojo ».

« Six pieds sous terre, Jojo, tu frères encore... » « Tu frères encore... » Une trouvaille verbale qui, techniquement, est bien de la famille de ces bigotes « qui cimetièrent à petits pas... ».

Et « Voir un ami pleurer » se plonge dans les mêmes racines. Les deux textes sont les branches d'un même arbre d'amitié et de nostalgie.

Les autres chansons ont d'ailleurs un côté « revue d'ensemble » avec des réminiscences de textes précédents. — « Et puis si j'étais le Bon Dieu » disait-il dans « Fernand ». Voici « Le Bon Dieu ». Avec « Knokke-le-Zoute » (un vieux différend !), le tango argentin rappelle « La Chanson de Jacky ». Et il persiste et signe dans « Les F... » où, suprême injure, il n'écrit que l'initiale du « mot infâme ». Curieusement, la musique lui vient d'Hiva Oa puisqu'il l'a entendue incidemment lors d'une fête chez les bonnes sœurs. Traficotée, coupée, aménagée, la mélodie ne serait peut-être pas reconnue par son père, Joe Donato...

Pour pousser un peu plus loin le clin d'œil sur son passé, il a même composé un texte rigolard qu'il compte dire avec l'accent bruxellois : « Histoire française. » Elle évoque un Parisien un peu con qui a apporté des bonbons « parce que les fleurs, c'est périssable ». Ça, c'est une histoire française, une fois !

Peu à peu, les chansons se précisent, s'ajoutant les unes aux autres. Dix-neuf textes au total — dont dix-sept en musique — cruellement lucides, qu'ils soient tendres, comiques ou inquiétants comme « Vieillir », où l'on songe au « Moribond » mais avec une autre amplitude...

« Mourir face au cancer
Par arrêt de l'arbitre... »

Est-ce pour conjurer le sort que dans huit chansons sur dix-sept, il évoque la mort ? Une provocation ou une sourde crainte ? Sûrement qu'il aimerait vieillir, ici, dans cette tiédeur où « gémir n'est pas de mise ».

« Les Marquises », c'est avant tout une observation. Avec un regard mélancolique, comme s'il craignait bientôt de ne plus jouir du spectacle de « ces femmes lascives au soleil redouté » ou de ces « cocotiers qui écrivent des chants d'amour ».

L'avenir, bien sûr, est au hasard.

Exceptionnellement, une chanson traite de politique. Ou du moins d'un personnage politique. Avec « Jaurès », c'est sans doute un hommage qu'il a voulu rendre à l'homme intègre vers qui pouvaient se porter les espoirs des pauvres gens. La politique, d'ailleurs, ne l'a jamais laissé indifférent, bien qu'il ne se soit jamais affilié à un parti (on s'en doute !) et, s'il ne pouvait voter sur territoire français, étant belge, il déléguait Maddly, après en avoir parlé avec elle.

Une confiance qu'il n'a pas toujours eue envers les femmes ! Cette fois encore, l'image de marque est préservée. Avec « La ville s'endormait » (en pourboire, un coup de patte à Aragon, à Jean Ferrat et à la femme « avenir de l'homme ») et surtout « La Lionne », les exégètes vont encore se déchaîner sur sa misogynie. Ils auront du mal à rapprocher ces deux textes d'un troisième : « Orly. » Sa plus belle chanson d'amour selon lui. En tout cas, c'est bien la première fois dans toute son œuvre qu'une femme est posée en victime. C'est elle, cette fois, qui, abandonnée par l'homme, reste seule dans cette aérogare déshumanisée.

« Elle a perdu des hommes
Mais là, elle perd un amour[1]... »

Quelque chose a changé en lui, quand même ! On le sent aussi plus contenu, moins bouillant, si l'on excepte « Les F... »

Si Maddly suit la genèse de ces chansons, quelques privilégiés ont, parfois, l'honneur d'en entendre des extraits sur bande magnétique. Jamais, il ne les interpréterait lui-même devant quelqu'un. Ce n'est pas par fidélité envers son engagement (jamais plus je ne chanterai en public) mais simplement par pudeur.

Peut-être existe-t-il de rares exceptions. J'en connais une : une fillette marquisienne était victime d'un double glaucome. Pour sauver sa vue, elle devait être soignée à Paris. Comme tous les Marquisiens, elle ignorait complètement la célébrité de Jacques Brel. Et c'est à l'hôpital qu'elle découvrit ses chansons.

La pauvre fillette, devenue une passionnée de Jacques Brel, revenait malheureusement aveugle à Atuona. Et elle tentait de combler ce terrible handicap en s'offrant du bonheur dans le cœur.

« Dis, tu crois que je pourrai parler à Jacques Brel ? » demanda-t-elle un jour à Marc Bastard.

Celui-ci ayant joué les intermédiaires, la fillette vint timidement saluer le « grand poète » comme elle l'appelait mainte-

1. « Orly » et « Les Marquises ». Disque Barclay.

nant. Jacques, profondément ému, prit alors sa guitare et, pour elle, rien que pour elle, se mit à chanter :

« Ils parlent de la mort comme tu parles d'un fruit
Ils regardent la mer comme tu regardes un puits[1]... »

« C'est beau ! » s'écriait la fillette tandis que de grosses larmes coulaient doucement de ses yeux sans vie.

***

Fin août. Le temps est venu de partir chez les « civilisés ». Jacques n'a jamais interrompu la correspondance avec les amis des temps anciens : Charley Marouani, François Rauber, Gérard Jouannest. C'est donc tout simplement par courrier que les musiciens apprennent le retour prochain du « Patron » avec du travail dans ses cartons. De la même façon, Eddy Barclay est informé et retient le studio d'enregistrement. Bien entendu, la plus grande discrétion est de rigueur...

Avec les techniciens, les attachés de presse, les ceci, les cela, Jacques n'y croit pas trop. Encore une fois, on va immortaliser ses traits tirés... L'image de la maladie n'est-ce pas...

Toutes les chansons ne sont pas au point. On verra sur place. Pas en route. Car ils ont décidé de partir, en touristes, par la voie la plus lente : en effectuant le tour du monde. Une escale à la Guadeloupe, entre autres, pour saluer la famille de Maddly. Et puis, Jacques n'est guère pressé de retrouver Paris. Il est même profondément inquiet.

Ils bouclent leurs bagages quand un paquet leur parvient de France. Expéditeur : Jacques Canetti. Ça, c'est la meilleure ! Dedans, une cassette avec douze chansons signées Brel. Prénom : Bruno. C'est le fils de Pierre, donc son neveu. Influencé par cet oncle célèbre qu'il connaît peu, il a, lui aussi, choisi le dur métier plutôt que la cartonnerie. Jacques l'avait vu pendant les représentations de *La Mancha*. Il était déjà — par l'esprit — sur la scène mais avait quand même écouté le neveu qui avait posé le pied sur le tabouret. Il lui avait simplement dit :

« Si tu en as envie, continue. Les autres, tu les emmerdes ! »

Cette fois, Canetti demande carrément une préface de Jacques pour le premier disque de Bruno. C'est bien le moment ! L'audition est remise à plus tard. Trop tard.

*
* *

Aux commandes de « Jojo », ils rejoignent Tahiti où l'avion les emmène vers Los Angeles. Les Caraïbes puis Paris Roissy et non Orly...

Jacques se dissimule derrière sa barbe et sous un grand chapeau noir. Qui reconnaîtrait en ce monsieur appuyé sur une canne et ressemblant vaguement à Fernand Legros le fringant créateur de « Madeleine » ou d' « Amsterdam » ?

Sans être autrement dérangé, Jacques commence le travail de finition chez François Rauber ou, avec Gérard Jouannest, chez Juliette Gréco qui lui interprétera d'ailleurs « Voir un ami pleurer ».

Selon son habitude, Brel sait ce qu'il veut : violons ici, accordéon là, contre-chant plus loin... Mais, curieusement, on retrouve l'ambiance des tout débuts. S'il a composé ses chansons sur son orgue, Jacques est bien obligé de les présenter aux musiciens en s'accompagnant à la guitare. Et, comme à l'époque de « Quand on n'a que l'amour », François Rauber bâti les arrangements d'après guitare.

Le temps est venu du premier enregistrement studio. Et ça se gâte : à la porte, avenue Hoche, des photographes attendent : Clic-clac !

« Non ! Pas de photos ! » crie Brel.

Et comme ils insistent, il lève sa canne. L'incident risque de s'envenimer. Heureusement, on parvient à s'expliquer : les photographes ont une exclusivité de la maison de production. Simple omission : Jacques n'avait pas été prévenu.

C'est un peu énervé qu'il pénètre dans ces lieux si longtemps abandonnés. Mais les visages familiers sont là. On se serre la main, on échange quelques mots, sans parvenir à dégeler l'atmosphère. Il flotte comme une gêne. Personne ne sait quoi se dire. Doit-on faire allusion à sa maladie ? Va-t-il tenir le coup ?

Quelques jours avant d'enregistrer — et ça s'est su — Brel avait confié ses inquiétudes à Gerhardt Lehner, l'ingénieur du son des studios Barclay.

— Mon souffle s'entend trop. Crois-tu pouvoir éviter que ça se remarque ?

Et c'est vrai qu'à ce moment-là, sa voix était un peu rauque, son souffle court.

Et voilà que par miracle — ou plus vraisemblablement parce qu'il prend beaucoup sur lui — il semble avoir récupéré sa voix. Tout juste a-t-elle un peu moins d'amplitude...

Il s'aperçoit sûrement de la gêne des musiciens. Aussi quand il a ôté sa veste, il lâche, d'un ton moqueur :

— Vous n'avez pas vu un poumon ?

Rires un peu forcés. C'est seulement quand il enregistre « Orly » que tout va se décoincer. Il a buté sur un mot et, exceptionnellement, il faut une seconde prise à cause de lui.

— On recommence une seule fois. Parce que, excusez-moi, mais je n'ai plus qu'un soufflet !

Et Marcel Azzola de répliquer :

— Si tu veux, je te prête celui de mon accordéon !

Cette fois, tout le monde éclate spontanément de rire. C'est fini. On n'en parlera plus.

Et, comme à son habitude, Brel enregistre en direct avec une quarantaine de musiciens, sans s'accorder plus de deux prises. Et encore, parce que l'ingénieur du son préfère cette sécurité. Ou c'est à cause d'un pépin.

Ainsi Azzola est-il parti changer les disques de stationnement des voitures, dans la rue. Quand il revient, tout le monde est déjà prêt. Il s'assied si précipitamment qu'il oublie la dernière feuille de sa partition et se trouve contraint d'improviser. Honnêtement, il le signale à la fin de la chanson. Clin d'œil de Brel :

— Tu crois que je ne l'avais pas vu ?

Il voit tout, en effet, et son assurance, sa maîtrise stupéfient encore ces professionnels qui le connaissent pourtant bien, pour la plupart. A tel point qu'à l'issue du dernier enregistrement — celui des « Marquises » — pourtant délicat, tous les musiciens se lèvent d'un bond et l'applaudissent frénétiquement.

Gerhardt Lehner qui en a vu de toutes les couleurs dira : « Je n'ai connu cela que deux fois en vingt-cinq ans. L'autre fois, c'était avec Sarah Vaughan et l'orchestre de Quincy Jones. »

Dix-sept chansons se retrouvent ainsi en boîte en à peine un mois — du 5 septembre au 1er octobre — avec également les deux textes. Mais il n'est pas très satisfait de certaines. Elles auraient mérité, à son idée, d'être retravaillées. Ou elles doublonnent avec une autre. Sans hésiter, il tranche. Tant pis pour le double album. Les deux textes resteront, provisoirement, inédits avec cinq chansons : « La Cathédrale », « Mai 40 », « Avec élégance », « Sans exigences » et « L'amour est mort ». Il demande d'ailleurs formellement à Eddy Barclay de ne jamais diffuser ces œuvres, quoi qu'il arrive.

Mais, dans son esprit, il envisage un autre enregistrement,

plus tard, quand il aura une réserve suffisante. A moins qu'il n'écrive une comédie musicale. Ce n'est pas exclu.

Cette fois pour s'amuser un peu et intriguer les curieux, il a ajouté sous quelques chansons : « Extrait de la comédie musicale " Vilebrequin " ». Un hommage à la mécanique plutôt que la promesse d'une comédie dont, semble-t-il, il n'a pas écrit la première ligne.

Le contenu du disque simple semble au point. Jacques et Maddly n'ont plus rien à faire dans la capitale où ils se sont fait, malgré tout, pister de temps à autre par les photographes. Et cette attitude à la Greta Garbo crée déjà, involontairement, le climat pour alimenter un suspense. Que sera le disque ? se demande-t-on en apprenant cette surprenante nouvelle : Jacques Brel est de retour.

Eh oui ! Et prêt à repartir. Pendant ce séjour, Jacques a rendu ses visites amicales, soigneusement prévues sur un planning. En particulier chez Lino Ventura avec Brassens et Puppchen, la compagne de Georges. Ils ont bien rigolé, selon leur habitude. Allons ! Le vieux Brel se tient encore bien. Tout juste doit-il se ménager. Car, hélas, il s'épuise vite...

Le Père Brassens n'est pas apparu, non plus, au mieux de sa forme. Ses inévitables coliques néphrétiques.

— Tu ne devrais plus fumer !

Brel prêche maintenant la croisade antitabac quand quelqu'un sort une cigarette ou une pipe. Et puis Georges ne sort pas assez. Il s'anémie dans sa maison toute la journée.

— Quand je pense que c'est moi qu'on accuse de fuir ! remarque Jacques, à l'adresse de Maddly. C'est lui qui s'est enfui depuis longtemps, en plein Paris !

Une petite excursion en Tunisie où Jacques envoie quelques cartes postales. Il aime bien concrétiser son souvenir. Les religieuses d'Atuona en reçoivent une ainsi libellée :

« Bonjour nos sœurs ! Un grand salut de loin, en fuite de Paris qui dévore les cœurs. Je vous embrasse. A tout à l'heure. Le vieux Brel et la Doudou. »

En rentrant par l'Asie du Sud-Est, il en envoie une autre de Hong-Kong : « En espérant que ce ne sera jamais l'aspect d'Hiva Oa... »

Retour en touriste. La sortie du disque, ce n'est pas son problème, encore qu'il ait demandé à Barclay de ne rien faire de spécial. Mais, à peine assis dans l'avion, il s'est tourné, inquiet, vers Maddly :

— Je n'ai pas tellement confiance !

Il l'a bien senti que ce disque mettait la maison en transe.

Pourvu qu'ils comprennent que la meilleure façon de le servir soit encore de sortir l'album comme un autre, comme si rien ne s'était jamais arrêté.

Et il a bien raison de se méfier. A peine sont-ils revenus dans leur île que Jacques apprend, consterné, par la radio, que les disques sont au secret, en containers. Un million de tirage initial !

« Mais c'est de la folie ! Qu'est-ce que ça signifie, un million de disques ? Et pour qui me prend-on ? »

Et pourquoi le « dernier » Brel ? L'ont-ils déjà enterré ? Maddly essaie, tant bien que mal, de filtrer les informations de « l'extérieur ». Car elle voit bien que cette « trahison » rend Jacques malade. Et encore ne sait-il pas tous les détails. A Hiva Oa, on est ravitaillé par les corbeaux et les journaux de France, auxquels ils sont abonnés, arrivent avec beaucoup de retard.

La sortie du « dernier Brel » provoque, en effet, un boum sans précédent sur le marché français. Certes, jusqu'ici — et malgré sa retraite — Brel se réclamait toujours. A peu près 500 000 disques par an. L'an passé (1976), Philips avait vendu 646 000 anciens albums et Barclay 35 000 coffrets contenant l'essentiel de l'œuvre. Mais, cette fois, c'est le grand jeu. Et si ça ne plaît pas beaucoup à l'ensemble de la presse, elle en parle :

« Brel lancé, malgré lui, comme une marque de lessive. »

« Une campagne trop bien orchestrée. »

« Les profiteurs de Brel. »

« L'ouragan Brel. »

Les disques, avec une pochette représentant un ciel bleu sur lequel se superposent les seules lettres « BREL », sont enfermés dans des containers blindés. La mise en vente, le vendredi 17 novembre, s'effectuera en même temps dans tous les points de vente par un code secret délivré à la minute même. Code qui permettra d'ouvrir les cadenas à cinq chiffres. Quant aux radios, elles ont consigne de livrer les nouveautés aux auditeurs haletants le jeudi à 12 h 51. Et tout le monde exécute les directives comme à l'armée. Quelle radio, quel journal pourrait se permettre d'être en retard sur les autres quand on sait que l'événement va être colossal ? A cause de toutes ces complicités, justement. C'est l'histoire du serpent qui se mord la queue et trouve, en plus, que ça fait mal. Tout a été si bien pensé que les hebdomadaires ont eu droit à une écoute privilégiée du disque avant les quotidiens afin qu'ils puissent en parler en même temps !

Jour J. Heure H. 12 h 51. Comme l'horaire d'un express. Et « Les Marquises » déferlent sur les ondes.

Jour J. Heure H. Et les disquaires sortent les piles. Mais la plupart ne peuvent même pas les mettre en vitrine. Tout, ou presque, est retenu à l'avance. Même ceux qui n'écoutaient pas Brel auparavant se trouvent devant la nécessité absolue d'acheter le « dernier Brel » sous peine de passer pour de parfaits imbéciles. D'ailleurs, la maison Barclay annonce un nouveau tirage d'un million pour couvrir la demande avant les fêtes.

L'affaire a marché comme sur des roulettes. Et après avoir servi la cause du marketing, les confrères renâclent : Quand même, il y a de l'abus !

Eddy Barclay soi-même vient s'expliquer — ou se justifier — à Antenne 2 :

« Je n'ai pas fait de lancement du tout. Ou alors, indiquez-moi lequel. La qualité de l'œuvre a été l'élément moteur d'une promotion qui n'existe pas. D'ailleurs, je ne suis pas marchand de disques. J'expose des talents. »

Ce à quoi, Jean-Pierre Mogui dans *Le Figaro* du 23 novembre réplique : « C'est bien vrai. Si Eddy Barclay avait découvert de grands talents, cela se saurait. Quant au reste, réjouissons-nous ! Eddy Barclay est le M. Jourdain du monde des affaires : il fait de la promotion sans le savoir ! »

Bien sûr, on sait que Brel n'est pour rien dans ce tintamarre. Pourtant le malaise atteint sa réputation. Avec un tel matraquage, les bonnes gens attendent on ne sait quoi. Le summum de la chanson française. Du jamais entendu. Et voilà que c'est du Brel. Comme si cela ne suffisait pas !

— Vous avez écouté le dernier Brel ?

— Ouais.

— Alors ?

— Ben, c'est du Brel. Ça ressemble à ce qu'il faisait avant. Y a pas de quoi nous casser sans arrêt les oreilles avec ça...

C'est seulement plus tard, bien plus tard, que, sereinement, des millions d'oreilles conviendront, enfin, que Brel, auteur, a atteint la complète maturité et que huit chansons sur douze (au moins) seront à classer dans la grande cuvée.

Là-bas, très loin, à dix-huit mille kilomètres, un homme est malheureux. Quel auteur ne sauterait pas de joie devant ce résultat record, sinon lui ? Il est atterré. Passant de la colère à l'abattement. Il a lu, pas tout mais suffisamment, il a entendu...

« Mais, quels cons ! Quels inconscients ! Dans quel monde vit-on, enfin ?... »

Et comme un boxeur groggy, il reçoit un autre direct à la face : selon une station de radio, il a fait don d'un milliard de centimes au professeur Israël et à la recherche sur le cancer... Le professeur Israël ? Il ne le connaît même pas !

Ce n'est pas encore le coup de grâce. Il va venir par une information qui n'est pas diffusée par les médias mais par les relations parisiennes.

Quelque temps après ce lancement, unique dans les annales, Eddy Barclay expliquera que Brel est involontairement à la base de ce « ramdam ». Il souhaitait que les petits disquaires soient servis en même temps que les gros. Comment faire, sinon imaginer les containers cadenassés ?...

Oui, oui, certes, bien sûr, assurément... C'est sans doute ce qui a mis sens dessus dessous télés, radios et presse écrite.

Mais, Eddy Barclay n'a pas tout précisé. Une surprise est réservée à Jacques Brel. Le voilà le coup de grâce : la Maison Barclay n'est plus tout à fait la Maison Eddy Barclay. Elle vient d'être englobée par une autre société, une grosse. Elle s'appelle Philips ! Et ça, Brel qui accordait sa confiance jusqu'à signer un contrat de trente-trois ans, ça, il ne le digérera jamais.

« Ils ont présenté ce disque comme étant le dernier, pour jouer sur ma maladie, pour le faire passer comme un testament. Eh bien, ce sera vraiment le dernier ! »

Sa décision est prise, irrévocable. Il comptait pourtant mettre au point d'autres chansons, réenregistrer quelques anciennes de chez Philips. Mais à quoi bon ?

« Je ne fais plus partie de ce monde-là... »

Et là-dessus, il plonge dans sa piscine.

Mais les soucis ne s'arrêtent pas encore là. Voilà que la Fédération des étudiants catholiques d'Anvers dépose une plainte contre lui pour « atteinte à l'honneur du peuple flamand » :

« Nazis durant les guerres et catholiques entre elles
Vous oscillez sans cesse du fusil au missel[1]. »

Ces phrases et quelques autres sont restées au travers de la gorge des flamingants ou de ceux qui s'estiment comme tels.

L'épisode amuserait plutôt Brel s'il était, à ce moment-là, plus serein. Il hausse simplement les épaules quand il apprend que le tribunal d'Anvers a rejeté la plainte.

***

— Allons, mes sœurs, entrez...

Les religieuses, ses voisines, ont été conviées à venir grigno-

1. « Les F... ». Disque Barclay.

ter quelques gâteaux. Jacques Brel pose le disque sur la platine et place le saphir sur la dernière chanson.

— Ecoutez...

Et il rentre vite dans son bureau, laissant les sœurs entendre « Les Marquises » sans lui. Toujours cette pudeur !

Les sœurs écoutent attentivement. C'est beau. Il parle même d'elles :

« Et passent des cocotiers qui écrivent des chants d'amour
Que les sœurs d'alentour ignorent d'ignorer. »

Quand la chanson s'achève et que Jacques les rejoint, les sœurs sont encore toutes transportées. L'une d'elles demande pourtant :

— Pourquoi « ignorent d'ignorer » ?

Il leur explique que « ignorer » annule « ignorent ». Elles ne savent pas qu'elles ne savent pas, en quelque sorte.

— Monsieur Jacques Brel, nous aimerions bien entendre les autres...

Et lui, haussant la voix :

— Ah non, alors ! Le reste, ce n'est pas pour des oreilles de bonnes sœurs !

Tout le monde éclate de rire.

Si les étudiants catholiques d'Anvers voyaient la scène, ils feraient sans doute une drôle de tête...

***

Et la vie reprend son cours. Jacques essaie d'oublier ses déceptions, sans toujours y parvenir. Désormais, sa contribution au spectacle se limitera aux projections de cinéma. Ou à la fête de l'école.

Maddly donne, depuis quelque temps, des cours de danse aux jeunes filles. Elle n'a pas oublié son premier métier. Et, pour la kermesse, il faut présenter quelque chose de correct. Jacques, pour sa part, propose de collaborer à la technique. Chanter, il n'en est évidemment pas question. Il a toujours refusé. Comme il a refusé de faire venir le film *Les Risques du métier* qui était pourtant réclamé. Non, s'il fait le « gugusse », c'est spontanément, parce qu'il a ça dans la peau. Mais l'image du comédien professionnel, il ne veut pas la voir ici. Inutile d'insister.

Il se charge donc de la technique quand arrive la fête annuelle. Technique très rudimentaire : les sœurs ne possèdent qu'un magnétophone, fatigué, et quelques pauvres éclairages. C'est pourtant l'occasion de constater le côté pointilleux, perfectionniste de Brel. Des enfants présentent une version marquisienne de *Cendrillon*. Et à un moment précis, un coq doit chanter. Dans la coulisse, Jacques se charge de faire démarrer la bande sur laquelle est enregistré le fameux chant du coq. Il est tendu, anxieux. Pourvu que ce soit au bon moment. Top ! fait la sœur. Top magnéto ! Cocoricooo !... Il se redresse, heureux, levant le pouce comme après un triomphe. Le coq d'Atuona, c'est l'Olympia.

***

Chères sœurs ! En cette fin de journée comme les autres, alors que le soleil décline doucement, que les coqs chantent en direct partout alentour, Maddly et Jacques sont venus, comme presque tous les jours, saluer les religieuses. Jacques se sent fatigué. Depuis cette aventure parisienne, il doit se reposer plus souvent, envahi par une grande lassitude.

Le couple s'avance doucement dans l'allée formée de haies odorantes. Soudain la Doudou s'arrête :

— Ces fleurs, comme elles sont belles ! Vous pourriez m'en faire des boutures ?

— Bien sûr, répond la sœur. C'est du jasmin des veuves...

Et Brel, aussitôt :

— Hé, doucement, Maddly. Je ne suis pas pressé !...

# 12

# *Mourir, la belle affaire...*

*Des projets par dizaines – On aurait été bien, ici – Le dernier combat – Lundi 9 octobre 1978.*

— Alors, ma sœur, la vie est belle ?

Jacques Brel est toujours l'homme joyeux qui s'est imposé aux Marquisiens. Jamais il ne parle de sa maladie. Une seule fois, il a soulevé sa chemise pour montrer aux religieuses la cicatrice qui lui barre le dos. Mais personne, ici, ne pourrait deviner ses difficultés respiratoires et ses angoisses devant la douleur. Il rit sans arrêt. Donc, il va bien.

Il garde simplement une affreuse plaie. Pas celle du poumon, non, l'autre, celle du cœur, avec ces tripatouilleurs parisiens. Le disque, il ne l'oublie pas. Mais il sait les responsabilités et ne les rejette pas sur tout le monde.

Quand la télévision belge est venue à Atuona, il a lui-même facilité l'emploi du temps de l'équipe technique. Il a indiqué les personnes pouvant parler, sinon de lui, du moins de sa vie ici. Sœur Élisabeth a avoué tout de go devant les caméras qu'elle n'était pas du tout au courant de la célébrité de Jacques Brel. Depuis, elle reçoit quantité de lettres : ces gens sont pour la plupart étonnés. Comment peut-on ignorer Brel quand on a la chance de vivre près de lui ? Elle répond, par courrier, comme pour s'excuser :

« Vous savez, nous n'avons pas l'Olympia, aux Marquises ! »

La plupart des correspondants semblent souffrir, être dans la peine :

« Ce sont des paumés, ma sœur, explique Jacques. Mes chansons leur donnent un peu de courage... »

Les contacts avec l'Europe ne se limitent pas au courrier. Il y a aussi des visites. Celle du chirurgien bruxellois qui opéra Brel. Il a combiné vacances et visite à son illustre client. Tout semble aller. Bah ! Évidemment, on ne peut présager l'avenir...

Et puis, il y aussi un éditeur. C'est drôle parce que Georges Brassens a été l'intermédiaire. André Philippe qui dirige les Éditions du Grésivaudan à Grenoble est un amoureux du travail bien fait, à l'ancienne. Il a déjà imprimé des œuvres de Georges et souhaite en faire autant pour celles de Brel. Et c'est Brassens qui se fend d'une lettre pour recommander André Philippe. Jacques est étonné. C'est bien la première fois qu'on lui demande l'autorisation de toucher à son travail.

« Venez, si vous voulez », dit-il.

Et, en mars, André Philippe entreprend le long voyage. Une occasion pour Jacques de replonger dans le passé, afin de sélectionner les œuvres qu'illustreront Lucien Moretti et Daniel Sciora.

C'est un des rares moments où il travaille sur ses textes. Il préfère évoquer avec le maire, Guy Rauzy, ou avec M. Hoarau, gouverneur des Marquises, quelques projets pour ces gens facilement oubliés. Il pense alors qu'une télévision au village apporterait une ouverture sur le monde. Des cassettes viendraient de Tahiti et seraient diffusées dans les vallées. Est-ce vraiment une bonne chose ? Jacques Brel le croit, en tout cas, avec une condition : Que les programmes soient judicieusement adaptés. Don Quichotte est toujours un grand naïf...

Le maire, pour sa part, a de grands projets pour sa « cité » : un centre administratif regroupant mairie, poste, agence bancaire, Air Polynésie ainsi que des bungalows pour les gens de passage. Il veut faire goudronner les routes, améliorer la piste d'atterrissage. Si Atuona ne se modernise pas un peu, les jeunes partiront. Et Jacques acquiesce.

Lui aussi a des idées de construction. Pour la première fois dans sa vie, il a envie d'être chez lui avec la Doudou. Il cherche à acheter un terrain, sur la hauteur. Ce sera plus près de la piste d'aviation et, surtout, cela lui permettra de mieux respirer. Car, parfois, quand le temps s'immobilise, la climatisation ne suffit plus. Il halète, cherche son souffle... Pas facile d'acheter aux Marquises ! Finalement, le père de Guy Rauzy lui concède un terrain « à vie ». C'est encore mieux que le contrat Barclay.

Les travaux de viabilité sont aussitôt entrepris : on fait venir l'eau, l'électricité et ce n'est pas une mince affaire. Quelquefois, Jacques et Maddly se rendent là-haut avec la Toyota et rêvent en pique-niquant.

« On sera bien, ici... »

Les plans sont dessinés par un architecte de Tahiti sur les directives de Jacques. Ce sera spacieux, avec un bungalow pour recevoir les amis.

Sa vie, désormais, est tracée ici. Il est plein de projets. Il aimerait piloter un hélicoptère, apprendre la médecine. Il programmera tout cela et ne se contentera pas de souhaiter. Si rien ne l'en empêche, il le fera.

Il songe à organiser un grand spectacle sur le flanc de la montagne. Il s'en est entretenu par courrier avec Bruno Coquatrix qui veut renouveler son matériel de l'Olympia. Ainsi, il récupérerait des éclairages. Il prend contact également pour les décors et pour le spectacle lui-même. En France, en Belgique, quantité d'amis sont prêts à répondre à son invitation. En fait, c'est pour embêter Tahiti, l'île « mère » de la Polynésie qui a droit à tout. Les Marquises, c'est un peu la province. Lui, Brel, il montrera qu'on peut accomplir des tas de choses, aux Marquises, y compris sur le plan culturel !

Il a envie également de piloter une moto. Elle arrive un beau jour par la goélette et Jacques, comme un gosse devant un jouet, se dépêche de l'essayer. Il n'a pas fait cent mètres qu'il tombe au grand effroi de Maddly. Heureusement, ils en sont quittes pour la peur. Mais, il faut bien en convenir, Jacques ne va pas bien du tout.

Il a commencé à souffrir au début de l'année. Il a l'impression d'étouffer, parfois. Et la nuit, il dort si mal qu'il passe son temps à regarder les étoiles, la lune, à écouter les bruits mystérieux montant des ombres, à cajoler sa Mimine et les autres matous qui sont venus compléter la famille.

De quoi est-il malade ? Si c'est le cancer, il n'y a plus rien à faire. Ce qui le désole, c'est l'idée de souffrir. Ah ! Mourir, la belle affaire ! Mais souffrir, ô, souffrir...

En avril, Marc Bastard, qui doit s'absenter pour aller à Tahiti, vient saluer Brel et le trouve plongé dans la lecture du *Droit à la mort* de Léon Schwartzenberg. Jacques lui montre la couverture, et, avec un sourire forcé :

— Tu vois, j'apprends à mourir !

Dans ces cas-là, on bafouille quelque formule toute prête du genre « qu'est-ce que tu racontes ? ». C'est ce que fait Marc Bastard qui se demande pourquoi, brusquement, cet être plein de vie parle si sérieusement de la mort.

Et personne à Atuona ne pourrait supposer quelque chose. Il s'efforce de rester gai, continue à grimacer et à faire le pitre. Mais, si les Marquisiens étaient plus attentifs à ce qui se passe autour d'eux, ils s'apercevraient que Jacques Brel sort de moins en moins de sa maison blanche.

Maddly, elle, sait évidemment que le drame se noue. Il tousse de plus en plus, et certaines quintes le laissent pantelant, sans forces. Et il s'en excuse. Lui qui voudrait une vie heureuse pleine de rires avec sa Doudou.

Début juillet de cette année 1978, la situation devient inquiétante. Il ne prend même plus les commandes de son avion. Et c'est le moment que choisit une femme enceinte pour lui demander de la conduire à Hua Pou. Comment refuser ? La route est un calvaire, le vol un supplice. Quand il revient à Hiva Oa et gare son avion dans le baraquement qu'il a fait construire un an plus tôt, il dit :

— Il faut que ça n'aille pas très fort pour que je n'aie même plus envie de voler.

L'avion ne ressortira plus du hangar.

Et la toux s'accentue. Cette fois, les familiers, les voisins, le facteur s'en aperçoivent. Il est malade, Jacques ? Eh oui, très malade. A eux, il peut parler de la mort comme on parle d'un fruit. Il a peur que la maladie soit bien mûre. Que deviendra Maddly ?

« Nous nous occuperons d'elle ! » disent les Marquisiennes.

Ce n'est pas l'idée de la mort qui les effraie. C'est tellement naturel.

Mais Jacques, lui, n'est pas marquisien. Il doit réagir, tenter quelque chose. La fin juillet approche. Maddly téléphone, obtient d'un ami qu'il vienne les chercher pour les emmener à Tahiti.

Quel que soit le résultat des examens, ils savent déjà qu'ils ne pourront pas rester ici, sans la moindre assistance. S'il y a encore une chance de vivre un, deux, six mois pourquoi pas, il faut partir. Les bagages se résument à l'indispensable. Le reste, ils le feront suivre par les proches. Les adieux, très vite. Ne rien dire. De toute façon, il reviendra un jour. Il l'a fait promettre à la Doudou. Elle l'installera là-haut, près de ce vieux farceur de Gauguin. Mais le plus tard possible, bien sûr.

C'est le jour du départ. L'avion ami vire au-dessus d'Atuona. Le temps est splendide, le ciel dégagé. Au-dessous, Jacques, en penchant la tête, aperçoit la maison parmi les cocotiers. On la reconnaît grâce à la petite tache bleue de la piscine.

— On aurait été bien ici, soupire-t-il.

Et une larme coule sur sa joue. Une larme que Maddly fait semblant d'ignorer.

Papeete. Ils descendent comme habituellement à l'hôtel

Tahiti et partent pour la clinique. Les radios. L'attente, puis un geste du médecin : « Venez... C'est grave, très grave. Des ganglions. Voyez... Le mal a repris sur le reste du poumon gauche et il s'est étendu au poumon droit. Que faire ? » Le professeur Israël, ce fameux médecin dont il avait été question à la sortie du disque, est justement à Papeete, pour une série de conférences. Lui demander un rendez-vous ?

Il accepte, regarde les radios, hoche la tête. Ils ne savaient pas, eux, qu'il fallait suivre des traitements. La chimiothérapie, personne ne leur en avait parlé. Non, on leur avait dit simplement d'attendre. Qu'il n'y avait rien d'autre à faire.

— Il y a toujours quelque chose à faire. Un cancer ne doit jamais être perdu de vue. Note-le Maddly. Note !...

Jacques Brel, depuis quelque temps, s'était mis en tête de faire noter par sa compagne les idées qui lui venaient, en vrac. Les remarques sur sa carrière, sur ses joies, ses déceptions.

— Tu leur diras... Hein, tu leur diras. Ne jamais perdre de vue son cancer [1]...

Le professeur Israël, sans tomber dans l'optimisme, estime toutefois qu'on peut encore tenter un traitement aux rayons. Selon le résultat, on pourra enchaîner avec la chimiothérapie. Mais il est nécessaire de partir tout de suite.

Le premier avion possible. C'est le 27 juillet. A l'aérodrome de Faaa-Tahiti, quelques rares amis accompagnent le couple qui tient, plus que jamais, à la discrétion...

C'est jouer de malchance ! Des photographes sont là et mitraillent. Non pas Jacques Brel dont ils ignoraient la venue mais la princesse Caroline de Monaco qui a choisi, comme par hasard, ce jour-là pour rentrer chez elle à l'issue de son voyage de noces. Damnation ! Un correspondant de l'agence France-Presse apprend le départ de Jacques. Non, bien sûr, il ne dira rien... Difficile quand on fait ce métier, et que l'on tient une exclusivité, un scoop...

***

Roissy-Charles de Gaulle. Le 28 juillet, à 17 h 30. La course commence. Pendant tout le vol, Jacques n'a pensé qu'à cet instant, à cette angoisse qui frise l'idée fixe. Ils vont l'attendre, répandre son image pitoyable de chanteur crevard. On l'avait

1. « Tu leur diras », c'est le titre de l'ouvrage publié par Maddly Bamy aux Éditions du Grésivaudan. Le témoignage de Maddly a été recueilli à l'occasion de la sortie du livre.

bien dit qu'il était malade ! Regardez-le ! Ces traits tirés, mal cachés par des lunettes noires, cette silhouette voûtée. Demandez les dernières photos de Jacques Brel, demandez !

— Monsieur Brel, quelques mots... Quelques mots seulement...

— Non ! Laissez-nous. Fichez-nous la paix !

Jacques, appuyé sur sa canne et soutenu par Maddly, descend l'escalier mécanique. Ils sont tout de blanc vêtus. Deux taches immaculées parmi la foule. Flash ! Flash !

Dès les formalités accomplies, ils s'engouffrent aussi vite qu'ils peuvent dans une voiture amie et rejoignent l'hôtel George V. Le « Georges Vé » des « Bonbons »... Mais Jacques n'a pas le cœur à plaisanter. Il sent que la vie file entre ses doigts et qu'il faudra jouer serré pour la retenir un peu.

Et commence son calvaire, puisque jamais il ne baissera les bras. Ce serait si facile, finalement, de ne plus lutter, de se laisser photographier. Et basta ! Mais lui, le fier, le bravache, ne cédera jamais. Pas de photos du cadavre ambulant. Pas d'exploitation morbide de son chemin de croix.

L'hôtel George V, c'est un endroit chic. On s'y sent en sécurité. Pas pour longtemps. Les voilà prévenus. Les pires, les « pigistes » qui, pour gagner leur vie, se doivent d'obtenir la photo que les autres n'auront pas, celle que les agences, les journaux achèteront au prix fort. Brel, ce n'est plus un chanteur, c'est une légende. Et cette légende, Dieu merci, vit encore. Mais il faut agir vite. Cela ne durera pas.

Premier clash : l'hebdomadaire *Le Meilleur* publie le 4 août un article illustré évoquant sa maladie. Il faut poursuivre ! Ne laissons pas faire sans nous battre. Plainte est déposée. Il y en aura d'autres. Déjà, en septembre 77, lors de l'enregistrement du disque, Jacques Brel avait attaqué *Ici Paris* pour des allusions à ce mal qui fait recette. L'hebdomadaire a été condamné à 5 000 F de dommages et intérêts le 12 mai dernier. Les juges avaient également retenu une photographie « prise en dehors du cadre de la vie publique ». *Paris Match* était également condamné à 20 000 F pour « intrusion dans la vie privée ». 20 000 ou 5 000 francs, ce n'est pas grand-chose, à côté des augmentations de vente. Don Quichotte oublie qu'il est mort aux pieds de Sancho et de Dulcinéa. Il continue de provoquer des moulins à vent.

Les traitements au cobalt commencent à l'hôpital franco-musulman à Bobigny où exerce le professeur Israël. Régulièrement, il faut s'y rendre sans éveiller l'attention des photographes en embuscade. Brel emploie des ruses de Sioux, passe par des portes de service qui sont bientôt repérées à leur tour. Et lui qui se traîne doit courir jusqu'à une voiture en se cachant le visage.

Dernière parade : il laisse croire que tout cela n'est pas grave, qu'il subit des examens de routine et qu'il envisage, au contraire, d'enregistrer en octobre prochain. Qui est dupe ? Sûrement pas ses amis, ses anciens compagnons de route qui savent bien que c'est impossible. Et la presse publie quelques clichés significatifs.

« Brel méconnaissable » titre un hebdo.

« Le traitement de la dernière chance », annonce un autre.

— Pas un seul qui soit compatissant, qui ait un mot gentil, soupire-t-il quand ils se réfugient dans leur chambre, dernier retranchement du combattant qui voit s'enfoncer tous les fronts de défense. Le portier de l'hôtel, le garçon de chambre, préviennent eux-mêmes les reporters quand leur illustre client arrive par une issue de secours. Et c'est la cavalcade dans l'escalier pour précéder l'ascenseur et faire crépiter les flashes. Il souffle, s'écroule dans un fauteuil, au bord de la défaillance.

— Tu leur diras que j'ai fait ce que j'ai pu. Que je meurs d'inconvenances...

Pourtant, le résultat du traitement est assez satisfaisant. Il souffre moins et, sans verser dans l'optimisme béat, on peut espérer une prolongation : deux, quatre, six mois, peut-être.

— Nous aurons encore le temps de rire, dit-il à Maddly en lui dictant quelques idées qui lui passent par la tête.

— Je veux encore continuer à vivre à travers toi.

Il veut espérer, toujours, parle d'écrire son livre, de participer à une campagne antitabac...

Nous sommes en septembre. Voilà déjà quatre ans que Jojo est parti et Jacques sait bien qu'il va arriver bientôt. Si seulement ces inconscients le laissaient appréhender en paix cette issue inéluctable. Mais, non, ils sont de plus en plus pressants. Ils sentent bien, les vautours, que la bête est à point.

La vie, décidément, ne fait pas de cadeau. Alors que le traitement au cobalt s'achève, Jacques, à la sortie de la clinique, est poursuivi par une équipe de photographes. Il se réfugie au hasard dans un bureau. Il est perclus de froid car la température a sérieusement baissé. Il reste là un moment à grelotter avant de pouvoir s'enfuir.

Il ne sait plus quoi inventer pour se soustraire à ses poursuivants. Étrange idée : il s'entoure le visage de bandelettes, comme un grand blessé de la route. Subterfuge dérisoire ! La silhouette tout droit sortie d'un roman de H.-G. Wells est aussitôt repérée. Clic-clac ! Le 22 septembre, *Paris Match* publie trois clichés sous le titre : « Cet homme invisible : Jacques Brel. »

Le court article en forme de grosse légende commence ainsi : « Un fantôme hante Paris : Jacques Brel. Entré vivant dans la légende et devenu l'un des chanteurs les plus célèbres des deux côtés de l'Atlantique, il a dressé un mur de silence entre le monde et lui. » Et il précise : « Quand il sort chaque mardi pour consulter le professeur Israël, une ambulance démarre en trombe pour donner le change, tandis qu'il prend un taxi, le visage entouré de bandelettes comme un grand blessé. Autant de ruses pour dérouter les importuns. »

Sans y réussir, toutefois. C'est que Brel excite l'intérêt en ne jouant pas le jeu de l'homme public. Plus que le procès d'un journal, c'est le procès de notre société qu'il faudrait dresser. Pourquoi, brusquement, ce qui est pratique courante n'est pas valable pour M. Brel ? Certains chanteurs ou certaines chanteuses poussent même la complaisance jusqu'à téléphoner à la presse dite « à sensation » pour rappeler leur existence. S'ils existent, c'est parce qu'on parle d'eux. Et tant pis si l'on raconte des conneries. Ils n'ont pas compris dans les rédactions que Brel n'a jamais été à vendre, qu'il s'est imposé contre tous, y compris contre le public, alors qu'il était moche et que son talent initial était minime.

« Quant à M. Brel, je lui rappelle qu'il existe d'excellents trains pour Bruxelles », écrivait un critique dans les années 54-55.

Il serrait ses dents chevalines qui le faisaient atrocement souffrir, il bouffait un sandwich et courait les boîtes jusqu'à en crever, pour chanter devant des noctambules qui n'en avaient rien à foutre. Il s'est accroché comme un homme qui se noie s'accroche à une bouée. Il recevait des coups de pied alors qu'il espérait une main tendue. Et cet imbécile continuait à chanter l'amour et la fraternité en doutant chaque jour davantage du bien-fondé de ses propos. Têtu, tenace, il s'est imposé, il a obligé les autres à l'entendre et il a gagné. Tous les bras se sont tendus vers lui. On lui a avancé une chaise, puis un fauteuil moelleux. Alors il s'est levé d'un bond. Non ! Pas de confort. Pas ça. Et il est reparti en bataille, arrivant à nous persuader que Don Quichotte pouvait être un gagnant. Il a fait le gugusse dans des films. On a crié très fort que le Gabin nouveau était arrivé. Et il a pris des claques pour apprendre que le cinéma ce n'est pas un joujou mais une affaire commerciale. Il s'en est tiré avec un grand « merci et à un de ces jours ». Qui a couru après lui quand l'*Askoy* a levé l'ancre ? Personne. Brel était un « has been » comme disent les Américains. Fin de l'histoire...

Non ! Il est malade, on le dit condamné et il va cacher sa carcasse dans les îles du soleil entre deux cocotiers. Le drame exotique ! Il ne soutient plus les paumés avec sa poésie pour microsillons. Il fait rêver les bourgeois. C'est bon, ça, coco ! Et ce con fait des misères pour se laisser photographier. Quand on est intègre comme ça, il est inévitable qu'on triche.

« Il a la pudeur de son courage », indiquait le sommaire. L'hebdomadaire — qui n'est pas le seul à utiliser cette légende moderne, il faut quand même le préciser — est condamné. Le numéro 1531, dans lequel il est aussi question d'un autre sujet commercialement garanti, « Les étranges amours d'Hitler et d'Éva Braun » (tiens, ça c'est rigolo !), est saisi par une décision en référé. Une satisfaction toute morale pour Jacques Brel puisque tous les numéros sont déjà vendus, à quelques exemplaires près. Le président du tribunal précise pourtant que « les révélations faites dans le numéro incriminé constituent une intrusion revêtant l'aspect d'une persécution ».

Hélas, n'importe quelle condamnation n'y pourrait rien changer : le vrai condamné, c'est Brel. Il y a sans doute moyen de repousser l'issue, quand même. Lorsque s'achèvent les traitements au cobalt, vers la fin septembre, le professeur Israël donne rendez-vous à Jacques pour quinze jours plus tard. On commencera alors la chimiothérapie.

Quinze jours ! Une éternité devant eux. Jacques qui songe à trouver une retraite sûre propose à Maddly des vacances en Suisse. Ils ont toujours été tranquilles dans ce pays et il pourra s'y oxygéner.

L'hôtel, à Genève, est, en effet, très calme. Pas de personnel pour ameuter la presse. Ici, on respecte la paix des clients. Ce pourrait être un excellent repos entre deux traitements fatigants. C'est oublier que le destin s'est déjà mis en route. Quand il s'est caché dans ce bureau humide et glacial, il a pris un bon coup de froid. Quand on n'a plus qu'un poumon et qui plus est, quand ce poumon est malade, la moindre bronchite ne pardonne pas, en dépit des antibiotiques.

Jacques Brel suffoque. A chaque quinte de toux, de plus en plus violente, Maddly croit qu'il ne va pas reprendre son souffle. Impossible de rester ici. Il faut rentrer et vite. C'est elle, maintenant, qui prend les décisions. Il en est bien incapable.

Vendredi 6 octobre. Un copain pilote accepte, sans hésiter, de les conduire à Paris (il en connaît plusieurs à Genève où il a passé ses brevets). Vite, une ambulance ! Le médecin est à ses côtés. Il a du mal à parler, il cherche désespérément un peu d'air. Le masque à oxygène !

A l'hôpital franco-musulman, c'est la consternation. Les résultats, encourageants, du cobalt sont réduits à rien. Son état, est, au contraire, pire qu'en août dernier. Ultime précaution : il est inscrit sous le nom de Jules Romain. Cela lui est passé par la tête, plus en raison de son second prénom, celui de son père, qu'à cause de Knock. Personne ne sait rien, au-delà de ces murs. Personne ne sait qu'il entame sa dernière lutte.

« Il y a toujours quelque chose à faire », disait-il. Et c'est ce que pense également le professeur.

Malheureusement, des complications surviennent. Un caillot de sang qui se balade et risque de provoquer une embolie pulmonaire. Il faut donc, avant tout, résorber le caillot dans l'artère pulmonaire. Jacques Brel, parfaitement lucide, tient à être tenu au courant de tous les détails, des chances qui lui restent de triompher encore. Il se refuse à dormir, préférant parler avec les médecins, les infirmières, avec sa Doudou aux traits tirés et aux yeux gonflés par les veilles et les larmes.

Lundi 9 octobre. Le troisième jour de lutte commence avec, toujours, ce caillot angoissant. 4 heures du matin. Jacques Brel est assis dans le lit. Il parle, tente même de plaisanter. Soudain, il se tait et s'affaisse lentement. Il n'a même pas eu peur une dernière fois...

Tous les soins n'y feront plus rien. Une étoile s'est éteinte quelque part dans le ciel encore sombre.

Au matin, un communiqué est diffusé par l'hôpital franco-musulman : « Le chanteur Jacques Brel est décédé à 4 h 30 d'une embolie pulmonaire. Il était âgé de 49 ans. »

A Paris, à Bruxelles, dans les provinces, on écoute, on s'étonne.

Les radios modifient leurs programmes. Jacques Brel est mort. Jacques Brel chante toute la journée.

« Ah ! Je les vois déjà
Compassés et frileux
Suivant comme des artistes
Mon costume de bois[1]... »

« La mort de Jacques Brel n'était pas une mort obligatoire. Il en était convaincu et j'en étais convaincu, déclare le profes-

1. « Le tango funèbre ». Éditions Pouchenel.

seur Israël qui, tout d'abord, s'était refusé à une déclaration, conformément au vœu de son malade.

Mais il tient à le préciser :

« Les chances de le sauver n'étaient pas nulles. Car il n'est pas mort de son cancer mais des complications dues à un traitement trop tardif... »

Et de rendre hommage à son patient « qui s'est battu avec une détermination tout à fait fantastique ».

***

« Je suis mort à Paris
De m'être trop trompé [1]... »

Il avait rêvé depuis les portes de l'enfance d'une île lointaine. Une île au large de l'espoir, où les hommes n'auraient pas peur. Il l'avait enfin trouvée, en même temps que l'amour et une certaine paix intérieure. Cette île devait être son tombeau somptueux, là où le temps, justement, s'immobilise.

Le jeudi 12 octobre, alors que le dernier voyage est déjà accompli depuis trois jours, il entreprend son ultime parcours terrestre.

Des admirateurs émus, des curieux, des journalistes qu'il ne fuira plus, le regardent partir dans son « costume de bois ». La famille est venue de Bruxelles : Pierre Brel, Chantal, France et Isabelle, ses filles, Miche, l'épouse. Elle mêle sa peine à celle de Maddly, l'amie de ces dernières années si bien remplies « qu'elles en valaient dix fois plus ». Quelques visages connus, aussi : Barbara, Juliette Gréco, Mort Shuman, Eddy Barclay, en compagnie de Charley Marouani, de Gérard Jouannest, de François Rauber, les compagnons de son aventure.

D'autres ne sont pas là mais ressentent profondément dans leur cœur la perte d'un ami très cher, comme Lino Ventura ou Georges Brassens. Le « Gros » qui n'aime pourtant pas les nécrologies se fendra d'un article dans *V.S.D* : « On ne pouvait pas le laisser partir comme ça », écrira-t-il, comme pour s'excuser...

Et pourtant, il part, comme ça, dans l'avion d'Air France. Puis dans celui d'U.T.A. Un parcours qu'il connaissait bien : Los Angeles, Papeete, puis Atuona à Hiva Oa.

1. « Clara », Productions Alleluia Gérard Meys.

Là-bas, les fleurs éclatent sous un soleil généreux. Ici, c'est le ciel des amitiés en partance.

> « J'arrive j'arrive
> Mais qu'est-ce que j'aurais bien aimé
> Encore une fois traîner mes os
> Jusqu'au soleil jusqu'à l'été...

Nom de Dieu qu'il est triste, cet automne à Paris !

# *Épilogue en forme de préface*

« J' veux qu'on rie
J' veux qu'on danse
J' veux qu'on s'amuse comme des fous[1]...

Au premier anniversaire de la mort de Brel, ses copains, ses relations d'Atuona se sont réunis autour de sa tombe à l'invitation de Maddly. Elle-même répondait, paraît-il, à un vœu de Jacques. Quoi qu'il en soit, l'assistance était un peu surprise de sabler le champagne en ce lieu où les visites feutrées sont plus fréquentes que les réceptions, coupe en main. Il l'aimait bien, le vin pétillant et il ne manquait jamais de faire sauter un bouchon quand il accueillait des amis. Mais là, l'ambiance mêlait curieusement la peine encore fraîche à la griserie du brut bien frappé. Quelque chose hors du commun, comme le personnage, comme sa vie...

Les échos de cette triste cérémonie, cocktail de gaieté et de tristesse, ne sont pas parvenus jusqu'en France. C'était inutile. La légende était déjà bien bâtie.

Depuis ce 9 octobre 1978, les disques de Jacques Brel n'ont pas cessé de se vendre. Ses chansons passent régulièrement à la radio, et il n'est pas une semaine sans qu'un chanteur, un animateur de radio ou de télé, un journaliste, lui rende hommage directement ou indirectement. Serge Lama lui a consacré un album, Julien Clerc interprète « La Quête », et les nouvelles générations — comme Francis Lalanne, par exemple — se réfèrent à lui.

Comme ces poètes auxquels sa pudeur — et sa lucidité —

1. « Le Moribond », Intersong, Paris.

l'empêchait de s'assimiler, il est entré dans le petit groupe des élus, ceux qu'on ne discute plus et qu'on vénère. Plus qu'à une œuvre, c'est à une manière d'être et de penser que les plus jeunes viennent puiser. Étrange destin d'un homme qui a dressé, involontairement, sa statue en tournant le dos au public.

Une maladie inquiétante, l'exotisme des îles, une vie brève : autant d'éléments qui ont créé l'image légendaire de Brel. Mais, plus profondément, il y a ce cri de l'éternel adolescent.

Il croyait que ses chansons n'avaient pas été comprises. Il se trompait sur l'essentiel : ses révoltes, ses espoirs, son honneur, ses contradictions même, sont au cœur des 18-20 ans qu'un monde un peu plus absurde chaque jour condamne à errer comme des paumés ou à se plier pour rentrer dans le rang. Ceux-là qui ont abdiqué — parce qu'ils ne savaient pas, Monsieur — se retrouvent aussi dans ces personnages dérisoires ou pitoyables que font vivre certaines chansons.

Et il réussit ce petit miracle de concerner aussi bien l'étudiant en faculté que l'ouvrier mécanicien. Ses mots, ses phrases — qu'il maîtrisait davantage à mesure que le temps passait — peuvent être pris à divers degrés, mais sans jamais tomber dans l'ésotérisme. Brel n'est pas un intellectuel mais un être de chair, de sang, de tendresses et de fureurs. Il y a un peu de lui au fond de chaque homme. Car Brel a été — et reste — le porte-parole d'un présent incertain, alors qu'un Georges Brassens s'est inscrit, lui, dans la continuité des grands classiques, hors du temps.

Jacques Brel, chantre de notre époque. Apprécierait-il, lui qui préférait les pieds de nez aux honneurs ?

« J'aimerais tenir l'enfant de carême
Qui a fait graver sur ma statue
" Les Dieux rappellent ceux qu'ils aiment
Et c'était lui qu'ils aimaient le plus "
Moi qui n'ai jamais prié Dieu
Que lorsque j'avais mal aux dents [1]. »

Cinq années se sont écoulées alors que j'écris ces lignes qui peuvent fort bien s'appeler préface si vous commencez le livre par la fin.

Cinq ans. Georges Brassens est mort. D'un cancer. Et en automne, lui aussi. Mais il y a, Dieu merci, au soleil du-

1. « La Statue ». Éditions S.E.M.I. et Pouchenel.

printemps, pas mal de cons qui se portent bien. C'est la vie, mon bon monsieur.

A Hiva Oa, le progrès est entré dans les maisons avec la télévision. Jacques Brel y avait contribué. Mais personne n'est là pour veiller sur les programmes. Et, deux heures par soir, les images arrivent au petit bonheur d'une sélection réalisée à Tahiti. Quel régal pour des gens qui savent à peine lire que de regarder « Apostrophes » ! La lucarne s'ouvre sur le monde. Perdus dans l'océan Pacifique, les Marquisiens n'ignorent plus rien du drame libanais ou des problèmes polonais. Ils se cultivent aussi, grâce à « Dallas » et c'est très bien comme ça. Régulièrement, ils ont droit à un film. Un soir, tous les téléspectateurs ont eu le même « Ahi ! » d'enthousiasme en découvrant dans *L'Emmerdeur* un visage qu'ils connaissaient bien.

« C'est Jacques Brel ! Jacques Brel !... »

Le lendemain, c'était le sujet de conversation :

« Vous avez vu ! Jacques Brel ! »

De joie, ils en frappaient encore dans leurs mains. Vous voyez bien que Jacques Brel va bien puisqu'il nous amuse encore. Le reste du temps, il dort là-haut, à côté du peintre.

Le projecteur 35 mm dort, lui aussi, dans une remise. Il est devenu inutile depuis l'avènement de la télévision au village. Chaque semaine, l'avion apporte, de Tahiti, via l'île de Nuku-Hiva, les nouvelles cassettes qui sont diffusées depuis l'émetteur d'Atuona vers les 150 postes récepteurs des vallées.

La commune s'est également urbanisée : une route goudronnée et un ensemble administratif, comme l'avait prévu le maire.

C'est sûrement par son illustre locataire qu'Hiva Oa n'est plus ignorée des Métropolitains. Même si, trop souvent, l'image renvoyée en Europe est exagérément paradisiaque. Des journalistes sont venus, peu de temps après la mort de Brel. Ils ont rencontré quelques habitants dont les religieuses :

— C'est drôle, a remarqué l'un d'eux, il était en excellents termes avec vous, alors qu'il n'aimait pas les bigotes !

— Mais nous n'avons rien à voir avec les bigotes ! ont répliqué les sœurs piquées au vif.

D'autant qu'elles connaissent maintenant l'œuvre complète de M. Brel. Elles reçoivent énormément de courrier et leurs correspondants joignent cassettes ou disques. Tant pis si ce n'est pas pour leurs oreilles !

— C'est à travers ces lettres et tous les articles publiés par la presse francophone que nous avons pris conscience de son importance. Pour nous, il était avant tout un homme généreux et joyeux.

La religieuse a hoché la tête, puis a ajouté :

— Nous aurions dû être plus attentives, profiter plus intensément de son rayonnement...

Elle a ouvert un placard métallique et en a extrait avec précaution un album de photographies :

— Regardez-le. Il riait toujours ! Nous ne pouvions pas croire qu'il était malade.

Brel est là, sur les Polaroïd aux couleurs un peu passées, tenant des sœurs par les épaules ou posant au milieu d'un groupe d'élèves. Souvenirs simples et émouvants qu'entretient encore la présence toute proche de Maddly, six mois sur douze :

— Elle nous apprend à confectionner des gâteaux.

Et la sœur marquisienne essuie une larme furtive :

— Il était fâché avec la religion, mais je crois qu'il était plus chrétien que bien des pratiquants.

Il arrive aussi qu'un ou deux touristes descendent du petit zinc à huit places, et demandent le chemin du cimetière. Le pèlerinage.

J'ai rencontré, par hasard, un jeune Belge qui avait réservé ses vacances pour rendre visite à son illustre compatriote. Simplement parce qu'il l'aimait. Et il est reparti pour son voyage compliqué vers Bruxelles, avec cinq changements d'avion.

Là-bas, dans la capitale belge, tout près de l'institut Saint-Louis où il fut un remarquable cancre, sa fille France Brel anime une Fondation internationale Jacques-Brel, destinée à perpétuer son œuvre. France a tâté, un moment, du spectacle avec le « Big Bazar » (sans Fugain) et elle a renoncé. Chantal aussi qui, en 1967, créait « Till l'Espiègle » au Théâtre national de Belgique. Elle s'est mariée avec un éleveur de chevaux, en Belgique. Quant à Isabelle, qui est infirmière, elle vit dans le centre de la France, avec mari et enfants.

Pour en revenir à la Fondation internationale, c'est sur l'initiative de la fondation (malgré l'avis contraire de France) qu'une plaque a été apposée sur sa maison natale, à Schaerbeek. Il existe même une station de métro qui porte son nom, à Anderlecht, du côté de la cartonnerie familiale. Et il est question d'appeler le complexe du Jardin botanique « Centre culturel Jacques-Brel »... Sans parler des groupes scolaires, des rues qui lui sont dédiés.

« Je suis mort à Paris
Que la mort me console... »

En France, où des œuvres de Jacques ont été inscrites comme sujet du bac, à côté d'Apollinaire, Eddy Barclay a produit un film réalisé par Frédéric Rossif. Le temps de retrouver quelques reflets de celui qui comprit si bien qu'une chanson était l'indissociable mélange de paroles, de musiques et d'images, celui qui n'aimait pas être lu sans être vu et entendu.

Il m'étonnerait aussi que ses dernières chansons inédites ne soient pas bientôt livrées à notre curiosité. Décidément, ce n'est pas demain que le dormeur des Marquises sombrera dans un sommeil profond.

Il en est même, vous le voyez, qui poussent l'outrecuidance jusqu'à le raconter.

Essé, mai 1983.

# ANNEXES

# PAROLES DE BREL

Sans rechercher les journalistes, Jacques Brel a accepté beaucoup d'interviewes. Dans le style « conversation », il laissait souvent ses phrases inachevées avec des points de suspension. Parfois, il se répétait, cherchait le mot juste. Il arrivait aussi qu'il réponde précisément à des questions précises, par écrit notamment. Alors, il se montrait péremptoire, définitif... Ce qui ne l'empêchait pas de se contredire quelques mois ou quelques années plus tard. La remise en cause n'est-elle pas le propre de l'homme en mouvement ?

Certains sujets reviennent plus souvent que d'autres et, d'interview en interview, quelques dominantes se font jour. C'est à ces thèmes que je me suis limité, ne retenant que les réponses les plus « parlantes ».

La parole est à Jacques Brel...

AMOUR :

« J'ai essayé d'expliquer que l'amour à quarante ans, comme à seize ou à soixante, ça ne marche pas mieux. C'est la même duperie, ce sont les mêmes erreurs. »

« Il est difficile de dire aux gens qu'on les aime. Je n'y arrive pas bien. Quand j'écris des chansons d'amour, les gens disent : " Que c'est dur ! " Alors que c'est la tendresse sans sanglots. »

AVENTURE :

« Je suis un aventurier de caractère. Il y a un siècle, j'aurais fait tout autre chose. Je serais allé en Afrique ou en Amérique du Sud, ce qui ne représente pas grand-chose aujourd'hui, sauf en cas de fuite. Le temps de la découverte et de l'aventure physique est terminé. Je crois que l'aventure, maintenant, est dans la modification du style de vie. »

« Paris, à chaque fois que l'on débarque, à chaque fois que l'on recommence, c'est aussi inconnu et sauvage que l'Afrique au siècle dernier. »

Belgique — Belgitude (voir aussi « Flamand ») :

« Le monde ne sait pas où est la Belgique. Le problème belge est microscopique. Au Pérou ou au Salvador, il faut avoir fait des études calées pour savoir où est la Belgique. On a des problèmes ? On s'en fout vraiment ! Amsterdam, ils croient tous, maintenant, que c'est la Belgique. »

« L'accent des " Bonbons " ? Je ne me moquais pas. J'ai employé l'accent qui existe. Il y a une saveur. C'est le terroir... »

« J'ai besoin d'être de quelque part. Je me suis souvenu que j'étais des Flandres. Un souvenir de couleurs, de mots. »

Chanson :

« C'est une course de toros. Ce n'est pas une mise à mort mais une mise amour. Les chansons sont là comme les actes de la tauromachie. On les refait quand même chaque soir. Et si, un soir, ça ne va pas, ce n'est pas forcément de la faute du taureau. »

« J'aime les mots. J'ai du respect pour un mot. On en gaspille beaucoup. Il y en a un certain nombre que l'on pèse. Il faut des années avec des choses qui marquent — et on en a ! —, dont on souffre — et on en a ! — pour que tout à coup un mot s'allume. Ce mot, on devient comme son frère et on lui donne une couleur. Quand on écrit une chanson, on écrit une chanson en noir et blanc. Et, de temps en temps, il y a un mot en couleurs auquel on a donné une dimension. »

« Travailler une journée sur une chanson, je crois que cela équivaut, comme fatigue nerveuse, à huit jours de bureau... Les idées, c'est comme la crème glacée : ça glisse, ça fond, ça disparaît tout seul si on ne les saisit pas tout de suite... »

« Je fais un petit métier. Il se trouve que les chanteurs sont mieux payés actuellement que les forgerons. Mais c'est un accident de la nature. »

« Je ne suis qu'un vieux chanteur de variétés belge. »

« La chanson me permet d'exprimer mes indignations. Je ne m'en prends jamais à une personne particulière. »

Charité :

« Parlez-moi de générosité. Pas de charité. Je déteste la charité. Je passe mon temps à la faire simplement parce que je suis trop faible pour imposer la justice. »

Cinéma — Comédie :

« Le cinéma, ce n'est pas important. Rien n'est important. Si *Le Cuirassé Potemkine* n'avait pas été tourné, qu'est-ce que ça aurait changé ? Et pourtant, c'est un beau film. »

« En chanson, tout est fugace, effacé. Le cinéma, c'est définitif. »

« Je suis un acteur au talent si mauvais que c'en est pittoresque. »

« On peut être plus seul dans une équipe de foot qu'en bordure du terrain. Le cinéma, c'est à peu près la même chose. »

Départ — Fuite :

« Pourquoi ? Pourquoi ne suis-je pas resté comme les autres ? Je suis parti parce que j'avais peur de devenir trop vite mort, trop vite vieux. J'avais besoin de partir physiquement, de chercher quelque chose. Et ce quelque chose, je ne l'ai pas encore trouvé. »

Dieu :

« Dieu, ce sont les hommes. Et, un jour, ils sauront. »

« Je ne crois pas en Dieu et n'y croirai jamais. J'emploie Dieu comme notion extérieure parce que je suis un symboliste, comme tous les Flamands. Dieu est un mot. Je parlerais Cocotte-Minute si la Cocotte-Minute avait, pour les gens, la même signification que Dieu. »

Donner :

« Ce qui compte, ce n'est pas de se donner aux gens, c'est de donner quelque chose en se donnant. »

Enfance :

« Un jour, j'ai perdu le respect des adultes. Pendant longtemps je m'étais dit : " Ils jouent aux idiots. " Et un jour je me suis aperçu qu'ils ne jouaient pas. »

« Je suis ravi d'avoir eu une enfance morose. Cela doit être abominable d'avoir une enfance heureuse, parce qu'après, vraiment, cela doit être terrible. »

Erreur :

« Il faut se tromper, être imprudent. Les hommes prudents sont des infirmes. »

Farwest :

« J'aurais voulu avoir un vrai Far West mais ce n'est pas possible. Je sais qu'il n'y a plus d'un côté les bons et de l'autre les mauvais. Il y a des gens qui, par moments, sont indiens et par moments Buffalo Bill. »

FEMMES :

« Les femmes ne peuvent pas apporter l'équilibre à un homme, tout simplement parce qu'elles prennent toujours plus qu'elles ne donnent. »

« Les femmes ont peur. Ce n'est pas de leur faute. Mais je suis certain que, voyant la tour de Pise pour la première fois, un homme se dit " Que c'est beau ! " et une femme se dit " Tiens, elle va tomber ". »

« Je n'ai jamais dit que les femmes m'avaient déçu. Elles ne m'intéressent pas beaucoup. Mais déçu, non. Pour cela, il faudrait en attendre quelque chose. »

« Dès que les hommes parlent de la femme, ils ne disent que des sottises, n'est-ce pas ? [...] Par contre, les femmes ne disent pas toujours des sottises quand elles parlent des hommes. Sans doute parce qu'elles se préoccupent des hommes toute la journée et que l'homme ne s'en préoccupe que dans la marge de ses appétits. »

FLAMANDS

« Je ne parle pas flamand dans mes chansons mais néerlandais. Je chante avec l'accent d'Amsterdam qui est, pour les Français, l'accent de la vallée de la Loire. Alors que la Flandre parle le flamand comme les Méridionaux parlent le français. »

FLAMINGANTS :

« Ils m'ont interdit. Qu'est-ce que cela veut dire ? Je sais qu'ils me casseront la figure ; ça fait aussi partie de l'imbécillité du monde. Voilà des gens que personne ne comprend et qui veulent obliger l'univers à parler leur langage. A la poste de Knokke-le-Zoute, on ne peut pas remplir les formulaires en français, ni même en anglais. En flamand uniquement. Bien sûr, il y a une culture flamande — Verhaeren, Ghelderode. Personne ne le saurait s'ils n'avaient pas écrit en français. Tu connais, toi, un pays qui a deux cultures et qui n'en veut plus qu'une ? »

MONDE :

« Ce monde devient plat, ce monde devient gris. »

MORT :

« Je ne suis pas obsédé par la mort. Ce n'est pas très important de vivre, ça ne sert à rien, à personne, pas même à soi. La mort, c'est la justice, la vraie justice. Je ne suis pas catastrophé quand je pense qu'un jour je ne serai plus rien. Mais je voudrais que tout s'arrête d'un seul coup. »

PATERNITÉ :

« A mon avis, la paternité n'existe pas. C'est une vue de l'esprit. Seule existe la maternité. La tendresse de la mère est indispensable. Par contre, il est presque impossible pour un père d'établir un dialogue véritable avec ses enfants. »

SINCÉRITÉ :

« Chaque fois que je triche avec moi-même, je vais droit à l'échec et, dans le fond, c'est bien fait pour moi. »

SOLITUDE :

« Vivre seul est un projet que je réaliserai. Il ne s'agit pas d'un désir de solitude complète, je veux vivre en retrait, non pas en ermite. J'agirai ainsi pour écarter un certain nombre de malentendus qui me détruisent peu à peu. »

TALENT :

« Le talent, c'est quelque chose qui ne se voit pas. »

TEMPS :

« Gagner du temps, ce n'est pas faire une chose tout de suite mais dire : " Je la ferai dans un an. " »

« J'aime bien ce proverbe arabe : " Un homme pressé est un homme mort. " Il faut avancer mais sans se précipiter. J'aime réfléchir longuement avant de décider. »

TENDRESSE (voir aussi « Amour ») :

« D'une façon générale, nous manquons de tendresse, probablement parce que nous n'osons ni la donner ni la recevoir. »

« Je crois que ce que j'appelle amour dans mes chansons est, en réalité, de la tendresse. »

Propos recueillis dans diverses interviewes avec l'auteur ou avec d'autres interlocuteurs, en particulier : Jacques Chancel (« Radioscopie »), Jean Clouzet (Seghers), Pierre Barlatier (Solar), Dominique Arban (*Cent Pages avec Brel* — Seghers), Danielle Heymann *L'Express*, Jean Durieux *Paris-Match*, Jean-Yves Hérel *Ouest-France*.

# DISCOGRAPHIE

***Philips :***

- « *Grand Jacques* » : La Haine ; Grand Jacques ; Il pleut ; Ça va le diable ; Il nous faut regarder ; C'est comme ça ; Il peut pleuvoir ; Le Fou du roi ; Sur la place ; S'il te faut la Bastille ; Prière païenne.
- « *Quand on n'a que l'amour* » : L'Air de la bêtise ; Qu'avons-nous fait, bonnes gens ; Pardons ; Saint-Pierre ; Les Pieds dans le ruisseau ; Quand on n'a que l'amour ; J'en appelle ; La Bourrée du célibataire ; Heureux ; Les Blés ; Demain l'on se marie.
- « *Au Printemps* » : Au printemps ; Je ne sais pas ; Dors ma mie, bonsoir ; Dites, si c'était vrai ; Le Colonel ; L'Homme dans la cité ; La lumière jaillira ; Voici ; Litanies pour un retour ; Seul ; La Dame patronnesse ; La Mort.
- « *La Valse à mille temps* » : La Valse à mille temps ; Je t'aime ; Ne me quitte pas ; Isabelle ; La Tendresse ; La Colombe ; Les Flamandes ; L'Ivrogne ; Marieke ; Le Moribond ; Le Prochain Amour ; Vivre debout.
- « *Les Prénoms de Paris* » : Les Prénoms de Paris ; Clara ; On n'oublie rien ; Les Singes ; Voir ; Madeleine ; Les Biches ; Les Paumés du petit matin ; Zangra ; La Statue ; Les Bourgeois.
- « *Olympia 61* » : Les Prénoms de Paris ; Les Bourgeois ; Les Paumés du petit matin ; Les Flamandes ; La Statue ; Zangra ; Marieke ; Les Biches ; Madeleine ; Les Singes ; L'Ivrogne ; La Valse à mille temps ; Ne me quitte pas ; Le Moribond ; Quand on n'a que l'amour.

***Barclay :***

- « *Le Plat Pays* » : Les Bourgeois ; Les Paumés du petit matin ; Le Plat Pays ; Zangra ; Une île ; Madeleine ; Bruxelles ; Chanson sans paroles ; Les Biches ; Casse-Pompon ; La Statue ; Rosa.
- « *Les Vieux* » : Les Bonbons ; Les Vieux ; La Parlotte ; Le Dernier

Repas; Titine; Au suivant; Les Toros; La Fanette; J'aimais; Les Filles et les Chiens; Les Bigotes; Les Fenêtres.

• « *Olympia 64* » : Amsterdam; Les Timides; Le Dernier Repas; Les Jardins du casino; Les Vieux; Les Bonbons; Au suivant; La Fanette; Les Bigotes; Les Filles et les Chiens; Les Fenêtres.

• « *Ces gens-là* » : Ces gens-là; Jef; Chanson de Jacky; Les Bergers; Tango funèbre; Fernand; Mathilde; L'Age idiot; Grand-mère; Les Désespérés.

• « *La Chanson des vieux amants* » : Mon enfance; Le Cheval; Mon père disait; La la la; Les Cœurs tendres; Fils de...; Les Bonbons 67; La Chanson des vieux amants; A jeun; Le gaz.

• « *Vesoul* » : J'arrive; Vesoul; L'Ostendaise; Je suis un soir d'été; Regarde bien petit; Comment tuer l'amant de sa femme quand on a été comme moi élevé dans la tradition; L'Eclusier; Un enfant; La Bière.

• « *L'Homme de la Mancha* » : avec Joan Diener et Jean-Claude Calon, sous la direction de François Rauber.

• « *Brel 1977* » : Jaurès; La ville s'endormait; Vieillir; Le Bon Dieu; Les F...; Orly; Les Remparts de Varsovie; Voir un ami pleurer; Knokke-le-Zoute tango; Jojo; Le Lion; Les Marquises.

• *Coffret 8 disques réunissant l'essentiel de l'œuvre.*

# FILMOGRAPHIE

- *Les Risques du métier* (sortie 1967), d'André Cayatte ;
- *La Bande à Bonnot* (1968), de Philippe Fourastié ;
- *Mon oncle Benjamin* (1969), d'Édouard Molinaro ;
- *Mont-Dragon* (1970), de Jean Valère ;
- *Les Assassins de l'ordre* (1971), de Marcel Carné ;
- *Frantz* (1972), de Jacques Brel ;
- *L'aventure c'est l'aventure* (1972), de Claude Lelouch ;
- *Le Bar de la Fourche* (1972), d'Alain Levent ;
- *Le Far West* (1973), de Jacques Brel ;
- *L'Emmerdeur* (1973), d'Édouard Molinaro ;
- *Jacques Brel is alive and well and living in Paris* (1976), de Denis Héroux.
- *Jacques Brel,* réalisation Frédéric Rossif.

# VIDÉOCASSETTE

- *Tournée océan Indien.* Réalisation de Claude Vernick (Polygram vidéo).

# BIBLIOGRAPHIE


*Jacques Brel,* Jean Clouzet (Collection « Poésies et Chansons », Seghers) ;

*Profil d'une œuvre,* Bruno Hongre et Paul Lidsky (Hatier) ;

*Jacques Brel,* Pierre Barlatier (Solar) ;

*Jacques Brel... une île au large de l'espoir,* Jean-Yves Richard (Éditions France-Québec, Montréal) ;

*Jacques Brel seul mais réconcilié,* François Pierre (Éditions Foyer Notre Dame, Bruxelles) ;

*Jacques Brel,* Philippe Dampenon ;

*Brel* — Album photos (Éditions J.-P. Delville) ;

*Bonjour Brel* (Éditions de la Palme, Bruxelles) ;

*Jacques Brel, une vie,* Jean Jaque (Vedettes du XX$^{e}$ siècle) ;

*Jacques Brel is alive and well and living in Paris,* Éric Blau (Éditions Dutton, New York) ;

*Brel, le Livre du souvenir,* Martin Monestier (Tchou) ;

*Brel, chansons* (4 volumes, Éditions Pouchenel, Bruxelles) ;

*Jacques Brel, un homme au large de l'espoir,* Christian Petit, Dominique Arban et Pierre Barlatier (Les Presses françaises) ;

*Jacques Brel,* Joëlle Monserrat (Têtes d'affiche, P.A.C.) ;

*Tu leur diras,* Maddly Bamy (Éditions du Grésivaudan, Grenoble) ;

*Œuvre intégrale,* Fondation internationale Jacques-Brel, Bruxelles (Robert Laffont) ;

*Paroles et Musique été 82 — Spécial Brel* (Éditions de l'Araucaria Herville 28270 Brezolles).

# REMERCIEMENTS

*A tous ceux qui ont accepté de m'apporter témoignages ou renseignements, en particulier : France Brel et la Fondation internationale Jacques-Brel ; François Rauber ; Jean-Pierre Leloir ; Simone Langlois ; Robert Manuel ; Jean-Michel Boris ; Jacques Canetti.*

*Les amis belges, en particulier : André et Pierre Cordier ; Maurice Huysman ; Marcel Cornélis.*

*Ceux, anonymes ou non, de Tahiti et des Marquises, en particulier : les religieuses d'Atuona ; Guy Rauzy, maire d' Hiva Oa ; Marc Bastard ; Philippe Schlegel.*

*Nous remercions également les éditeurs de musique. En particulier les Éditions Pouchenel-Bruxelles pour leur autorisation spéciale.*

## TABLE DES MATIÈRES

*Achevé d'imprimer en septembre 1983*
*sur presse CAMERON*
*dans les ateliers de la S.E.P.C.*
*à Saint-Amand-Montrond (Cher)*

N° d'édition : 4800. N° d'impression : 1766-1245.
Dépôt légal : septembre 1983.
*Imprimé en France*